本书出版得到教育部人文社会科学研究《研究型大学教师绩效评价制度研究》项目资助和中国传媒大学资助

研究型大学
教师绩效评价制度研究

耿益群 著

知识产权出版社
全国百佳图书出版单位

图书在版编目（CIP）数据

研究型大学教师绩效评价制度研究/耿益群著．—北京：知识产权出版社，2017.5
ISBN 978－7－5130－4621－3

Ⅰ.①研… Ⅱ.①耿… Ⅲ.①高等学校—教师评价—研究—中国 Ⅳ.①G645.11

中国版本图书馆 CIP 数据核字（2016）第 296883 号

责任编辑： 齐梓伊　　**责任校对：** 潘凤越
封面设计： 张　悦　　**责任出版：** 卢运霞

研究型大学教师绩效评价制度研究
耿益群　著

出版发行：	知识产权出版社有限责任公司	**网　　址：**	http：//www.ipph.cn
社　　址：	北京市海淀区西外太平庄 55 号	**邮　　编：**	100081
责编电话：	010－82000860 转 8176	**责编邮箱：**	qiziyi2004@qq.com
发行电话：	010－82000860 转 8101/8102	**发行传真：**	010－82000893/82005070/82000270
印　　刷：	北京嘉恒彩色印刷有限责任公司	**经　　销：**	各大网上书店、新华书店及相关专业书店
开　　本：	720mm×960mm　1/16	**印　　张：**	17.5
版　　次：	2017 年 5 月第 1 版	**印　　次：**	2017 年 5 月第 1 次印刷
字　　数：	258 千字	**定　　价：**	48.00 元

ISBN 978-7-5130-4621-3

序

在我国建设世界一流大学的进程中，高水平教师队伍建设一直是研究型大学发展的核心问题。随着我国高等教育领域“双一流”建设序幕的拉开，提高教育质量和内涵发展成为引导高校发展的主旋律。对于研究型大学来说，高水平的教师队伍是使大学脱颖而出，在竞争中获得绝对优势的关键。没有一流教师，何谈一流学科？更遑论一流大学。大师是任何一所卓越大学永远的丰碑，是一位又一位大师以其不懈的学术追求和永恒的精神魅力写就了大学辉煌的历史。科学合理的大学教师绩效评价制度能够激发教师的工作热情和创造力，促使教师关注自身的职业发展，将学术追求与大学整体发展以及社会进步相结合，增强教师的责任感和使命感。那么，如何实现大学教师绩效评价制度的创新，以新的思维、新的理念、新的路径、新的方法评判教师绩效，营造一座能够真正解放教师学术生产力的“象牙塔”？如何摆脱研究型大学发展过程中逐渐形成的过分重视科研成果的评价，而忽视教学业绩评价的观念和做法？正是带着这些问题与思考，《研究型大学教师绩效评价制度研究》一书从制度的视角对研究型大学教师绩效评价进行分析和探讨，以促进我国研究型大学的健康发展。

针对目前我国研究型大学教师绩效评价中所存在的评价目标模糊、评价指标设定不合理、过分重视科研及科研数量的评价、绩效评价中很少考虑教师发展和学科差异等问题，本书对研究型大学教师绩效评价制度进行了深入系统的研究。作者以理论研究为切入点，对与教师绩效评价相关的人力资源管理理论、绩效管理理论、教师发展理论等理论进行研究，寻求这些理论与实际教师绩效评价之间的适切性，使对研究型大学教师绩效评价的研究建立在整体性的理论框架之上。本书界定了大学教师、研究型大学、教师绩效评价等概念。在对国内外关于大学教师绩效评价制度研究现状的分析，以及对我国大学教师绩效评价制度发展历史脉络梳理的基础上，通过应用问卷调查和深度访谈的方法，对我国研究型大学教师绩效评价制度现状进行实证研究，从而准确把握我国研究型大学教师绩效评价制度的现状，分析绩效评价中存在的问题，结合国内外研究型大学教师绩效评价制度的案例研究，探究各种问题产生的深层次原因。为此，本书对教师绩效评价中教师、学生、管理人员、专家、校外评价机构等评价主体的地位和作用、评价主体之间关系的协调等问题进行研究。同时，对教师绩效评价中教学、科研和服务等维度之间的权衡问题进行探讨，并结合我国研究型大学绩效评价制度实施现状，明确教师绩效评价中具体评价指标设计原则。在对研究型大学教师绩效评价制度进行总体研究的基础上，本书还对高等教育领域教师绩效评价相关问题进行了专题研究，主要包括在线课程教师绩效评价、艺术类教师绩效评价、跨学科研究与教师绩效评价三个专题研究，以期为研究型大学教师绩效评价制度制度的发展与创新提供更为丰富的经验和多维视角。我国研究型大学教师绩效评价尚面临着如何将教师绩效评价与教师发展有机联系在一起，如何充分认可教师在教学、科研和服务等多方面的创新，如何科学地评价教师的跨学科研究与教学工作等挑战。为此，作者建议我国研究型大学教师绩效评价中应以教学指标体系的建设为重点，不断提升教师绩效评价目标与大学战略规划之间的切合度，更加注重科学合理地运用教师绩效评价结果，重视发挥教师发展中心在绩效评价中的作用。

本书是作者所承担的教育部人文社会科学规划课题《研究型大学教师绩效评价制度研究》的主要成果，凝聚了课题组成员的集体智慧，是课题组成员共同努力的结果。第一章、第三章、第五章、第七章和结语部分由耿益群撰写；第二章由耿益群、徐玥撰写；第四章由王报平、王春玲、杨濛、黄偲撰写；第六章由潘基鑫、郭富平撰写，汪舒仪、冯茵等也参与了本书的撰写。尽管在写作过程中我们倾注了大量心血，但所研究的内容还有待深入。书中如有不妥之处，敬请读者批评指正。

在本书付梓之际，感谢曲恒昌教授、王英杰教授、刘宝存教授、张德伟教授和王保华教授等在课题的开题、课题完成过程中给予的悉心指导！感谢中国传媒大学各位领导对课题研究的支持与鼓励！感谢传播研究院领导的关心、支持以及对本书出版的资助！感谢文科科研处的领导和老师们的耐心细致的帮助！感谢知识产权出版社的汤腊冬老师对本书出版所给予的支持，感谢本书责编齐梓伊老师对本书出版所做的工作！感谢一直支持、帮助我的同事和朋友！感谢我挚爱的家人！

耿益群

2016 年 10 月 20 日

目 录

第一章　导　　论

一、研究背景

随着我国建设世界一流大学进程的不断推进，高水平教师队伍建设成为各研究型大学发展的核心问题。从数量上来看，我国的高校教师队伍数量已达全球第一，2014 年，我国普通高校专任教师队伍 153.5 万人，较之 1999 年的 42.6 万人，净增 110.9 万人。从质量上来看，本科高校中具有硕博士学位的专任教师的比例不断攀升，在“985 工程”高校中高达 90%；“985 工程”和“211 工程”院校中教师高级职称的比例均超过 60%。[1] 对我国研究型大学来说，教师队伍的质量是建设高水平大学的关键。大学教师的绩效评价制度对高等教育的健康发展，以及高级人才的培养具有重要意义。科学合理的教师评价绩效制度能够激发教师的工作热情，形成一种良好的教师学术氛围，推动高校教学、科研和服务活动的发展。因此，如何界定大学教师绩效评价？以何种指导思想和理论推进大学教师绩效评价工作的开展？如何根据大学组织特点和教师学术职业特点制定适宜的教师绩效评价制度？如何通过科学的大学教师评价机制，形成一种有利于教师发展的大学文化，促进教师质量的不断提高，以提升我国研究型大学的总体水平？这些都是高水平教师队伍建设中的关键问题。研究型大学具有集教学、科研和服务于一体的特点，研究型大学教师绩效评价一直是人们关注的焦点，研究型大学应该如何对教师进行绩效评价，

---

[1] 教育部高等教育教学评估中心编：《中国高等教育质量报告（2014 年度）》，教育科学出版社 2015 年版，第 76 ~ 82 页。

才能有效地激发教师的积极性，使绩效评价制度成为教师发展的动力，而非桎梏，成为研究型大学制度建设和发展中的关键。深入研究大学教师绩效评价问题，对于提升我国研究型大学教师队伍的水平，形成良性教师学术氛围，激发教师的创新力，推进我国世界一流大学建设的进程，具有重要意义。

二、研究意义

研究型大学在高等教育领域中具有重要的地位，对国家经济文化的发展具有重要意义。正如莫尔曼等（Mohrman，K.，et al.）所指出的，在知识密集型社会中，研究型大学已经成为社会和经济发展的关键机构。认为这些大学形成了新的全球模式（Emerging Global Model，EGM）并具有肩负全球使命、研究密集型、教师新的作用、资金来源多样化、世界范围招聘人员、日趋复杂的结构、与政府和企业界形成新型关系、同类院校之间的全球合作 8 个特点。[1] 据统计，影响人类生活方式的重点科研成果有 70% 诞生于世界一流的研究型大学，1946～1987 年，诺贝尔奖成果中 70% 是在研究型大学中诞生的。[2] 各国政府也都非常重视研究型大学的发展，为研究型大学的发展投入大量的资金，并同时给予很多政策上的支持，为促进研究型大学的发展提供广阔的空间。美国著名的常青藤大学联盟、英国的罗素大学集团、澳大利亚的八校集团（Go8）等，都是这些国家顶尖的研究型大学的联盟。近年来，为了促进本国研究型大学的健康发展，提升本国研究型大学的质量，世界各国的顶尖研究型大学致力于通过国际合作，提高大学的质量。2006 年，国际研究型大学联盟正式成立，该联盟是一个由一些具有相同的国际视野和相似的价值取向的大学组成的一个联盟，包括澳大利亚国立大学、新加坡国立大学、苏黎世理工学院、北京大学、伯克利加州大学、剑桥大学、哥本哈根大学、牛津大学、东京大

[1] Kathryn Mohrman，Wanhua Ma and David Baker（2008）. *The Research University in Transition：The Emerging Global Model*. Higher Education Policy，21，pp. 5－27.

[2] 王攀："高校教师科研评价研究"，武汉理工大学 2006 年硕士学位论文，第 4～6 页。

学和耶鲁大学。国际研究型大学联合会认为，研究型大学应该从研究、教育和技术转让（知识交流）等几个构成研究型大学的核心要素来衡量研究型大学的价值。[1] 这个联盟对促进世界范围内一流的研究型大学的发展具有深远意义，使各国研究型大学的发展建立在全球范围的平台上，在国际化的视野下，致力于大学质量的提升，并促进各研究型大学从价值层面思考大学的社会功用。我国政府也非常重视研究型大学的发展，2014 年 12 月 29 日，艾瑞深中国校友会网公布的《2015 年中国大学评价研究报告》中 36 所研究型大学，除华中师范大学和 2014 年才开始招收本科生的中国科学院大学外，基本属于我国政府支持重点建设的“985 工程”院校（见表 1.1）。我国各研究型大学为了提高质量，也积极参与到国际合作和竞争之中，并通过国内高水平大学之间的合作，提升我国研究型大学的总体水平。2009 年 10 月，中国九所大学自发组成了一个大学联盟，即九校联盟（C9），类似上述美国的常青藤大学联盟、英国的罗素大学集团、澳大利亚的八校集团（Go8）等。这九所大学的研发资金占所有中国大学研发资金总额的 10%，所发表论文占中国大学发表论文总数的 20%。最近，美国大学联合会、欧洲大学联盟、中国九校联盟、澳大利亚八校集团四个研究型大学有意组织形成一个全球网络，以面对研究型大学所面临的问题。

表 1.1 我国研究型大学与“985 工程”院校对应表

	研究型大学	“985 工程”院校
1	北京大学	北京大学
2	清华大学	清华大学
3	中国科学院大学	
4	复旦大学	复旦大学
5	武汉大学	武汉大学
6	中国人民大学	中国人民大学

[1] IARU. *The Knowledge Ecosystem: Measuring the Value of Research Intensive Universities*. February 6th 2015, Retrieved from http://www.iaruni.org/images/stories/downloads/VRIU/IARU%20Position%20Paper.pdf.

续表

	研究型大学	“985 工程”院校
7	浙江大学	浙江大学
8	上海交通大学	上海交通大学
9	南京大学	南京大学
10	中国科学技术大学	中国科学技术大学
11	国防科学技术大学	国防科学技术大学
12	吉林大学	吉林大学
13	北京师范大学	北京师范大学
14	南开大学	南开大学
15	中山大学	中山大学
16	四川大学	四川大学
17	华中科技大学	华中科技大学
18	西安交通大学	西安交通大学
19	同济大学	同济大学
20	中南大学	中南大学
21	哈尔滨工业大学	哈尔滨工业大学
22	山东大学	山东大学
23	厦门大学	厦门大学
24	东南大学	东南大学
25	天津大学	天津大学
26	重庆大学	重庆大学
27	北京航空航天大学	北京航空航天大学
28	华东师范大学	华东师范大学
29	东北大学	东北大学
30	北京理工大学	北京理工大学
31	华中师范大学	
32	大连理工大学	大连理工大学
33	西北工业大学	西北工业大学
34	华南理工大学	华南理工大学
35	湖南大学	湖南大学
36	兰州大学	兰州大学

大学之间合作的目的在于形成高水平的教师队伍，能够产出高水平的科研成果，培养出高质量的顶尖人才。在研究型大学的发展中，高质量的教师队伍是研究型大学发展中的关键，需要进行相关的制度变革以保证教师队伍的建设。如何科学合理地对教师进行评价，则成为研究型大学发展的重要维度。在大学合作中，一方面通过不同院校之间的联合，进行科研攻关，以解决重点科研难题；另一方面就是教学资源的共享，尤其是课程资源的共享。我国九校联盟（C9）对这些研究型大学教师的教学形成了促进作用。比如，如果某所大学的某一门课任课教师的教学非常出色，就会有很多学生去申请学习这门课，实现教学资源共享，同时也会给教这门课的老师带来一定的压力，从而促进其改进教学内容和方法。为了提高教师的教学水平，C9联合开展青年教师教学能力和青年导师队伍的培训工作。在教师发展中，制度建设的意义就显得越发突出。如何通过良好的制度建设，制定适合本院校发展的教师绩效评价制度，促进这些研究型大学的发展，保证高水平教师队伍建设，也是本研究的意义所在。早在1989年，美国卡内基教学促进基金会（the Carnegie Foundation for Advancement of Teaching）的问卷调查显示，69%的研究型大学教师同意"我所在的院校中除了衡量教师的出版以外，需要采取更好的评价教师学术绩效的方式"这一表述。这说明美国研究型大学中对教师绩效的评价方式有待改进和创新。❶ 2013年，美国教育研究协会（American Educational Research Association）连续发表两篇研究报告，探讨大学教师评价和发展问题。报告《重新审视大学教师评价》强调应该对大学中终身教授的评定和晋升制度进行重大变革，要对教师评价过程进行全面深入改革。❷ 另一篇报告强调要对那些非终身教授轨的教师提供适当的职业发展条件和支持。正如塞托等（Szeto，W. F. & Wright，

❶ Boyer，E. L. （1990）. *Scholarship Reconsidered：Priorities of the Professoriate*. Princeton，N. J.：Carnegie Foundation for the Advancement of Teaching，p. 34.

❷ Scott Jaschik. *The Education Faculty*. Retrieved from：https：//www. insidehighered. com/news/2013/11/04/education – research – association – releases – recommendations – evaluating – faculty – members.

P. C.）所言，在组织生活中，绩效评价发挥着至关重要的作用，但人们对绩效评价的作用却知之甚少。在高等教育领域，绩效评价的作用同样困扰着教师和管理人员，触动着他们的情感世界，消磨着他们的大量精力和时间。❶ 目前，各高校都实施教师绩效评价制度，这些教师绩效评价制度能否从教师工作动机、研究兴趣、职业精神和具体的工作行为和创新成果等方面考察教师的工作绩效，激发教师的工作热情，对研究型大学的教师发展和保证教师队伍的质量具有重要意义。

三、关键概念界定

（一）大学教师的概念

本书从学术职业的视角出发，认为大学教师是大学中从事教学和科研的专业人员。他们以传播知识以及拓展人类知识为其重要职责，并致力于为社会发展服务。大学教师以学术自由、学术自治作为学术活动的重要准则，形成了以学术自由和学术自治为核心的独特的大学教师学术文化和职业伦理。

（二）研究型大学的概念

研究型大学发展的历史可以追溯到1910年由德国洪堡主持建立的柏林大学，秉持将教学与科研相结合的理念，是研究型大学的最早雏形。美国大学是在学习德国大学的基础上发展起来的，美国著名的私立大学都学习德国柏林大学将教学与科研相结合的特点，注重科学研究在大学发展中的重要意义。真正现代意义上的研究型大学是随着美国约翰·霍普金斯大学的建立而发展起来的一类以教学和研究作为使命的大学。布鲁贝克认为，大学是传递深奥的知识，分析、批判现存知识，并探索新的学问领域❷的机构。美国卡内基教学促进基金会

❶ Szeto, W. F. & Wright, P. C. (2003). *Searching for an Ideal: A Cross-Disciplinary Study of University Faculty Performance Evaluation.* Equal Opportunities International 22. 8. pp. 54-72.

❷ ［美］约翰·S. 布鲁贝克：《高等教育哲学》，王承绪、郑继伟等译，浙江教育出版社2001年版，第13页。

关于研究型大学的界定一直广为学术界引用。自 1973 年开始，该基金会就一直致力于美国高等教育研究，对美国高等教育机构进行分类，已经于 1976 年、1987 年、1994 年、2005 年和 2010 年先后对其分类框架进行修订和更新。这一框架中对研究型大学的分类为高等教育研究领域广泛采纳，具有较高的权威性。最初，基金会根据高等院校从联邦政府获得科研经费资助额以及博士学位授予数，将博士学位授予大学分为研究型大学Ⅰ类和研究型大学Ⅱ类。2000 年的分类标准将美国高校划分为 6 种范畴、10 个类型，将授予博士学位的大学分为广博型研究型大学和集中型研究型大学。2010 年的卡内基高等教育分类将美国高等教育机构分成 6 类，研究型大学包括在（Doctorate - granting Universities）这一类中，对这一类院校的界定是授予至少 20 种研究型博士学位的院校，但不包括法学、医学、药学和物理治疗等专业博士学位，也不包括特殊院校和部落院校。这类院校中的研究型大学又分为 3 类，即研究非常活跃型研究型大学（RU/VH）、研究活跃型大学（RU/H）、博士/研究型大学（DRU）。可以看到，卡内基的分类标准非常关注这类大学的研究活动情况，并将以职业发展为目标的博士学位教育排除在外，可见研究在这类院校中的地位和意义。

我国学术界对研究型大学概念的界定主要是基于美国卡内基分类而提出的。2002 年，林荣日将我国研究型大学界定为：凡在中国大陆的大学，如果一级学科的博士学位点授予数占全校一级学科的 50% 以上，二级学科硕士学位点授予数占全校二级学科总数的 80% 以上，且其年度科研经费相当于或超过年度教学经费的大学，都属于中国研究型大学。[1] 2004 年，广东管理科学研究院按照科研规模的大小把国内大学划分为研究型大学、研究教学型大学、教学研究型大学和教学型大学等四类，并划定了研究型大学的范围，其方法是将全国所有大学的科研得分降序排列，并从大到小依次相加，累计得分超过全国大学

---

[1] 林荣日：“中国研究型大学综合实力评价指标体系设计”，载《中国高等教育评估》2000 年第 2 期，第 17 ~ 19 页。

科研总得分的61.8%的大学算作是研究型大学❶。杨林、刘念才等根据我国高校人才培养、科学研究的实际情况，采用博士生招生数量、科研经费、国际学术影响力、区域或学科特色四个指标进行衡量，将我国研究型大学分为世界知名大学、国内著名大学、学科/区域特色大学、一般大学等四类。❷ 王战军认为，中国的研究型大学是以创新性的知识传播、生产和应用为中心，以产出高水平的科研成果和培养高层次精英人才为首要目标，在社会发展、经济建设、科教进步、文化繁荣、国家安全中，发挥重要作用的大学。❸ 总体来看，研究型大学具有以下基本特征：首先，具有较强的学科优势，会有一些优势学科群或者一些优势学科。也就是这些一流大学都拥有一流的学科。如加州理工学院的物理学科在20世纪30年代就处于美国领先地位，这一优势一直持续至今。2014年《美国新闻与世界报道》排名第二。在全美大学综合排名中，该校位居第十名。该校的工程（4）、生物（5）、化学（1）、地球科学（1）、数学（7）排名都位于研究生院前十名。该校一直秉持的小而精的发展宗旨，取得了举世瞩目的成就。其次，研究型大学都强调科学研究的重要性，并具有充足的科研资金。如加州理工学院每年从国家航空航天局（NASA）、美国国家科学基金（the National Science Foundation，NSF）、卫生与公众服务部（the Department of Health and Human Services）等联邦机构获得大量科研资助。2013～2014年度，该校将财政收入的40%用于有组织的科研，41.7%用于教学和学术支持。2011年，全校科研投入3.98亿美元。再次，研究型大学都有很好的科研转化机制，将科学研究与应用融为一体，服务于社会发展。这些院校都具有良好的学术环境，有优良的文化传统，具有浓厚的学术研究氛围。这些研究型大学都是独具

❶ 袁永红、王金萍："中国研究型大学建设刍议"，载《中国石油大学学报（社会科学版）》2013年第6期，第95～99页。

❷ 杨林、刘念才："中国研究型大学的分类与定位研究"，载《高等教育研究》2008年第11期，第23～29页。

❸ 王战军："中国研究型大学的定义、功能与使命"，载http：//www.tsinghua.edu.cn/publish/news，访问时间：2016年12月30日。

特色的院校，每一所院校都有属于自己的特点，不会复制其他院校的模板，突出特色。普林斯顿大学校长威尔逊在哈佛大学演讲时说，普林斯顿不像哈佛，也不希望变成哈佛；反之，也不希望哈佛变成普林斯顿。最后，也是非常重要的一点，这些研究型大学都具有优秀的教师队伍。截至2013年，加州理工学院的教师和校友中共有33人获诺贝尔奖，美国加州大学伯克利分校有22名教师获诺贝尔获奖。据不完全统计，北京大学校友和教师中有400多名两院院士，在清华大学工作的两院院士有77人。莫尔曼等描述了21世纪世界范围内顶级研究型大学的“新兴的全球模式”，并概括了这一模式的8个特点。[1]

综上，本书将研究型大学界定为：具有较强的学科优势，以培养高层次精英人才为目标，将教学与科研密切结合，以知识创新为核心，集知识传播、生产和应用于一体，产出大量高水平的科研成果，对社会经济、文化等方面的发展具有重要作用的大学。根据艾瑞深中国校友会网发布的《2015年中国大学评价研究报告》，全国共有北京大学、清华大学、中国科学院大学、复旦大学、武汉大学、中国人民大学、浙江大学、上海交通大学、南京大学、中国科学技术大学、国防科学技术大学、吉林大学、北京师范大学、南开大学、中山大学、四川大学、华中科技大学、西安交通大学、同济大学、中南大学、哈尔滨工业大学、山东大学、厦门大学、东南大学、天津大学、重庆大学、北京航空航天大学、华东师范大学、东北大学、北京理工大学、华中师范大学、大连理工大学、西北工业大学、华南理工大学、湖南大学、兰州大学等36所大学入选2015年中国研究型大学名单。本书主要以这些大学作为研究对象。

（三）教师绩效评价的概念

首先，我们来看看绩效的概念。英文的“Performance”一词含义丰富，难以对其进行简单概括。管理学中经常将该词译为“绩效”“业绩”等，认为绩效可以分为员工绩效和组织绩效，我们在这里主

---

[1] Kathryn Mohrman, Wanhua Ma and David Baker (2008). *The Research University in Transition: The Emerging Global Model*. Higher Education Policy, 21, pp. 5–27.

要探讨的是员工绩效，亦即组织中个体的绩效。在管理学的视角下，绩效是组织期望的结果，是组织为实现其目标而展现在不同层面上的有效输出。美国学者贝茨（Bates，R. A.）和霍尔顿（Holton，E. F.）从绩效的基本范畴出发来研究绩效概念，认为绩效是一个多维构建，观察角度和测量因素的不同，其结果也会不同。德鲁克（Prucker，P. F.）指出，所有的组织都必须思考“绩效”为何物。这在以前简单明了，现在却不复如此。策略的拟定越来越需要对绩效做新的定义。目前，对绩效的界定主要有三种观点：第一种观点认为“绩效是结果”；第二种观点认为“绩效是行为”；第三种观点强调“绩效是能力”。认为绩效是结果，就是把绩效解释成工作结果或产出，持此种观点的主要代表是凯恩（Kane，J. S.）、伯纳丁（Bernardin，H. J.）和阿姆斯特朗（Armstrong，M.）等人。凯恩认为，绩效是一个人留下来的东西，且这些东西与目的是相对独立存在的。伯纳丁等认为绩效是在特定的时间内，由特定的工作职能或活动所创造的产出结果记录。绩效应该定义为工作的结果，因为这些工作结果与组织的战略目标，顾客满意感及所投资金的关系最为密切。可以发现，这种观点认为，绩效是工作所达到的结果，是个人工作业绩的记录。❶ 这是一种强调输出因素的绩效观，各种行动的结果是客观存在的，是清晰可见的。认为绩效是行为的观点，是针对绩效是结果的观点受到了实践和理论的挑战而提出的。然而在实践中，很多情况下许多工作结果并不一定是个体行为所致，可能会受到与工作无关的其他因素的影响（如员工工作机会的不平等），并且在工作中的表现不一定都与工作任务有关；过分关注结果会导致忽视重要的行为过程，缺乏过程控制不可能产生满意的绩效，同时会在工作要求上误导员工。此外，很多工作难以完全用工作产出结果来衡量绩效，或者用工作结果衡量绩效并不全面，在这种情况下，工作的过程就显得尤为重要。根据这一现实状况，墨菲（Murphy，K. R.）认为绩效是与一个人在其工作的组织或组织单位的目标相关的一系列行为，组织和组织单位构成个体

❶ 秦艺萍、谢珂：“绩效理论综述”，载《经营管理者》2009 年第 24 期，第 176 页。

工作环境。坎贝尔（Campbell, D. J.）也指出，绩效可被视为行为的同义词，是人们实际采取的行动，这种行动是可以被观察到的。应该将绩效与结果区分开来，因为结果会受到系统因素的影响。绩效不是行动的后果或结果，它本身就是行动。绩效包括在个体控制之下的与目标相关的动作，无论这些动作是认知的、生理的、精神运动的，还是人际间的。❶ 阿吉斯（Aguinis, H.）特别强调，绩效是员工的行为，而不是指员工的产品或工作结果。为此，他指出绩效有两个额外的特点：(1) 绩效是行为，是要接受评价的，也就是说为了个体和组织的更高效率，要对这些行为进行判断，以衡量这些行为是否为实现个人、单位、组织目标做出贡献；(2) 绩效是多维度的，也就是说，有各种各样的能够促进组织目标达成的不同行为。❷ 伯曼（Borman, W. C.）等认为，行为是人们工作时的所作所为；绩效是具有可评价要素的行为；结果是因绩效而改变的人或事的状态。❸ 这种观点拓宽了绩效评价的内容宽度，这就使得绩效评价的对象不再局限于简单劳动，而是有了在复杂专业行为中运用的可能性。坎贝尔提出了绩效构成的一个要素模型，并且推测工作绩效可以用八个一般性的要素加以描述：特定工作的任务熟练程度、非特定工作的任务熟练程度、书面和口头传达任务的能力、所表现的努力、遵守个人纪律、促进他人和团队的绩效、监督与领导、绩效管理/行政管理。伯曼（Borman, W. C.）和墨特维尔德（Motowildo, S. J.）则更概括性地提出一个绩效的二维模型，认为绩效分为任务绩效（task performance）和周边绩效（contextual performance）。其中，任务绩效是指直接形成组织产品或服务以及有助于形成组织产品或服务的行为，周边绩效指通过营造一种良好的环境从而使得组织更有效地取得良好的任务绩效。而绩效是能力这种观点重视能力和绩效的相关性，将个人能力作为绩效实现

---

❶ 刘仁义：“高校教师科技绩效评价问题研究”，天津大学管理学院 2007 年博士学位论文，第 9 页。

❷ ［美］赫尔曼·阿吉斯（Herman Aguinis）：《绩效管理（Performance Management）》（英文版第三版），中国人民大学出版社 2012 年版，第 76 页。

❸ 秦艺萍、谢珂：“绩效理论综述”，载《经营管理者》2009 年第 24 期，第 176 页。

的关键因素，它强调对未来的关注，不仅关注员工当前做了什么，还要关注未来能做什么。麦克科兰德（McClelland，D. C.）认为，能力是与工作或工作绩效或生活中其他重要成果直接相似或相联系的知识、技能、能力、特质或动机。一个人所拥有的导致在一个工作岗位上取得出色业绩的潜在特征。伍德鲁夫（Woodruff，C.）认为，能力是一种明显的、能使个体胜任完成某项工作的行为。斯宾塞认为，与有效的或出色的工作绩效相关的个人潜在的特征包括五个层面：知识、技能、自我概念、特质和动机。麦克科兰德领导的项目小组在20世纪70年代为美国政府建立的FSIO胜任模型中有三种核心胜任特征：（1）跨文化的人际敏感性；（2）人的积极期望；（3）快速进入当地的政治网络。虽然经过不断修改和开放，直到今天美国政府仍然将这三种胜任特征作为选拔FSIO的主要依据。帕维特（Pavett，C. M.）和罗（Lau，A. W.）提出过概念、技术、人际和政治技能四种类型说。尤科（Yukl，G.）将管理者工作划分为三类技能或胜任力：技术技能、人际技能和概念技能，这三种类型将个体技能在处理事、人、观念及概念方面进行了区分。但能力取向的绩效观仍存在很大的争议。个人能力的基本特征并不一定导致卓越的绩效。能力和行为、结果之间因果关系的模糊性，给实践造成了很大的困难。因此，威廉姆斯才会认为，能力概念的提出只能使问题变得更加混乱。关于绩效内涵整合的观点，上述关于绩效内涵的三种主要观点都具有合理性，从不同的角度解释了绩效的内涵。但偏执其一端，片面地将绩效与结果、行为或能力直接画等号都有失偏颇，也不符合绩效管理的实际情况和运用。在实际的研究中，研究者更多地倾向于用整合的观点来看待不同的取向。阿吉斯（Agulnis，H.）就倾向于从行为和结果两方面来综合衡量绩效。罗宾斯（Robbins，S. P.）认为，结果、行为和特质是考量绩效的重要内容。[1] 由此可见，从全面、系统的视角来审视绩效，采用广义综合的绩效概念，更有利于组织绩效管理的具

[1] 洪志忠：“教师绩效评价研究：从宏观视角到微观行动”，华东师范大学2011年博士学位论文，第109～112页。

体实施。因为个体行为、能力是绩效结果产出的重要原因，是重要的输入，而结果是组织绩效得以实现的表征，也可以较为客观地对受评人员进行业绩考核。因此，我们既要强调绩效与员工个体工作的相关性，也要看到员工行为与结果的因果关系。一个相对全面、宽泛的界定更容易被实践中的人们所接受，这对成功实施绩效管理活动意义重大。从人力资源管理的角度看，绩效的概念不但包括工作结果，还包括工作行为、工作能力等因素。因此，应该从过程动态和结果静态相结合的角度来看这一概念。❶ 绩效是与工作密切相关的行为及其结果。伯纳丁等（Bernardi，et al.）将绩效定义为“在特定的时间范围，在特定工作职能或活动上产生的结果记录”。墨菲指出，绩效被定义为一套与组织或单位的目标相互关联的行为，而组织或组织单位则构成了个人工作环境。伊尔根（Ilgen，D.）和施奈尔德（Schnerder，B.）指出，绩效是个人和系统所作所为。坎贝尔认为绩效可以被视为行为的同义词，它是人们实际采取的行动，而这种行动可以被他人观察到。绩效应该只包括那些与组织目标有关的，并且是可以根据个人的能力绩效评估的行动或行为。❷

其次，我们审视一下绩效评价的概念。英文中的绩效评价是“Performance Appraisal”或“Performance Evaluation”。美国学者曼迪（Mondy，R. W.）和诺伊（Noe，R. M.）从制度维度出发，认为绩效评价是定期考察和评价个人或小组工作业绩的一种正式制度。而伊万诺维奇（Ivancevich，J. M.）则认为绩效评价是一个行为，用于决定一个员工的工作表现的有效性程度。❸ 针对绩效评价的概念，中外学者从不同角度对其进行界定，从人力资源管理的角度看，绩效评价是组织管理的核心职能之一，它是收集、分析、评价和传递有关某一个人在其工作岗位上的工作行为表现和工作结果方面的信息情况的过

❶ 顾琴轩主编：《绩效管理》，上海交通大学出版社 2006 年版，第 54 页。

❷ 刘凤霞：“基于 SPA 的高新技术企业 R&D 人员绩效评价与激励研究”，天津大学管理科学与工程 2005 年博士学位论文，第 35 页。

❸ 王光彦：《大学教师绩效评价研究——基于教师自主发展的探索》，教育科学出版社 2012 年版，第 5 页。

程。通过绩效评价将组织中的个体目标和组织整体战略目标结合起来，通过员工的行动推动组织战略顺利实施。❶ 本书综合各种对绩效评价的界定，认为绩效评价是在一定的组织目标和组织文化中，一种定期评价个体工作业绩，以促进个体和组织发展的制度。这一界定旨在将个体与个体所处的组织联系在一起，在关注个体的职业发展方向与组织目标的一致性的同时，关注个体的职业发展。

最后，我们考察大学教师绩效评价的概念。在教师绩效评价的实施过程中，最为关键的问题是“什么是教师绩效”？这关涉评价对象、评价内容、评价标准和评价途径等一系列问题。因此，对教师绩效评价概念进行界定是整个研究的基础。上述从管理学角度对绩效和绩效评价的界定，是我们对教师绩效进行深入研究的前提，并提供了有益的思路。随着大学教师绩效评价实践的不断深化和相关理论的发展，教师绩效的概念和内涵也在不断深化。目前，已经有很多中外学者对教师绩效评价的概念进行了界定。有学者认为，教师绩效评价是对教师在工作中的表现、对教师的行为进行评定，以此了解教师的工作质量❷。随着对教师绩效评价概念的认识不断拓展，对于这一概念的认识已经由单纯从管理的角度界定，发展到以教师发展为主要目的。从这一观念出发，有学者将教师绩效评价界定为大学用来衡量和评鉴教师某一时段的工作表现和工作质量的重要措施，它是协助教师成长的一个过程❸。针对研究型大学教师绩效评价的概念，通过对中外学者关于教师绩效评价概念进行梳理和分析，笔者认为对教师绩效评价的认识和界定不能局限于狭隘的对教师工作中的表现和行为进行评定的层面，不仅要关注教师工作的质量，而且要拓宽对教师绩效评价概念的认识，突破单纯地从管理的维度进行界定的状况，而要将教师发展的理念纳入其中，将教师绩效评价和教师发展密切联系在一起，使教

---

❶ 芮明杰：《管理学教程》，首都经济贸易大学出版社 2004 年版，第 301 页。

❷ 陈华昌：“中美大学教师绩效评价的对比研究”，载《中国科教创新导刊》2010 年第 19 期，第 2 页。

❸ 任永维、卢逢春、陈首钢：“如何建立和完善高校教师绩效评价体系”，载《价值工程》2010 年第 36 期，第 319 页。

师评价、教师发展和教师队伍的质量三者密切联系在一起，成为一个有机的整体。本书在对绩效和绩效评价概念进行上述界定的基础上，综合国内外学者关于大学教师绩效评价概念的界定，认为大学教师绩效评价是在各大学战略发展目标的指导下，从大学教师的职业特点出发，结合院校特殊组织特性和文化特点，对教师工作表现进行定期考察和评价的制度，其目的在于促进教师和院校发展。大学教师绩效评价是绩效管理理论在大学这一具有特殊性的组织中的具体应用，是高校人力资源管理的重要组成部分，也是教师评价和考核的重要手段。

第二章　研究型大学教师绩效评价概览

第一节　国内外教师绩效评价研究现状

一、国外大学教师绩效评价研究现状

国外大学教师绩效评价研究始于20世纪20年代，到20世纪90年代开始迅速发展。以美国为代表的北美大学教师评价经历了三个阶段[1]：第一阶段（20世纪20年代到50年代），在进步主义教育运动的引领下，主要是对教师的教学方法进行评价。第二阶段（20世纪50年代到60年代），主要侧重对教师个人素质的评价，评价教师是否具有从事优秀教学活动的个性特征。第三阶段（20世纪60年代至今），强调重点在于评价教师的一般教学行为，对教师的教学、科研和服务三方面的全面评价。欧洲各国政府也非常重视对大学教师绩效评价，通过实施教师绩效评价制度以提高大学的办学水平。国外学者对大学教师绩效评价方面的研究较为丰富，国外大学教师绩效评价的具体做法为研究我国研究型大学教师绩效评价提供了理论和实践的基础。

20世纪20年代，教育领域引入了教师评价的概念。泰勒（Tayler）认为“评价”是指确定目标在实际上被理解到何种程度的过程，认为评价过程本质上是一种测量工作在多大程度上达到了目标的过程。斯塔弗尔比姆（Stufflebeam，D. L.）针对泰勒的评价目的和评价模式，

[1] 郑瑛、罗黎辉：“我国发展性教师评价体系初探”，云南师范大学2006年硕士学位论文，第6页。

提出教育者需要一个较广义的评价定义，而不是局限于确定目标是否达到，应该使评价有助于更好地执行和改进工作计划。[1] 为此，他指出，评价是为决策提供有用信息的过程，他认为评价的目的在于改进。在他看来，评价是一种划定、获取和提供叙述性和判断性信息的过程。这些信息涉及研究对象的目标、设计、实施和影响的价值及优缺点，以便指导如何决策，满足教学效能核定的需要，并增加对研究对象的了解。[2] 从这两位学者对"评价"概念的阐释和理解来看，泰勒更加注重评价的目的，而斯塔弗尔比姆则更关注对过程的评价，认为评价的目的在于工作的改进和促成目标的达成。这实际上为对研究型大学教师绩效评价的目的提出了思考的空间，促使研究者在思考教师绩效评价的目的时考虑，到底评价的目的在于教师的奖惩，还是在于关注教师的发展。

国外相关大学教师绩效评价研究可以分为以下几种：（1）对大学教师绩效评价主体的研究。有研究者通过实证研究探究大学教师对教师绩效评价的态度。如，哈代德（Haddad，D. F. M.）以 103 名课程管理人员和从 860 名全职教师中抽取的 270 名教师作为样本进行实证研究，发现由部门主任和学生进行参与的、以形成性评价为目标、旨在帮助教师改进教学和促进教师职业发展的评价方式更受欢迎。相反，教师们不太愿意接受以加薪、绩效分配和与合同相关的评价。并认为科罗拉多州立社区学院和初级学院中的教师绩效评价制度均需进行全方位的变革。[3] 在对教师教学绩效评价过程中，学生评价具有重要作用，研究者对学生对大学教师教学绩效评价方面的研究较多，涉及学生评价的方方面面。（2）对教师绩效评价方法进行探讨。1978 年，由运筹学家查内斯（Charnes，A.）、库珀（Cooper，W. W.）和罗德斯（Rhodes，E.）提出来的数据包络分析方法，是一种基于线性规

---

[1] 梁雅琪："我国高校教师绩效考核问题研究"，燕山大学 2009 年硕士学位论文，第 4 页。

[2] 陈玉琨：《中国高等教育评价论》，广东高等教育出版社 1995 年版，第 18 页。

[3] Haddad，D. F. M.（1987）. *Community College Faculty and Administrator Attitudes Regarding Faculty Performance Evlauations*. Colorado State University，1987.

划理论的模型，它将多输入指标和多输出指标综合成为单个评价指标，使用数学规划评价具有多个输入与输出的决策单元（Decision Making Units，DMU）间的相对有效性，对投入或产出的多个决策单元的效率进行业绩评价。奥罗等（Oral，et al.）将数据包络分析（Data Envelopment Analysis，DEA）法应用于教师绩效评价。通过应用于决策者的评价之中，不仅使决策者做出更加理性的决策，同时也赋予 DEA 模型新的意义，在评价中不仅通过运用 DEA 模型使系主任作为决策者的主观评价更为客观，也将接受评价的教师的民主呼声反映在评价模式之中。❶ （3）对评价领域进行研究。马丁和梅纳德（Martin，L. L. & Maynard，D.）针对大学过分重视科研在评价中的作用的现实，进行了深入的研究，他们的研究问题包括：①教师的出版数量和教师的研究评价之间的关系如何？②教师的出版数量与教师的教学评价之间关系如何？③对教师总的绩效评价应如何描述？针对这样的研究问题，他们对一所规模较大的大学中的 91 名教师进行研究，发现教师的出版数量与其研究评价呈现出弱相关关系，这说明出版数量并不是影响教师科研评价的唯一因素；而教师科研绩效和教师的教学评价之间的相关性的衡量表明，良好的出版记录并不是好教师的前提条件；对教师总的绩效的评价与教师出版数量相关性的研究表明，对教师的总体评价在某种程度上含有主观性的特点，有些教师的研究声望很高，而他们的出版数目并不是很多。为此，作者认为在某种程度上应该将这种具有主观性的评价维度以最有效的方式融入对教师的绩效评价之中。❷

二、国内大学教师绩效评价研究现状

国内大学教师绩效评价的起步比较晚，分为四个阶段：第一阶段

❶ Muhittin Oral，Amar Oukil，Jean – Louis Mlouin，Ossama Kettani（2014）. *The Appreciative Democratic Voice of DEA*：*A Case of Faculty Academic Performance Evaluation*. Socio – Economic Planning Sciences，Vol. 48，Issue 1，March，pp. 20 – 28.

❷ Leslie L. Martin and Diane Maynard（1975）. *The Realities of Faculty Performance Evaluation*. Improving College and Universtiy Teaching，Vol. 23，No. 2，Classrooms：Arenas of Learning，Spring，pp. 94 – 95.

（1949～1965年），是国内大学教师绩效评价的形成阶段，主要以职务聘任和晋升评价为主，评价内容以教学活动为主，评价结果直接与职务的聘用和晋升、奖励机制挂钩。第二阶段（1966～1976年），是教师绩效评价的停滞阶段。第三阶段（1977～1992年），大学教师绩效评价的恢复阶段，评价方式主要以职务晋升和年度评价为主。评价内容强调教学与科研并重，绩效评价开始走向制度化、正规化和科学化。第四阶段（1993年至今），是大学教师绩效评价的发展阶段。这一阶段的大学教师绩效评价开始关注教师工作内容和产出，在评价中开始运用数学方法和模型，使得绩效评价标准和评价结果以数量化的形式科学地体现，并关注教师发展问题。

针对研究型大学教师绩效评价的研究主要涵盖评价体系方面的研究、评价方法的研究等。庄琛等通过采用收集网上材料和访谈等方法，对我国C9研究型大学的绩效评价体系进行研究，从目前我国研究型大学教师绩效评价体系的不足出发，提出了研究型大学教师绩效评价实践和研究的未来发展建议。[1] 姜自兴在对我国高校教师绩效考核指标研究的基础上，运用层次分析法，确定绩效评价指标权重，构建出研究型大学教师绩效评价指标体系。[2] 近年来，很多研究主要是针对教师绩效评价方法的研究，如应用360°考评法进行绩效评价的案例研究、[3] 基于模糊综合评价法的教师绩效评价模型、[4] 基于贝叶斯网络的教师绩效评价方法、[5] 基于DEA的大学教师绩效评价模型[6]等。

---

[1] 庄琛、唐宁玉、郑兴山："研究型大学教师评估探析"，载《教育发展研究》2013年第7期，第81～84页。

[2] 姜自兴："研究型大学教师绩效考核指标体系研究"，大连理工大学2009年硕士学位论文。

[3] 李薇、李永华、王亚男："教学研究型大学的教师绩效评价研究"，载《科技与管理》2009年第7期，第146～147页。

[4] 王宏、杜丽萍、张帅："基于模糊综合评价法的高校教师绩效评价模型"，载《河北理工大学学报（社会科学版）》2011年第1期，第56～58页。

[5] 王广彦、王薇、董继国："基于贝叶斯网络的高校教师绩效评价方法"，载《统计与决策》2010年第18期，第160～162页。

[6] 宴令、刘凤立："基于DEA的兰州大学教师绩效评价研究"，载《经济视角（下）》2012年第2期，第128～130页。

采用360°考评分对教师绩效进行评价是有其理论和实践基础的。目前，主要是在高新技术企业R&D人员的绩效评价中比较推崇360°绩效评价方法。360°绩效评价方法自19世纪40年代出现以来便得到了很多学者的认同。爱德华（Edwards，M. R.，et al.）等认为，如果严格执行和实施360°绩效评价方法，就能很好地反映出个体绩效，评价结果比传统的评价方式更有效。研究表明，企业中，员工对单一考评的满意水平是10%～35%；而对360°考评的满意度是75%～95%。范德伯格（Funderburg，S. A.，et al.）等认为，360°绩效考评有利于员工的进步，并可以起长期激励作用。道格拉斯（Douglas，H. F.）也认为，多方位反馈绩效评价方法效果较好。虽然360°绩效评价方法的适用范围有一定的局限性，但总体来说对个体发展性评价还是很有效的。[1] 但有些研究者认为这类研究过多地强调显性知识和技术特征，比较偏重从管理的角度进行，需要合理设计教师绩效评价指标和评价模型，使之适应大学教师的职业特点，从学术职业的视角研究大学教师评价问题。[2] 在大学教师绩效评价的实践中，采用贝叶斯网络推理技术进行教师绩效评价，克服了在教师绩效评价过程中通过采用加权平均法这一定量评价方法无法评定教师绩效在某一领域中的整体水平层次的不足，而不是仅凭一个最终评价分数对教师进行评价，使教师绩效评价结果在整体领域中具有更强的可比性。如何制定适合大学教师职业特点的绩效评价标准，制定符合大学教师绩效评价的指标体系，成为很多学者关注的焦点。如，徐秀英等提出了一套研究型大学教师绩效评价指标体系，并应用模糊数学建构了教师绩效评价的模糊综合评价模型，利用层次分析法确定了指标权重；[3] 程芳基于平衡积分卡（BSC）将教师绩效评价目标与高校战略联系起来，并设计

---

[1] 刘凤霞："基于SPA的高新技术企业R&D人员绩效评价与激励研究"，天津大学管理科学与工程2005年博士学位论文，第7页。

[2] 刘珊珊："学术职业视角中我国大学教师评价价值取向研究"，苏州大学2010年硕士学位论文。

[3] 徐秀英、韩美贵、王雯等："研究型大学教师绩效评价指标体系与模糊综合评价的探讨"，载《中国农业教育》2005年第4期，第32～34页。

了高校教师绩效指标体系;❶ 李玉松将 KPI 理念运用到高校教师绩效评价指标体系的建构，旨在明确高校自身战略任务的同时，充分调动教师的积极性，提高办学战略和效益;❷ 李元元等从教学、科研、服务、师德等方面出发，基于发展性评价理论，在阐释教师绩效评价指标体系的理论基础和基本原则的基础上，设计一套综合的高校教师绩效评价指标体系，旨在将短期目标和长期目标相平衡，以保证评价目标的最终达成;❸ 王光彦等通过对教育部所属 42 所高校的实证研究，为高校教师绩效评价指标分解管理体系的构建提供实证依据，并为教师绩效评价管理体系的有效运行奠定理论基础。❹ 类似的研究都试图探讨构建一套比较合理的高校教师绩效评价指标，但这些研究一般偏重于定量方面的研究，要构建合理的大学教师绩效评价指标，需要进一步针对大学教师的工作特点，以教师个体为核心，开展定量研究和定性研究相结合的教师评价研究。为此，有研究者研究了在复杂性科学视野下，大学教师绩效评价应关注的问题。❺ 这些关于教师绩效评价体系的研究，为进一步增强大学教师绩效评价的效果，提供了多样化的思维路径和具体的操作方法，丰富了关于大学教师绩效评价的研究。

从目前国内外有关绩效评价的研究来看，国内绩效评价研究方面还存在理论研究不足，没有能够将实践结果和效果与大学这一特殊组织相结合进行系统分析研究等问题。研究中，定性研究和定量研究尚未很好地结合，大部分研究是从管理的视角进行的，而没有关注教师职业的特殊性，对教师作为个体发展的关注不足。因此，需要通过对

---

❶ 程芳:“基于 BSC 的高校教师绩效评价指标体系设计”，载《职业时空》2009 年第 8 期，第 16 ~ 19 页。

❷ 李玉松:“基于 KPI 的高校教师绩效评价指标体系建构研究”，载《学理论》2011 年第 18 期，第 285 ~ 286 页。

❸ 李元元、王光彦、邱学青等:“高等学校教师绩效评价指标研究”，载《高等教育研究》2007 年第 1 期，第 59 ~ 65 页。

❹ 王光彦、李元元、邱学青等:“高校教师绩效评价指标体系的实证研究与思考”，载《中国高等教育研究》2008 年第 2 期，第 46 ~ 49 页。

❺ 周春燕:《复杂性科学视野下的高校教师评价研究》，江苏大学出版社 2008 年版。

国内外大学教师绩效评价进行比较研究，通过案例研究，增强教师绩效评价研究结果的可操作性，为我国研究型大学教师绩效评价制度的制定与发展提供参照和指导。

第二节　教师绩效评价相关理论综述

“绩效”一词通常被用于商业或者工业领域，属于管理学理论中的一个概念。但随着教育领域对教育质量的不断关注，人们开始将其应用于私营部门，尤其是将商业和工业领域的管理理论应用于教育领域，以促进教育的发展。因此，研究教师绩效评价需要从教育研究领域之外寻求理论支撑，可以从绩效管理理论、人力资源管理等管理学理论中寻求理论依据。以这些理论为基础，研究目前大学教师绩效评价的发展现状和存在的问题、如何制订切实有效的方案，开展高校教师绩效评价。为此，绩效管理理论、人类资源理论等相关管理学理论对高校教师绩效评价具有重要的理论和现实意义。此外，与教师发展相关的理论，也为教师绩效评价目的的确定提供了理论基础，促使大学在制定教师绩效评价制度时，能够有明确的目标，实现以人为本的教师绩效评价制度。本节将对与教师绩效评价相关的这些理论进行简要梳理，以便为后续研究提供理论依据。

一、绩效管理理论

1976 年，毕尔（Beer，M.）和鲁赫（Ruh，R. A.）提出绩效管理制度（performance management system）这个概念，并将其作为企业管理、衡量、改进绩效并且增强员工发展潜力的重要制度。20 世纪 80 年代，绩效管理理论在企业界被广泛采纳，成为企业管理的重要理论支撑。[1] 阿吉斯（Aguinis，H.）认为，绩效管理是指识别、衡量以及发展个人和团体绩效，并使这些绩效与企业战略目标保持一致的一

[1] Michael Beer & Robert A. Ruh (1976). *Employee Growth through Performance Management*. Harvard Business Review, July – August, pp. 59 – 66.

个持续过程。[1] 这一概念强调绩效管理的整体性和全局性，强调绩效管理要与组织目标保持一致，追求企业绩效和员工绩效的持续提高。此外，还有很多关于绩效管理的定义，从管理所涉及的对象来看，主要从三个方面进行界定：第一，绩效管理是管理组织绩效的一种体系。这种观点将绩效管理视为一个由计划、改进和考察构成的过程，重点在于确定组织战略并加以实施。持这种观点的有罗杰斯（Rogers，S.）和布雷德拉普（Bredrup，H.）。罗杰斯在研究地方政府绩效管理时，提出了绩效管理系统应该有三个过程：制定共同的政策、资源目标以及相应的方针；建立一整套计划、预算、目标和绩效标准；定期、系统地检查各项工作。布雷德拉普则提出了一个包括计划、改善和检查的模型。第二，绩效管理是管理雇员绩效的一种体系。这种观点强调管理者和被管理者应在雇员的期望值上达成一致。持这一观点的代表人物是安斯沃斯（Ainsworth，M.）和史密斯（Smith，N.）。他们提出了一个包括绩效计划、绩效评估和反馈三个步骤循环的模型。奎因也提出了一个三步模型：计划、管理和评估。[2] 第三，绩效管理是把对组织的管理和对雇员的管理结合在一起的一种体系。这种观点是上述两种观点的综合，强调通过绩效管理把每一位雇员或管理者的工作与组织的整体使命联系在一起。[3] 阿吉斯的定义属于第三种观点，强调将对组织的管理和对雇员的管理相结合，并将管理视为一个动态完整的过程，强调管理者和员工之间的协商与沟通，旨在调动双方的主动性与积极性，从而实现提高组织绩效的目标。

绩效管理是在绩效评估或者绩效考核（performance appraisal）这个概念基础上发展而来的。绩效管理理论汲取了绩效考核的合理因素和已有成果，并将组织战略和员工的持续发展作为重要基础。早期对绩效评估这一概念的理解是对员工个人在职的绩效和行为作出评估的

---

[1] ［美］赫尔曼·阿吉斯（Herman Aguinis）：《绩效管理（Performance Management）》（第三版），人民大学出版社 2012 年版，第 2 页。

[2] 洪志忠：“教师绩效评价研究——从宏观视角到微观行动”，华东师范大学 2011 年博士学位论文，第 117 页。

[3] 林新奇：《绩效管理》（第二版），东北财经大学出版社 2013 年版，第 6 页。

过程，其目的在于评估其培训需求，确定合格的留任者，进行薪水调整以及晋升。随着人们对于绩效评估在实际操作中存在的问题认识不断加深，绩效评估被认为是企业通过对部门、员工或所属单位与个体的投入产出状况进行考察、衡量或比较，从而确定其行为价值、提高企业竞争力的一个重要过程。❶ 绩效评估一方面能够通过对员工的评判和评价，作为员工晋升和薪资决策的重要依据；另一方面还能够通过评估，促进员工通过学习，提高绩效。绩效评估对促进管理的科学化发挥了重要作用，也由此发展形成了多种评估方法和工具。但随着绩效评估的发展，其片面性和工具性的弊端也日益凸显。列文森（Levision）指出，“多数正在运用的绩效评估系统都有许多不足之处，这一点已得到广泛的认可。绩效评估的明显缺陷在于：对绩效的判断通常是主观的、凭印象的和武断的；不同的考核者的评定不能比较；反馈延迟会使员工因好多绩效没有得到及时的认可而产生失败感，或者因根据自己很久以前的不足作出的判断而恼火”。❷

基于绩效评估存在的上述问题，阿吉斯认为，要准确把握绩效管理的概念，应该对绩效管理和绩效评估进行区分。他认为，仅仅是对员工进行一年一度的评估，并通过提供反馈和指导以提高绩效的制度，并不是真正的绩效管理制度。绩效评估只是对员工优势和缺点的系统描述，它只是绩效管理的组成部分，而绩效管理则是一个更为宽泛的概念，不仅仅是对绩效的测量。❸ 由此，我们可以发现，绩效管理不是独立的管理活动，而是由绩效计划、绩效实施和管理、绩效评价和绩效反馈构成的一个系统，❹ 是一个动态持续的过程。因此，绩效管理强调目标设定的重要性，是一种目标导向的管理理论和方法，要求每一个员工的行动都要与整个企业的总战略目标相一致，每一位员工和管理者都要明确努力的目标，使自己的行动服务于企业的整体

---

❶ 林新奇：《绩效管理》（第二版），东北财经大学出版社 2013 年版，第 6 页。

❷ 林新奇：《绩效管理》（第二版），东北财经大学出版社 2013 年版，第 43 页。

❸ ［美］赫尔曼·阿吉斯（Herman Aguinis）：《绩效管理（Performance Management）》（第三版），中国人民大学出版社 2012 年版，第 2～3 页。

❹ 王海燕，姚小远：《绩效管理》，清华大学出版社 2012 年版，第 3 页。

战略规划，旨在实现组织战略目标和提升组织的核心竞争力。此外，绩效管理还强调以企业中的员工和管理人员为核心，强调各方的沟通与协商，在充分关注员工切身利益和个体发展的基础上，统筹安排，全面系统地推进总体目标的实现。具体来说，绩效管理具有以下特点：(1) 绩效管理的思想精髓是“战略导向”，是战略管理的工具，是实现组织战略目标的主要载体和杠杆；(2) 绩效管理的基本理念是“以人为本”的，不是针对员工的奖惩制度，而是为了改进组织与员工个体的绩效，促进企业与员工的共同发展；(3) 绩效管理的设计原则是“双向互动”，强调所有人员的参与和协商；(4) 绩效管理的实现形式是“绩效沟通”，是一个不断沟通的持续过程；(5) 绩效管理的最终结果是“发展提高”，目的在于提高组织的核心竞争力，促进员工提高和组织发展；(6) 绩效管理具有“绩效导向”。但这里的绩效概念既包括结果或产出，也包括行为或过程，更包括对战略目标的把握和理解。[1] 总之，绩效管理是一种全方位的管理理念，是一个有明确目标的、完整的、由全员参与的、持续的动态系统，是人力资源管理系统的核心。

在20世纪80年代后半期和90年代早期，随着人们对绩效管理理论和实践研究的重视，绩效管理逐渐成为一个被广泛认可的人力资源管理过程。通过对绩效考核和绩效管理理论的梳理，我们可以认为，将绩效考核以及绩效管理理论应用于高校教师绩效评价具有其可操作性的一面，是进行教师绩效评价工作的理论基础之一。通过应用原生于企业和组织管理的绩效考核和绩效管理理论，对于科学合理地评价大学教师绩效具有一定的指导意义。但同时也应看到，大学作为一种特殊的学术组织，具有其独特性及其特殊的使命，而大学教师作为专业人员，其工作性质也不同于企业的员工。卡瑞（Curry，T. H.）认为，由于高校具有独特的文化，其教师绩效评价必须建立在以下这些

[1] 林新奇：《绩效管理》（第二版），东北财经大学出版社2013年版，第40～41页。

假设之上[1]：（1）教师的独立性和自我主导性与院校的愿景和大目标保持一致；（2）教师对参与院校治理的期望；（3）评价过程和程序的公正；（4）整个制度需要有法律保证。为此，大学教师绩效评价应由以下六个部分组成：（1）院校明确的目标、愿景和价值观；（2）公平的工作量及绩效标准的建立；（3）基于年度评审的教师职业发展计划；（4）教师自我评价的年度活动报告；（5）同行评审委员会对教师绩效的评价；（6）绩效评价反馈体系和书面评审。因此，将发生于企业运作中的管理学理论应用于研究型大学教师绩效评价过程中，应充分关照研究型大学作为学术机构的特殊性以及大学教师工作性质的特殊性，制定切实可行的评价制度，进行科学有效的教师绩效评价工作，以充分发挥教师的创造性和积极性，提高大学总体教学科研水平，培养具有创造性的学生，实现科学创新和学术创新。

二、人力资源管理理论

绩效管理理论是人力资源管理理论的重要组成部分，而起源于企业的人力资源管理理论在长期的企业管理实践中已经形成了一套成熟有效的人力资源管理的理论体系和具体方法。大学作为一种学术组织，虽然自身具有不同于企业的特性，但和企业一样，具有组织的相同特点。将源于企业的人力资源管理理论和方法借鉴到大学的人力资源管理过程之中，是提高大学人力资源管理水平，提高大学创新能力的重要途径。将人力资源管理理论应用于大学人力资源管理，有利于提高大学教师质量，有利于提高中国大学的总体水平。在推行教师绩效管理的过程中，将人力资源管理理论应用于教师绩效评价制度的制定和执行过程中，有利于形成科学有效的绩效评价机制，促进高等教育总体水平的提高。

人力资源（human resource）这一概念最早是由美国旧制度经济学家约翰·康芒斯（Commons，J. R.）在1919年出版的《工业友善》

---

[1] Theodore H. Curry (2006). *Faculty Performance Reviews.* Effective Practices for Academic Leaders, Vol. 1, No. 2, February: pp. 1 – 16.

一书中首次提出。但现代人力资源的概念是由管理学大师彼得·德鲁克（Drucker，P.）1954 年在其著名的《管理实践》一书中正式提出并加以明确界定的，他认为人力资源，即企业所雇用的整个人是所有资源当中最富有生产力、最具有多种才能，同时也最丰富的资源，而改善员工的工作成效是提升企业经营绩效的最佳方法。德鲁克明确指出，人力资源相对于其他资源的特殊优越性在于，人力资源具有其他资源所没有的一种特性，这就是协调、整合、判断以及想象的能力。基于他对人力资源的深刻认识，以及他对人事管理职能的定位和作用所做的深入阐释，德鲁克被称为现代人力资源管理的奠基人。❶ 人力资源作为一种特殊资源，具有能动性、社会性、开发性和实效性等特点，是人力资源管理理论的基础。

人力资源管理理论的发展经历了三个发展阶段：自然形态阶段、古典管理理论阶段和现代人力资源管理理论阶段。❷ 自然形态阶段是人力资源管理理论的初始阶段，该阶段以蒸汽机的出现为标志，发源于西方的工业改革，它让人逐步成为自然的主宰，人文思想得到了解放，并进一步推动了生产的发展。随着生产技术的革命，科学第一次脱离了直接经验的范畴，发展成为独立的知识形态。管理方式的改变促进了人力资源管理理论的形成，人力资源管理理论作为一个独立的过程，脱离自然形态向自觉形态转变，这是科学管理的发源。古典管理理论阶段是人力资源管理理论的发展阶段，该阶段的时间跨度是从 19 世纪末到 20 世纪初，随着科学技术的进一步提高，管理科学作为独立的学科，出现于 19 世纪后期美国的管理运动中，不仅在生产效率上取得了巨大的成效，而且促进了管理理念的改进，其代表人物是泰勒。泰勒强调用建立法规等科学方法来提高劳动生产率，强调生产方式的标准化，使资本家得以降低成本，增加利润。泰勒开拓了管理学的研究领域，他的著作《科学管理原理》和《科学管理》在管理

❶ 刘昕编著：《人力资源管理》，中国人民大学出版社 2015 年版，第 4 ~ 5 页。

❷ 关云飞：“高校教师人力资源管理模式创新研究”，中南大学 2009 年博士学位论文，第 24 ~ 25 页。

学的研究上具有划时代的重要意义。由于工作效率的提高，也有利于人力资源与物质资源的配置优化，为企业人力资源管理理论的发展奠定了基础，为后来的科学管理奠定了基础。后来管理科学研究的代表人物，如法国的法约尔、德国的韦伯等，在阐述理论中均涉及一些人力资源管理的思想和原则，他们的研究成果对今天的人力资源管理研究产生了深远的影响，但大多学者强调“以事为中心”，强调环境和团结，却忽视了人的社会心理因素的作用。古典管理对以后人力资源管理理论的发展也有着深远的影响，影响着管理科学的发展。现代人力资源管理发展阶段主要指古典管理理论阶段以后，管理学流派形成的“百家争鸣”局面。孔茨研究表明，当时有 11 个学派，这个时期的人力资源管理理论的发展，也融合了各类管理学派之长，借鉴了心理学、生理学、统计学等学科的研究成果，为探索管理模式的多样化奠定了坚实的理论基础，促进了管理理论的繁荣和发展。尤其是进入 20 世纪 90 年代以后，随着知识经济的崛起，人才成为经济发展中起决定作用的关键因素，人力资源管理的地位和作用达到了空前的高度，并出现了“战略性人力资源管理”的概念。这一概念是指有计划的人力资源使用模式以及提升组织绩效、实现组织战略和具体的经营目标的各种活动。[1] 从而将人力资源管理与组织发展战略真正地有机融合起来，极大地增强了组织竞争力。现代人力资源管理的核心功能是人力资源的吸引、保留、激励和开发。人力资源管理对于组织的作用主要表现在以下几个方面：（1）帮助企业达成战略目标或经营要求；（2）有效地利用组织中全体员工的技能和能力；（3）使员工的工作满意度和自我实现感得到最大限度的提高，工作和生活质量不断改善；（4）就人力资源管理政策与员工和其他利益相关者进行沟通；（5）帮助企业维护伦理道德政策以及履行社会责任；（6）以一种统筹兼顾个人、群体、组织和公众利益的方式进行变革管理。[2] 由此可见，人力资源管理既关注组织全局，也关注组织中的个体，关注管理

---

[1] 刘昕编著：《人力资源管理》，中国人民大学出版社 2015 年版，第 13 页。

[2] 刘昕编著：《人力资源管理》，中国人民大学出版社 2015 年版，第 21 页。

者与被管理者之间的沟通；既关注企业的经济效益，也关注企业的社会效益和社会变革；既关注当下，也展望未来。

自20世纪60年代人力资源管理的概念开始流行之后，一些企业开始引入人力资源管理，但到20世纪80年代中后期人力资源管理才受到企业的普遍重视。随着人力资源管理在企业的广泛应用，其内容涉及人力资源战略与规划、职位分析、员工招聘与甄选、绩效评估与管理、培训与开发、薪酬福利与激励计划、员工关系与劳资关系等各项职能。[1] 同时，在非营利组织中也开始引入人力资源管理理论。非营利组织主要指企业这种以营利为目的的组织之外的其他组织机构。对于非营利组织，人力资源管理的研究也主要以公共管理部门为主。对于非营利的公共管理部门，怎么样激励各种类型员工，怎么样考核他们的绩效，与企业的要求是非常不同的。非营利组织人力资源管理理论主要研究非营利组织的绩效考核、招聘、培训、薪酬管理等问题。提出了一些适合于非营利组织的人力资源管理方法。这些人力资源管理的理论和方法，可以应用于高等院校的人力资源管理。[2] 高等院校属于人才密集型的组织，高等院校更接近工商管理领域的服务业的性质。高等院校的产出是课程、学生和科研成果。在我国，高等院校是介于工商企业和政府部门之间的一种类型的组织。既不同于工商企业的营利性，也不同于政府部门的非营利性。高等院校的目标、性质、现状决定了高等院校的发展需要高水平的人力资源管理。目前高等院校所应用的人力资源管理理论主要是借鉴企业人力资源管理理论。需要针对高等院校人力资源管理的特殊性，探讨适合于高校人力资源的招聘、绩效考核、培训、薪酬管理等方法。因此，将人类资源管理理论与大学教师绩效评价工作联系在一起，具有重要意义。这不仅能够丰富人力资源管理理论，拓展其应用范围，也促使大学在教师绩效评价过程中，重视教师的主体性，使评价以教师的发展为核心，并以促进教师自身的发展为目的。

---

[1] 刘昕编著：《人力资源管理》，中国人民大学出版社2015年版，第12页。

[2] 周松："非营利组织的人力资源管理与开发研究"，南京理工大学2004年硕士学位论文。

三、大学教师发展理论

刘易斯（Lewis，K. G.）认为，大学教师发展最早的形式恐怕是1810年哈佛大学开始实施的教师学术休假制度，其目的在于促进教师作为学者在其学术领域的进一步发展。[1] 20世纪50年代至60年代中期，随着社会经济的发展以及学生权利运动在美国高等教育领域的出现，学生希望其对所学知识进行把握的诉求能够在课程设置上得以体现，并且希望教师回应学生关于其所教授课程的相关问题。到了20世纪60年代中期至70年代期间，高等教育领域对教师应该关注教学的呼声越来越高，教师发展问题也成为各高等院校的关注点。对于大学教师发展（Faculty Development，FD）这一概念有多种界定。狭义上的大学教师发展专门关注教师的教学发展，更为宽泛的界定是将大学教师发展看作教师从事专业活动能力的全面发展，包括教学、科研及职业发展。随着大学教师发展实践活动的不断多样化，大学教师发展的概念也将得到进一步拓展，将大学教师个体的发展与大学作为一个组织的发展联系起来，使大学教师的个人发展成为组织发展的重要组成部分。弗朗西斯（Francis，J. B.）认为，大学教师发展是指院校通过改变大学教师的态度、技能和行为，使其具有更强的能力和更高的工作效率，以满足学生、教师自身和院校的要求。成功的教师发展计划能改变教师对专业角色的态度，增长知识和技能，改变实践方式。[2] 王春玲等在总结国内外关于大学教师发展的概念界定后，认为高校教师发展是旨在开发和提升高校教师专业能力的活动，在不同历史时期和不同情形下，高校教师发展或侧重于提高高校教师的研究能力，或侧重于提高高校教师的教学能力，抑或包括促进教师的身心健康、促进教师职业生涯的完善以及提升教师的生活品质。通过对近几十年的教师发展历程的审视，认为大学教师发展主要指那些旨在改善

---

[1] Kayak J. Gillespie，Douglas L. Robertson，and Associates（2010）. *A Guide to Faculty Development*. Second Edition. San Francisco：Jossey－Bass. p. 3.

[2] Francis，J. B.（1975）. *How Do We Get There from Here? Program Design for Faculty Development*. Journal of Higher Education，Vol. 46，No. 6，Nov/Dec，pp. 719－732.

教师教学能力的活动。[1] 除了围绕大学教师发展这个概念的内涵对大学教师发展的概念进行界定外，有些学者还将大学教师发展的概念与专业发展（professional development）、教学发展（instructional development）、组织发展（organizational development）和个人发展（personal development）等概念相联系，对教师发展的概念进行界定和理解。1975 年，盖夫（Gaff，J.）提出了大学教师发展、教学发展和组织发展的概念，并将大学教师发展定义为一个提高能力、扩展兴趣、胜任工作，从而促进教师专业与个人发展的过程。[2] 伯格威斯特和菲利普斯（Bergquist，W. H. & Philips，S. R.）认为，大学教师发展必须是综合性的，同时也是一整套多样化的有机联系的策略。这一综合性的大学教师发展应基于态度、过程和结构三个层面的重要变革，它应为大学教师提供改进课堂教学的培训、帮助教师在学术组织中形成一种积极的环境，使教师能够对影响其个人职业生活的价值和态度进行审视和反思，指出教学发展、组织发展和个人发展是任何有效的大学教师发展计划的主要组成部分。[3] 1991 年，美国教育联合会（National Education Association，NEA）发表了《大学教师发展：国力的提升》（Faculty Development in Higher Education：Enhancing a National Resource）报告，针对美国高等教育环境的新变化，为了应对高等教育变革的挑战，对教师发展进行了全面、系统的界定，认为教师发展围绕四个目标，即个人发展、专业发展、组织发展和教学发展。个人发展包括提高教师人际交往能力、维护健康、进行职业规划等；专业发展指获得或提高与专业工作相关的知识、技能与意识；组织发展则关

---

[1] 王春玲、高益民：“美国高校教师发展的兴起及组织化”，载《比较教育研究》2006 年第 9 期，第 56～61 页。

[2] Jerry G. Gaff (1975). *Toward Faculty Renewal: Advances in Faculty, Instructional, and Organizational Development.* San Francisco, CA: Jossey - Bass. Jossey - Bass Series in Higher Education. p. 14.

[3] William H. Bergquist & Steven R. Philips (1975). *A Handbook for Faculty Development.* Published by the Council for the Advancement of Small Colleges, Suite 750, One Dupont Circle, Washington, D. C. 20036, in association with the College Center of the Finger Lakes, Corning, New York 14830. p. 6.

注于创造有效的组织氛围，便于教师采用新的教学实践；教学发展包括学习材料的准备、教学模式与课程更新。[1] 20世纪80年代，日本高等教育领域引入了大学教师发展的观念，20世纪90年代后日本各大学开始重视教师发展问题。由于大学教师发展是从美国引进的外来语，在日语中没有与之相对应的专有名词，1998年日本大学审议会使用的是日语音译，2005年日本中央教育审议会报告中则直接使用英语简称“FD”。日本学者对大学教师发展的概念根据本国高等教育的现状进行了重新界定。1999年，原一雄教授将FD定义为各个大学教师维持、改进为履行对于所属大学的种种义务（教育、研究、管理、社会贡献）必需的专业能力所进行的对策和活动。有本章教授则认为，FD广义上是指以教师的研究、教育、服务、管理运营、人事、职业发展等活动领域为对象，以提高大学教师的专业水准为目标的行为。这两位学者的观点强调将教师发展与大学的使命联系起来，属于广义上的教师发展概念，但2008年日本文部科学省的中央教育审议会在其发表的《为了建构学生课程教育》咨询报告中，将FD定义为教师为改进教学内容和方法而进行的有组织的举措的总称，并指出，对FD的定义和理解不仅仅局限于改善教学内容、方法的研讨进修，也指更宽泛意义上的教育改进，包括教师的科研、社会服务等专业能力的发展活动。[2] 通过对大学教师发展概念和内涵的梳理，可以发现，对大学教师发展问题的理解也是逐步深化的，从单纯地关注教师的教学能力发展，到关注教师多方面职业能力的发展，并将教师个体的发展与教学发展、课程发展、专业发展、组织发展相联系，将大学教师发展与院校总体战略规划相联系，将大学教师发展置于院校宏观发展的视野中进行考察，在实现大学教师发展制度化的同时，关注大学内部和大学外部的制度环境问题，不断拓展大学教师发展的视野，使之服务于高等教育总体发展和改革目标。

---

[1] National Education Association (1991). *Faculty Development in Higher Education: Enhancing a National Resource*. Washington, DC, pp. 11 - 12.

[2] 蒋妍、林杰：“日本大学教师发展的理念与实践——京都大学的个案”，载《北京大学教育评论》2011年第3期，第29~44页。

为了深入研究大学教师发展问题，制订适应大学发展的教师发展计划，实施大学教师发展项目，研究者从心理学、社会学等理论出发，对教师职业发展阶段进行了研究。霍奇金森（Hodgkinson，H.）首次将成人发展理论运用于教师发展阶段研究，根据大学教师年龄将其职业分为七个阶段，即进入成人世界阶段（22～29岁）、成家和向上发展阶段（30～50岁）、形成自己风格阶段（35～39岁）、中年阶段（39～45岁）、重新稳定阶段（43～50岁）、老年阶段（50岁到退休）。布拉斯坎普（Braskamp，L. A.）根据教师职称从助理教授到副教授再到正教授的职称变化，总结了教师职业的三个转变时期。弗里德曼（Freedman，L.）从教师思维和行为模式的变化角度将大学教师职业分为学科关注期，关注教学方法期，关注反思阶段，思维和行动的模式选择阶段，个人自主概念化阶段。鲍德温（Baldwin，A.）通过对美国大学教师的相关研究，把教师职业分为五个阶段，即适应生存期、初获认可期、相对稳定期、高峰转折期、隐退淡出期。[1] 教师在学术职业的每一个阶段都具有不同特点并面临不同挑战。为此，在面对教师发展问题时，应充分认识到大学教师发展的阶段性，针对不同阶段具有不同的发展特点，应采取相应措施，应对教师发展的不同时期，适时进行政策和措施的调整，以促进大学教师发展，提高教师工作绩效。

在对大学教师发展的阶段性进行探讨的基础上，学者们对大学教师发展的理论问题进行了更深入的探讨。林杰基于对美国大学教师发展的研究认为，美国大学教师发展的观念与理论从无到有，适应高等教育发展的需要适时进行调整，并结合最新的教学与学习理论进行教师发展的实验设计。他认为，20世纪60年代初期，影响美国大学教师发展运动的理论基础至少有三个，即行为主义、感知训练运动和个体差异研究；从20世纪70年代开始，学者们开始对大学教师发展的概念进行拓展和深化，推进了相关的理论问题探讨，并于20世纪70年代末80年代初，将社会学的成人社会化理论与心理学的“认知革命”成果引入教师发展理论建构之中；随着20世纪90年代博耶

[1] 王春玲：“美国高校教师发展研究”，北京师范大学2005年硕士学位论文，第10页。

（Boyer，E.）对学术观念的拓展，形成了大学教师发展的综合性的观念和体系建构，为大学教师发展的实践提供了理论基础。[1] 王春玲根据大学教师的特点和角色特征，提出了对美国大学教师发展进行研究的四维度结构，即专业维度、教学维度、个人维度、组织维度。[2] 专业维度主要指高校教师专业知识的成长与发展；教学维度指高校教师教学方面的发展，主要强调高校教师如何开发有效的课程，怎样发展教学技能等；个人维度主要是指教师对工作的态度、个人健康状况、人际交往技能等方面的发展；组织维度主要指高校如何通过改善教师的工作环境和高校的气候、文化等来促进教师发展。这四个维度不是孤立的、封闭的，而是相互渗透、相互影响、相互制约、相互促进的。林杰等[3]在对发轫于 20 世纪 60 年代的美国大学教师发展运动的考察，对美国大学教师发展的理论模型进行梳理和总结，认为有三个关于大学教师发展的重要理论模型。第一个是伯格威斯特和菲利普斯使用层次分析法提出的一个概念化综合模型。这一模型是建立在这样的假设基础之上的，即大学教师发展是在态度、过程和结构三个层次上进行的。第二个模型是由盖夫提出来的。认为大学教师发展包括个人发展、教学发展和组织发展三种类型，并认为任何一部分都能独立发展。第三个模型是伯格威斯特和盖夫等对原有两种模型的进一步修正和补充，提出的一种更为宽泛的制度背景中的新的概念模型。新的模型保持了对态度、结构和过程三个层次的关注，对前两个模型中的观点进行了拓展和深化，将大学教师发展的三个维度和三个组成部分综合到一起。这一模型受组织理论、组织变迁理论等相关研究的影响，认为个人发展、教学发展、组织发展和共同体发展皆包容在制度发展所创设的环境之中，同时关注制度发展之外的更为宏观的制度环境。这些对大学教师发展的相关理论建构，不仅使我们对大学

[1] 林杰："美国大学教师发展运动的历程、理论与组织"，载《比较教育研究》2006 年第 12 期，第 30～50 页。

[2] 王春玲："美国高校教师发展阶段与维度"，载《比较教育研究》2011 年第 4 期，第 88～92 页。

[3] 林杰、李玲："美国大学教师发展的三种理论模型"，载《现代大学教育》2007 年第 1 期，第 62～66 页。

教师发展有了更为全面深刻的认识，更有助于教师发展项目的设计与实施，有助于推动教师发展，也对教师职业特点有了更为深刻的认识。同时，由于大学教师发展理论的嬗变与大学教师评价体系的演变以及大学教师发展的制度化进程相伴，我们也可以通过对大学教师发展理论的考察，思考大学教师评价体系的问题，思考如何将大学教师绩效评价与大学教师发展密切联系起来，服务于大学总体发展战略目标的实现。

第三节　大学教师绩效评价的演进历史

一、国外大学教师绩效评价演进历史

国外大学教师绩效评价研究始于20世纪20年代，历经50年代高等教育大发展、60年代的学生运动、70年代教育领域财政削减、80年代新管理主义的盛行，到90年代开始迅速发展。教师评价源于教育评价，是教育评价的一个研究分支。教育评价真正成为一个科学研究领域始于20世纪初。1904年，美国著名教育心理学家桑代克（Thorndike, E. L.）发表了《心理与社会测量导论》，奠定了教育领域内测量的理论基础。之后美国的泰勒（Tyler, R. W.）等人在1934～1942年倡导提出了著名的“八年研究”。他们所提出的相对系统和完整的评价方法体系与原则证明了教育评价的可行性与必要性，教育评价也开始成为一个重要的研究领域。庞鹤峰认为，20世纪20年代到50年代，在进步主义教育运动的引领下，在教育评价领域主要关注对教师的教学方法进行评价；50年代到60年代，主要侧重于对教师个人素质的评价，评价教师是否具有从事优秀教学活动的个性特征；从60年代以后，评价的重点在于评价教师的一般教学行为，对教师的教学、科研和服务等三方面进行全面评价；[1] 到了80年代以后，由于市

[1] 庞鹤峰：“国内外高校教师绩效评价对比研究”，载《中国高校师资研究》2008年第4期，第24～26页。

场化理念在教育领域的盛行，各国政府关注高等教育的质量和效率，通过实施具体教师绩效评价，激发教师的工作热情、提高教师队伍质量、回应社会对高等教育问责的呼声。因此，20 世纪 90 年代以后，大学教师绩效评价发展迅速，并将教师绩效评价与院校发展战略、教师发展制度等相结合，旨在促进院校总体质量的提升。具体到大学教师评价发展的历史，还要早于对教师评价的研究。在北美，大学教师绩效评价制度已经比较完善，相关研究成果较多，实践经验也比较丰富；在欧洲，在国家层面和欧盟超国家层面都认识到了开发评估工具的重要性。如西班牙近年来出台了国家范围学术人员评价的相关规定；葡萄牙大学对教师评价程序进行明确规定。[1] 在此，我们主要考察一下美国大学教师绩效评价的发展历史，并在此基础上，与其他国家的大学教师绩效评价发展历史进行对比。

（一）美国大学教师绩效评价发展的历史

美国大学教师绩效评价制度实施得比较早，已经比较完备，但其发展也经历了比较漫长的过程。哈佛等大学建立之初的很长一段时间内，都是由校长和年轻的导师（tutor）维持学校运行的，教师流动性很大。对教师聘任的要求也不高，当时普遍的观点是任何一个聪明的大学毕业生都能够教授所有课程。教师的聘任和晋升一般都是由校长和董事会共同决定的。随着美国高等教育的发展，大学规模不断扩大，院校之间的竞争也开始加剧。在哈佛大学，导师的任期开始不断延长，并在 18 世纪下半期建立了“教授”这一永久性的教师职位。[2] 其他大学也纷纷效仿哈佛大学，设立教授职位，这不可避免地涉及教师的评价问题，聘任和晋升决策还是由校长和董事会做出的。19 世纪初，美国高等教育快速发展，学院规模不断扩大，教师人数不断攀升，各个大学开始建立不同的聘任职位，这极大地促进了教师绩效评

---

[1] Carlos A. Banae Costa, Mònica D. Oliveira (2012). *A Multicriteria Decision Analysis Model for Faculty Evaluation*. Omega, Vol. 40, Issue 4, August, pp. 424 – 436.

[2] Martin J. Finkelstein (1984). *The American Academic Profession: A Synthesis of Social Scientific Inquiry since World War II*. Columbus: Ohio State University Press, p. 17.

价的制度化和规范化。19 世纪 20 年代，以哈佛大学为首的院校开始关注教师的专业化问题，并在南北战争之后形成了从初级教师晋升到正教授的晋升形式。许多大学开始采用正式的学生评价对教师的教学进行评价，取代了非正式的征集学生意见的做法❶，这可以说是美国大学教师绩效评价的最早雏形。19 世纪后半期到 20 世纪初，美国许多大学开始尝试设立学衔等级制度。1900 年，哈佛大学和密西根大学开始建立从助理教授、副教授到教授的大学教职系列，并为其他大学所效仿。❷ 但事实上，直到 1940 年美国大学教授协会发表《关于学术自由与终身教授制度的原则声明》，终身教授制度在美国高等教育领域确立，大学教师绩效评价仍然没有实现制度化和规范化。在美国大学教师评价发展过程中，有很多协会组织对在大学中形成一种良性的评价文化具有重要的推动作用。如美国全国工程协会（the National Academy of Engineering）、国家科学基金会（the National Science Foundation）等。国家科学基金会还实施专门的项目，以促进大学形成一种评价文化。❸ 本书通过回顾 20 世纪 20 年代以来大学教师绩效评价在美国高等教育领域的发展历程，将美国大学教师绩效评价发展的历史划分为初期发展、制度化阶段全面发展、改革时期等四个阶段。

1. 美国大学教师绩效评价的初期发展阶段（20 世纪 20 年代到 40 年代中期）

20 世纪初，学术自由成为美国学术界关注的焦点，而大学校长和董事会随意解聘教师的问题也成为高等教育领域最为引人关注的热点问题。在整个 19 世纪，校长和董事会可以随意解雇教师，无须经过合理的程序和毕业的解释。❹ 这种状况一直持续到 20 世纪初，促使当时的亚瑟·洛夫乔伊（Lovejoy，A. O.）、约翰·杜威（Dewey，J.）

---

❶ 李长华："美国高校教师绩效评价的方法综述"，载《国家教育行政学院学报》2005 年第 1 期，第 91 ~ 95 页。

❷ 乔玉全编著：《21 世纪美国高等教育》，高等教育出版社 2000 年版，第 33 ~ 34 页。

❸ Carlos A. Bana e Costa，Mònica D. Oliveira（2012）. *A Multicriteria Decision Analysis Model for Faculty Evaluation*. Omega，Vol. 40，Issue 4，August，pp. 424 – 436.

❹ Christopher J. Lucas（1996）. *Crisis in the Academy：Rethinking Higher Education in America*. New York：St. Martin's Press Griffin. p. 176.

等学者积极筹备和参与成立美国大学教授协会（AAUP）。1915 年，美国大学教授协会正式成立，并发表了《委员会关于学术自由和终身教授制的声明》（Declaration of Principles on Academic Freedom and Tenure）。这一声明不仅使大学教师的学术自由有了制度性保证，也为大学终身教授的聘任和评审提供了制度基础。1940 年，美国大学教授协会与美国大学联合会（AACU）联合发表了《关于学术自由与终身教授制度的原则声明》（Statement of Principles on Academic Freedom and Tenure）。发表这一声明的委员会的组成成员不仅有大学教授，也有作为大学管理者的校长，这说明大学的管理者也开始认识到这一制度对于高等教育发展的价值和意义。从这个意义上讲，这一声明的发表，标志着学术自由和终身教授制度的原则在美国高等教育领域得以确立，并成为美国大学教师绩效评价制度化和规范化的根本保障。在教育评价领域，由于当时进步主义教育思想的影响，在中小学领域的教师评价发展很快，主要集中于对教师的教学方法进行评价。因此，在高等教育领域，对教师的评价也比较关注教师教学方面的评价，采取学生评价的方法。系作为大学最基层的教学单位，在教师绩效评价中发挥着重要作用。在美国高等教育领域，系作为一种新的教学科研单位最早产生于 1825 ~ 1850 年的哈佛学院和弗吉尼亚大学。随着系的不断发展，系在决定人事、课程和研究活动等方面所发挥的作用也越来越重要，一所大学的声誉取决于系和系里学者的声誉。[1] 由于系在大学中的重要地位和作用，终身教授的评审通常是在系的层次上开始聘任的。在对教师绩效评价发展过程中，逐渐形成了由申请教师所在系的教师组成评审委员会进行评定，由系主任裁定，再由院教师评审委员会评定，再依次交由副校长、校长和董事会进行裁决的机制。值得注意的是，这一阶段的教师绩效评价，包括终身教授评审，随意性还是比较强的，很少有院校事先制定相应的教师绩效评价标准，并按照已有的标准对教师进行评价。

---

[1] 陈学飞：《美国高等教育发展史》，四川教育出版社 1989 年版，第 129 页。

2. 高校绩效评价的制度化阶段（20世纪40年代中期至70年代初）

从第二次世界大战结束到20世纪70年代初，美国高等教育处于大发展阶段，政府对高等教育的投入增加。1944年美国《退伍军人法案》生效，有1/3的美国退伍军人进入高等院校学习。1950年美国总统签署了《国家科学基金法》，基金会的成员主要来自于研究型大学的教授。这些法案和相关政府政策对美国高等教育产生了深远影响，促进了美国高等教育的繁荣发展。大学教师的人数也迅速增长，讲师从1945~1946年的125811名，到1955年增加到197791人。[1] 教师供给不能满足当时的需求，学术劳动力市场出现了供不应求的局面。在这一背景下，对大学教师的绩效评价在某种程度上是一种例行程序，主要是对教师的教学状况进行评价。1958年，美国《国防教育法》颁布，该法授权联邦政府以各种渠道资助高等教育，但同时也对教育质量更加关注。由于联邦政府自第二次世界大战以后对高等教育，尤其是研究型大学科研投入的不断增加，使科研成为研究型大学教师工作中的重要内容，科研成为研究型大学教师绩效评价中的重要内容。因此，从20世纪60年代以后，在大学教师绩效评价中，开始关注对教师进行多方面的评价，从教学、科研和服务等方面对教师进行综合评价。

3. 高校教师绩效评价的全面发展阶段（20世纪70年代至今）

20世纪70年代初，由于石油危机所引发的美国经济的衰退，使联邦政府对美国高等教育的投入开始锐减，高等教育辉煌时代结束，而在学术劳动力市场上也出现了供过于求的局面。因此，各院校开始关注制定严格规范的大学教师绩效评价程序和标准。尤其是在研究型大学中，科研成为教师绩效评价的重要指标，甚至成为衡量教师绩效的唯一指标，并且与教师的薪酬挂钩。到了20世纪80年代，不仅研究型大学将研究作为教师绩效评价的最重要指标，所有美国四年制本科院校中，几乎所有助理教授的薪水都是根据他们的科研和发表的论

---

[1] Philo A. Hutcheson (2000). *A professional Professoriate: Unionization, Bureaucratization, and the AAUP*. Nashville: Vanderbilt University Press. p. 23.

文的数量而定的。[1] 80 年代里根政府削减联邦政府的教育支出，强调州政府和地方政府对教育的权限和责任。一方面，联邦政府对高等教育的投入不断削减；另一方面，州政府、企业和公众对高等教育质量更为关注，促使各高等院校不断完善教师绩效评价制度，通过严格的聘任和晋升制度，保证大学教师的质量。在 80 年代，由于受多种因素的影响，美国有约 2/3 到 3/4 的院校建立了系统化的教师继续评价程序，包括书面政策和程序、例行操作以及对于评价结果的使用达成一致。[2]

20 世纪 90 年代，由于市场因素不断介入高等教育领域，对高等教育产生了不小的冲击。尤其是营利性院校的出现，促使人们从新的角度以新的思维方式思考高等教育领域的各种问题。同时，高等教育问责制也促使高等院校自身进行内部改革，以应对各种外部要求。从 90 年代初开始，美国各高校针对当时出现的教师队伍老龄化的现象，通过聘任新教师的途径实现教师队伍的年轻化。随着新教师人数的不断增加和老教师的纷纷退休，新一代教师们对自己教学工作的看法也不断发生变化。卡内基教学促进基金会长期以来一直对教师对教学的态度进行调查研究，1969 ~ 1989 年的调查数据一直表明，76% 的高校教师对教学感兴趣，但到了 1992 年这一数字下降到 72%，新一代的教师更注重科研工作，将科研作为其学术生涯成功的标志，[3] 有学者通过对 62 所美国研究型大学晋升和终身教职评审文件的研究发现，绝大多数研究型大学将研究放在评价指导原则和标准的首位，教学相对来说处于第二位，而服务的作用处于第三位。[4] 这从侧面说明大学

---

[1] Philo A. Hutcheson (2000). *A professional Professoriate: Unionization, Bureaucratization, and the AAUP*. Nashville: Vanderbilt University Press. pp. 176 – 177.

[2] Richard I. Miller (1987). *Evaluating Faculty for Promotion and Tenure*. Jossey – Bass Publishers. p. 18.

[3] Martin J. Finkelstein, Robert K. Seal, Jack H. Schuster (1998). *The New Academic Generation: A profession in Transition*. Baltimore & London: The Johns Hopkins University Press. p. 86.

[4] Patricia Hardré & Michelle Cox (2009). *Evaluating Faculty Work: Expectations and Standards of Faculty Performance in Research Universities.* Research Papers in Education, Vol. 24, No. 4, December, pp. 383 – 419.

在对教师的评价过程中，逐渐重视对科研方面的评价，科研在教师绩效评价中的权重不断增加，这种状况在研究型大学教师绩效评价中表现得尤为突出。除此之外，各高校的兼职教师和全职但不能获得终身教授职位的教师人数不断增加，这就使得高校对大学教师的绩效评价工作更为重要也变得更为复杂。由于绝大多数兼职教师只从事教学工作，不进行科研，这就造成了教师绩效评价过程中出现了将教师的教学和科研评价割裂开来的现象，但这也客观推动了对教师绩效评价原则、途径和方法的改革，使教师绩效评价的途径和方法更为多元化。20 世纪 90 年代末，在大学教师绩效评价中一个非常引人注目的变化是，很多院校引入了针对终身教授的终身聘任后评审制度。这一方面是对社会对终身教授制度弊端的质疑的回应，另一方面也是出于提高教师质量、激发教师工作热情的需要。虽然无论是学术界还是社会对终身聘任后的评审在很长时间内都存在争议，但 1998 年美国大学教授协会发表了《终身聘任后评审：美国大学教授协会的回应》的报告，在重申学术自由的基础上，提出了实施终身聘任后评审应该遵循的最低标准。这说明，美国大学教授协会也认可了这一绩效评价方法的合法性。

由于高等教育领域的财政日趋紧张，管理主义日趋盛行，终身教授职位越来越少，而相应地，兼职教师的人数则不断攀升，终身聘任后评审在绝大多数院校已经制度化，关于改革大学教师绩效评价制度，成为美国高等教育领域中一件引人注目的事件。威斯康星大学系统是世界著名的公立大学系统，有 26 个校园和近 18 万名学生，并通过各种拓展项目服务于本州超过 100 万人口。威斯康星大学麦迪逊分校作为威斯康星大学系统的旗舰学府，是世界一流的著名的公立研究型大学。面对大学系统的财政紧张，该州开始对大学系统的教师绩效评价体系进行改革，而改革的首要目标是针对终身教授制度。威斯康星州州长沃克尔（Walker，S.）及共和党立法者在州立法中取消了保护终身教授制度的法律条款，威斯康星大学系统的教师虽然通过各种途径维护终身教授制度的保护法律条款，但收效甚微。根据新的法律条款，大学系统的各院校不仅在财政紧缺的情况下可以解聘终身教授，而且在课程计划需要重新定位的情况下，也可以解聘终身教授或者终身教授聘任轨的教师。威斯康星大学麦迪逊分校的教师积极参与维护终身教授制度的州法律条款，他们重申这一政策会削弱州政府对高等教育理念的认识，影响“威斯康星理念”，使威斯康星大学在招聘和留住教师的竞争中处于不利地位。同时，威斯康星大学的教师还寻求美国大学教授协会的支持，希望通过附加细节性修改，使教师免遭被解聘的处境。❶ 教师们主要针对管理人员在人事决策中享有较大的权力问题，认为管理人员的权力过大，会影响教师在课程、专业判定等方面的学术权利。尽管存在很大争议，但 2016 年 3 月 10 日，威斯康星大学董事会投票通过了新的终身教授聘用、终身聘用后评审和教师解聘政策。大学认为，这样做的目的是要与其他院校的标准保持一致。自 2015 年威斯康星州取消终身教授制度的保护条款后，威斯康星大学系统有 90% 的教授决定如果取消终身教授制度而代之以续聘合同的话将离开该州到其他大学或学院。❷ 教授当中有些已经决定离开威斯康星大学，有些虽然留下但对教师的士气和未来的学术环境表示担忧，认为取消终身教授制度的结果可能会限制学术探究。威斯康星大学麦迪逊分校校长布朗克（Blank，R.）为了稳定教师队伍，于 2016 年年初花费了近 900 万美元希望能挽留住 40 名教授，这些教授的研究经费合起来有 1800 万美元。❸ 但还是有教授决意离开威斯康星大学，另谋高就。更为令人担忧的是，由于共同治理是与终身教授制度比肩同行的美国高等教育领域的传统，被认为是学术自由的保障。根据共同治理的理念，教师在学术政策的制定、财政预算决策、教师聘任程序以及终身教授聘任等方面都享有参与权。如果取消终身教授制度，也就等于剥夺了教师所享有的学术自由权利，那所谓的共同治

---

❶ Colleen Flaherty. *Wisconsin Tenure Wars*: *Part Two*. Retrieved from: https: //www. insidehighered. com/news/2015/11/03/u – wisconsin – madison – approves – faculty – backed – tenure – policy.

❷ Colleen Flaherty. *Tenure or Bust*. Retrieved from: https: //www. insidehighered. com/news/2015/12/17/u – wisconsin – faculty – say – theyd – want – leave – state – if – tenure – were – ended.

❸ Colleen Flaherty. *Why They Stay and Why They Go*. Retrieved from: https: //www. insidehighered. com/.

理的理念也将随之烟消云散。威斯康星大学所面临的问题，也会是更多的大学将要面对的问题。究其原因是多方面的：首先，经济状况的不景气促使各州急于通过州范围的政策和立法，甩掉终身教授制度这个沉重的财政包袱。其次，新管理主义思想盛行，从提高管理效益的角度来看，势必将终身教授制度视为实施绩效管理的一大障碍。为此，各州相继实施了终身聘任后评审制度，使绩效评价制度延伸到终身教授范围。最后，由于美国第一修正案关于言论自由的条款，一直被认为是终身教授制度的法律基础，美国大学教授协会以及各高等院校从学术职业的角度出发，也将第一修正案与终身教授制度密切联系在一起，认为这一制度是学术自由制度的重要保证。为此，这种现状促使州议员和立法者重新考虑对于终身教授制度的法律保护，通过修改州法律从而彻底动摇终身教授制度的法律基础。

美国大学教师绩效评价发展的历程表明，对大学教师绩效评价是随着高等教育的不断发展而不断出现、发展和完善的。大学教师绩效评价在不断发展的过程中逐渐制度化，并成为促进大学教师这一职业不断发展、促进高等教育质量不断提高的重要保证。教师绩效评价的内容也从单纯地对教师的教学评价，发展成为对教师教学、科研和服务等方面的全方位的评价。在教师评价中还包括一个重要的维度，那就是对教师道德方面的评价，有些院校在教师绩效评价过程中，还将教师的同人关系作为教师评价的维度之一。在评价中，不仅重视对教师的晋升和对终身教授聘任的评价，还注重对终身教授的终身聘任后的评价和对兼职教师的评价，评价的方法和途径也日趋多元化，而同时在涉及教师绩效评价问题方面也出现了越来越多的争议。

（二）其他国家大学教师绩效评价发展历史

1. 英国大学教师绩效评价发展历史

英国高校教师绩效评价制度经历了从重视奖惩到重视发展的曲折发展过程。[1] 20 世纪 70 年代以前，英国教师联合会就提出了教师绩

---

[1] 夏茂林：“美英两国高校教师绩效评价制度比较与思考”，载《湖南师范大学教育科学学报》2011 年第 1 期，第 74 ~ 77 页。

效评价的各种途径并制定了具体的奖惩标准。这一阶段的评价特点是具有明显的奖惩导向，但缺乏严格的程序，也不具系统性。随着20世纪70年代经济危机的爆发以及由此所引发的对于效率的追求，英国政府开始重视发展教师绩效评价体系，并且采用的是奖惩性的教师绩效评价体系。一直到20世纪80年代，英国保守党政府将市场机制引入高等教育领域，在教师绩效评价体系中明确强调评价的奖惩性特点。但是在具体的教师绩效评价制度的实施过程中，这种特点的教师绩效评价制度也引发了诸如对短期目标的追逐、影响教师队伍的士气等各种各样的问题。鉴于奖惩性的教师绩效评价制度的各种弊端，1985年皇家督学团发表《学校质量：评价与评估》报告，提出教师评价制度与奖惩制度分离的要求。这促使强调教师发展的英国大学教师绩效评价的形成。比如，牛津大学明确规定，该大学的教师绩效评价不与对教师的奖惩、续聘、晋升或者分级等挂钩。[1] 1987年，英国高校校长委员会（CVCP）和大学教师工会（AVT）达成了大学建立教师绩效评价制度的协议，但直到1989年年末和1990年年初，多数高等院校才陆续着手开始教师绩效评价工作。[2] 目前，英国大学教师绩效评价制度比较关注教师的发展问题。在英国大学中有观念普遍认为教师绩效评价有两个方面的作用，一是促使教师反思其工作并展望未来发展，二是为教师提供一个建议大学采取切实可行的措施改进工作环境的机会。纵观英国大学教师绩效评价制度，各大学一般都制定了非常完善的教师绩效评价制度，强调教师绩效评价制度的目的在于教师的职业发展。教师绩效评价的责任主体包括院系负责人、评价人、被评价人、院系人力资源管理部门等。教师绩效评价的主要内容包括对教师一个阶段工作的回顾总结，为下一步分工作打下基础。具体的实施过程围绕着评价人、被评价人、院系负责人等评价主体，经过严格的评价程序，经教师绩效评价会议，在评价人和被评价人之间

---

[1] Oxford University. *Appraisal Scheme for Academic Staff*: *Notes and Guidance*. Retrieved from: http://www.admin.ox.ac.uk/personnel/staffinfo/academic/appraisal/guidance/.

[2] 张彦通："英国高校教师评估理论"，载《比较教育研究》1996年第5期，第16~19页。

达成共识，最后由人力资源部对院系负责人提交的综合报告进行分析，制订出培训计划，促进教师的职业发展。英国大学教师绩效评价制度也形成了其自身的特点，即该评价制度是发展性评价而非奖惩性评价，通过严格的程序将教师个体的发展和大学作为组织的发展联系起来，将个体利益与组织发展通过培训这一环节联系起来，通过个体的发展推动组织的发展。[1] 除此之外，英国大学教师绩效评价制度还具有重视将评价者与材料收集者于一身、重视对评价者的培训以提高评价质量等特点。这些特点使英国大学教师绩效评价制度具有很强的可操作性，也具有较高实际效率，对保证英国大学教师的总体质量具有重要作用。

2. 日本大学教师绩效评价的发展历史

日本大学教师绩效评价制度肇始于20世纪80年代，比较重视对教师科研方面进行评价。1991年，日本文部省修改大学设置基准，其目的在于提高高等教育质量和增强日本大学的国际竞争力，并在大学运营方面引入市场理论，实施大学自我评价制度。1999年，文部省设立大学评价机构，确立了由第三方机构对大学进行评价的评价体系，各个大学也建立起了由大学自我评价和第三方评价相结合的评价体系，目的是将企业的竞争原理引入高等教育改革。大学教师绩效评价作为大学评价制度中的一个重要方面，也逐步建立和完善起来。日本大学教师绩效评价制度改革的主要内容包括大学教师身份的非公务员化和大学内部教师评价体系制度的改革两个方面。具体来看，整个教师评价制度改革的重点是实施大学教师聘任制。日本高校长期以来实施以讲座制为核心的聘任制，教师竞争压力不大，教师流动率也不高，这就为教师聘任制的改革造成了某种难度。此外，由于日本高校长期秉持着大学自治和学术自由的理念，拒绝外部评价，也使大学教师绩效评价制度的发展举步维艰。即便如此，在政府的积极推动下，各高校纷纷出台了教师评价制度改革方案，建立起各自的教师绩效评

[1] 徐鑫："英国高校教师绩效评价制度的特点及其启示"，载《现代交际》2011年第5期，第220~221页。

价制度。2002 年，日本共有 196 所大学引入教师聘任制度。2003 年，日本国立岗山大学率先实施教师个人绩效评价制度，之后日本大学相继实施教师绩效评价制度。[1] 2004 年，随着日本国立大学独立法人化改革的推进，以及日本教育法的修改，以大学教师聘任制和年薪制为代表的人事制度发生变化，[2] 大学教师绩效评价制度也逐步完善。日本广岛大学高等教育研究开发小组运用数理统计方法分析了教师绩效评价指标体系的结构，并运用层次分析法开发设计了科学全面的指标体系，成为被众多大学采纳的教师评价工具，该工具具有量化性、可循环观测、结果可比性等特点。[3] 日本大学在教师绩效评价中力图做到既要保证竞争的公平性，同时也应具有很强的绩效导向性。但值得关注的是，日本在大学教师聘任制度改革过程中，一直持非常审慎的态度。2002 年《关于新国立大学法人化》的报告中，就指出应考虑到国立大学运营方针的改变对大学人事制度带来的影响。[4] 在各种咨询和改革报告中，一再重申对大学教师评价要谨慎实施。这种态度和立场，使得日本大学教师绩效评价制度能够稳步推进，很好地平衡了如何在确保教师置身于竞争环境的同时，也能够保证其学术自由和相关权利，从而很好地避免了引入来自企业界的竞争机制所造成的负面影响，从而真正发挥教师绩效评价制度的作用，促进教师水平的提高。

二、中国大学教师绩效评价发展历史

我国大学教师绩效评价的起步比较晚，教师绩效评价的发展是与社会转型、事业单位改革、教育经费机制等问题纠缠在一起的。从新中国成立初期的等级工资制到现在的绩效工资制，教师绩效评价制度

---

[1] 周春燕：《复杂性科学视野下的高校教师评价研究》，江苏大学出版社 2008 年版，第 15 页。

[2] 苏君业，尹贞姬：“日本大学教师评价制度及借鉴”，载《大连大学学报》2010 年第 5 期，第 121 ~ 124 页。

[3] 刘萌、马慧琼：“美、加、日三国高校教师绩效评级的启示与借鉴”，载《中华女子学院学报》2008 年第 6 期，第 28 ~ 33 页。

[4] 葛新斌、姜英敏：“日本大学教师评估制度改革动向”，载《比较教育研究》2004 年第 9 期，第 76 ~ 80 页。

每一步的发展，都与整体社会改革步伐相呼应。我国教师绩效评价始于20世纪50年代，在“文革”期间停滞，“文革”后得以恢复。马敬华将我国大学教师绩效发展划分为初始阶段、发展阶段、停止阶段、恢复阶段和提升阶段这五个阶段。庞鹤峰将我国大学教师绩效评价的发展分为四个历史时期：形成阶段、停滞阶段、恢复阶段和发展阶段。具体来讲，在形成阶段（1949～1965年），我国高校教师绩效评价主要以职务聘任和晋升评价为主，评价内容以教学活动为主，评价结果直接与职务的聘用和晋升、奖励机制挂钩；在停滞阶段（1966～1976年），大学教师绩效评价活动由于“文革”而中断；在恢复阶段（1976～1992年），大学教师绩效评价活动得以恢复和初步发展。评价方式主要以职务晋升和年度评价为主，评价内容强调教学与科研并重，教师绩效评价开始走向制度化、正规化和科学化；在发展阶段（1993年至今），教师绩效评价开始关注教师工作内容和产出，在评价中开始运用数学方法和模型，使得绩效评价标准和评价结果能以数量化的形式科学地体现。[1] 本书在这一历史分期的基础上，将大学教师绩效评价发展从初建时期、停滞时期、重建时期和制度化时期这四个时期对每一个阶段发展的具体情况进行梳理。

（一）初建时期（1949～1965年）

新中国成立之初，我国高等教育面临百废待兴的局面，在办学资源、学科发展和师资水平等方面都亟待调整和发展，整个高等教育的发展主要是借鉴苏联高等教育模式。根据当时的政治经济需要，我国将教师纳入了国家干部体制，高校教师属于国家干部。1956年，高等教育部发布《高等学校任用教、职、工人的暂行规定》，确立了教师作为国家工作人员的法律地位，被列为国家行政计划调整范围。教师绩效评价主要是针对教师的教学效果进行评价，高等教育的主要任务是培育国家急需的高层次人才。随着高等教育的不断发展，教师绩效评价开始逐步形成体系，并开始通过职务聘任和晋升的方式进行教师

[1] 庞鹤峰：“我国高校教师绩效评价研究现状初探”，载《中国高校师资研究》2006年第6期，第32～37页。

绩效评价。1960年，国务院颁布《关于高等学校教师职务名称及其确定与提升办法的暂行规定》，将高等学校教师职务名称定为“教授、副教授、讲师、助教”四级。教师绩效评价与职务聘用和晋升以及奖励工资等挂钩，具有激励作用。

（二）停滞时期（1966～1976年）

这一阶段由于“文革”的影响，高校教师队伍受到了极大的冲击和破坏，大学教师评价制度也随之停止实施，大学教师绩效评价的发展处于停滞阶段。

（三）重建时期（1976～1992年）

1976年“文革”结束后，特别是十一届三中全会之后，国家采取了一系列措施加强教师队伍管理和建设工作。1978年，国务院批转了教育部《关于高等学校恢复和提升教师职务问题的报告》，并指出：“原来已经提升为教授、副教授、讲师、助教者，一律有效，恢复职称，不须重新办理报批手续。国务院1960年颁布的《暂行规定》仍可执行，并且教授的提升批准权限改为由省、市、自治区批准。”根据这个文件精神，全国高校在五年时间内连续几次进行教师提职工作。至此，高校全面恢复了教师职称及提升制度，而且国家对教授的审批权限也下放到省、直辖市、自治区。我国1978年开始恢复高等学校教师职务名称制度，1979年开始实行高等学校实验技术人员、图书情报人员职务名称制度。为提高师资质量，1979年，教育部试行《关于高等学校教师职责及考核的暂行规定》，对助教、讲师、副教授、教授的职责作出具体规定。提出对各级教师考核的内容包括：政治表现、业务水平和工作成绩三方面。实行定期考核，并填写《高等学校教师工作登记卡》存入教师业务档案。[1] 1982年，教育部印发了《关于当前执行国务院关于高等学校教师职务名称及其确定与提升办法的暂行规定的实施意见》，提出在3年恢复教师职称的确定和提升工作的基础上，这项工作开始转向经常，其中明确规定了高校教师职

[1] 高奇：《中国高等教育思想史》，人民教育出版社2001年版，第410页。

务确定与提升的思想政治条件、业务条件、考核制度、评审程序、批准权限等方面的内容，教授职务的提升与确定仍由教育部批准。1983年9月以后，教育部在进行较深入研究的基础上，先后草拟了实行学衔制、学衔与职务聘任“双轨制”、教师职务聘任制三种改革方案，完成了教师绩效评价制度的重建工作。1984年5月，我国正式加入国际教育成就评价协会（IEA）组织，标志着我国大学教师绩效评价开始与国际评价相接轨。随着我国社会经济文化的发展，法制建设提上了议事日程，为形成完善的大学教师评价体系奠定制度基础。1991年5月，全国第一次教育督导工作会议颁布了《教育督导暂行规定》，标志着大学教师绩效评价开始逐步朝着制度化方向发展。1985年，中共中央颁布了《关于教育体制改革的决定》，全面推进我国教育领域的改革。随着我国高等教育改革的不断深入，人事制度的改革成为核心议题。为了推进高等教育人事制度的改革，1986年，国务院颁布了《关于实行专业技术职务聘任制度的规定》，明确规定专业技术职务是具备专门的业务知识和技术水平才能担任的工作岗位。同年3月，中央职称改革小组批转了国家教委《高等学校教师职务试行条例》，该条例的第2条指出，高等学校教师职务是根据学校所承担的教学、科学研究等任务设置的工作岗位。1992年，国家教委印发的《关于国家教委直属高校深化改革，扩大办学自主权的若干意见》指出，高校有权自行选择不同的用人制度和管理制度；有权设置和调整专业技术职务岗位；有权自主进行专业技术职务评聘。通过对这一阶段的一系列政府法规、政策和措施的审视，可以发现，这一阶段高校教师绩效评价主要是围绕教师聘任制度的改革进行的，将教师的绩效评价与教师的职务聘任、晋升和工资收入等密切联系在一起，教师绩效评价也从关注教师的教学水平发展成为对教师的教学与科研等多方面的工作的评价，各高校在教师绩效评价中的自主权也进一步扩大。这些方面的改革，是与当时社会主义市场经济改革相适应的，是由政府主导的、制度层面的改革。

（四）制度化时期（1993年至今）

1993年10月，我国颁布《教师法》，明确提出教师是履行教育教学职责的专业人员。教师的专业性第一次在法律条文中得到彰显，这意味着专业因素成为教师评价中的重要考量。根据《教育法》的相关规定，学校或者其他教育机构应当对教师的政治思想、业务水平、工作态度和工作成绩进行考核，相应地，也要求学校和其他教育机构应当逐步实行教师聘任制。绩效评价则是教师聘任制的重要基础，绩效评价也就成为了高校人事制度改革的重要内容。教师绩效评价结果成为受聘任教师晋升工资、实施奖惩的重要依据。《教育法》还在与绩效密切相关的待遇方面，做出了重要规定，即教师的平均工资水平应当不低于或者高于国家公务员的平均工资水平。这一法律规定无疑对教师绩效评价制度的发展产生了重要影响。1995 年 3 月，我国公布《中华人民共和国教育法》，规定国家实行教师资格、职务聘任制度，通过考核、奖励、培育和培训，提高教师素质，加强教师队伍建设。为大学教师绩效评价提供了坚实的法律依据，促进大学教师绩效评价实现制度化。1998 年以来，我国各高等院校陆续对大学教师进行评价，如北京大学将教师岗位分类，分为教学科研岗和专任教学岗两类，且后者占教师总数的 15%，其目的是为了引进市场机制，淘汰不合格的教师；中山大学每三年为一个考核期，根据《教师职务聘任合同》所规定的权利和责任条款对每位教师进行考核，各院系制定本院系的教师职务基本责任标准。[1] 1999 年，我国高校教师聘任制改革进入全面深化阶段，在此背景下，教育部下发了《关于当前高校人事分配制度改革的若干意见》，要求各高校深化人事分配制度的改革力度，用 2 ~3 年时间全面推行高校教师聘任制度。这一《意见》将教师绩效评价与高等教育领域的教师分配制度密切联系在一起，使教师绩效评价与教师绩效工资的发放挂钩。2000 年 6 月，人事部、中共中央组织部、教育部又联合下发了《关于深化高等学校人事制度改革的实施意见》，明确要求加快高等学校人事、分配制度的改革步伐，全面推行聘用（聘任）制度，改革的核心和重点是聘任制。这一阶段的大学教师绩效评价发展的主旋律是以制度化为核心的高校教师聘任制的改

[1] 梁雅淇："我国高校教师绩效考核问题研究"，燕山大学 2009 年硕士学位论文，第 47 页。

革，实现了大学教师绩效评价的制度化和正规化。各个高等院校纷纷出台教师聘任制改革的相关政策，制定教师绩效评价的相关方法，并采用多种评价方法对教师进行评价，并将评价与教师的收入分配、职业发展联系在一起，服务于院校总体发展目标的实现。

综观我国教师绩效评价的发展历程，可以发现，我国高校教师绩效评价的发展是与社会整体发展休戚相关的。教师绩效评价制度的发展是与整个社会的律动相协调的。目前，我国教师评价的制度化和专业化水平不断攀升，教师绩效评价的途径也日趋多元化。随着我国高等教育改革进程的不断推进，大学教师绩效评价也不断趋向于制度化和专业化，这对于提高大学教师质量、发挥大学教师的创造性，具有重要的促进作用。但同时我们也必须认识到，在大学教师评价过程中还存在各种各样的问题，尤其是在研究型大学中，如何很好地评价教师绩效，如何通过绩效评价促进教师发展，提高教师队伍质量，从而提高大学总体质量水平，需要通过理论和实践研究，不断进行深入探讨。

第四节　中国研究型大学教师绩效评价现状及实证研究

一、研究型大学教师绩效评价的总体状况

随着高等教育改革的不断深入，我国研究型大学目前普遍实施教师绩效评价制度，初步形成了具有各高校特点的教师绩效评价体系。总体来看，我国研究型大学教师绩效评价目前发展呈现出以下特点：

（一）将绩效管理的概念和方法引入教师绩效评价之中

自2000年以来，各研究型大学纷纷进行教师聘任制的改革，教师绩效评价成为改革的核心内容。在开展教师绩效评价过程中，很大程度上受企业管理中的绩效管理理念的影响，将绩效管理的概念和方法移入教师绩效评价之中。如引入企业管理中的关键绩效指标（KPI）、平衡积分卡（BSC）等方法进行教师绩效评价的指标体系设

计，通过采用数据包络分析法（DEA）和层次分析法（AHP）等定量的方法形成教师绩效评价指标体系。这些方法的采用，使教师绩效评价更为科学、全面，对教师具有一定的激励作用，但同时也引发了在这些企业管理中所采用的绩效考核途径和方法被应用到高等教育领域适切性的问题。

（二）将评价结果主要用于教师晋升和奖励

教师绩效评价的目的主要是将对教师评价的结果用于教师的晋升和奖励，如将教师绩效评价结果与教师的职称晋升挂钩，或者是将教师绩效评价结果直接与教师绩效工资挂钩等。自 2003 年开始，中山大学每三年为一个考核期，根据《中山大学教师编制核定、职位设置与职务聘任规程》规定的权利和责任条款对每位教师进行考核，各院系制定本院系的教师职务基本责任标准，包括工作量规定等。通过三次聘期考核后，有近 200 人不再续聘教师岗位。中山大学的做法，主要是将教师评价结果用于奖惩，对不再续聘的教师实行人性化管理，建立人员分层流转退出机制，但没有明确该机制与教师发展挂钩。为此，中山大学对高层次人才等特殊群体，实行免考核、延期考核、中长期考核、代表作考核等弹性考核制度，适时延长考评周期，鼓励高水平教师发扬“板凳宁坐十年冷”的精神，以避免定期评价对教师造成的不必要压力。

（三）教师绩效评价指标体系多元化

各研究型大学由于在院校发展目标、学科建设现状、教师人员结构组成等方面所存在的差异，所采用的指标体系也存在差异。即便在同一所院校，由于各专业的差异性，所采用的指标体系也不相同。一般来说，主要包括教学、科研、服务等几个方面。不同的院校由于侧重点不同，这几个方面的权重也有所不同，教师绩效评价指标体系呈现多元化的特点。

（四）教师绩效评价制度主要基于学科

教师绩效评价制度的制定更多是基于学院或者系，因此，在某种程度上更多是从单一学科的角度制定评价原则，形成评价的指标体系，并从学科发展的角度看待教师绩效评价结果。各大学的教师绩效评价政策中很少关注对从事跨学科研究的教师绩效评价问题，教师的跨学科教学和研究工作很难得到认可。

（五）教师绩效评价关注教师的短期发展状况

在对教师进行绩效评价时，过多关注教师 3～5 年的教学和科研成果，而忽视了教师所从事的学术工作应该具有原创性、基础性的特点。年度考核更是让教师们为了达到考核标准疲于应付。河北科技大学一位副教授 2016 年 5 月 2 日作为通讯作者在国际顶级期刊《自然·生物技术》（Nature Biotechnology）杂志上发表了一篇关于他的团队发明的一种新的基因编辑技术的研究成果，引起了学术界和全社会的广泛关注。该教师 10 年没有发表任何学术论文，潜心于学术研究，❶ 而校方却予以支持，这是这一事件之所以成为网络热议话题的重要原因。我们姑且不去讨论这一事实的背后的各种复杂性，单就从事件本身引起众多关注的角度来看，这也从一个侧面说明了中国大学中普遍存在的在教师绩效评价中的追求短期目标，客观上造成了研究人员在学术研究中难以潜心研究的现状。该事件所涉及的教师本人也坦言，如果在其他“985”“211”高校里，他很有可能因为各种考核被淘汰。❷ 教师学术工作的周期较长，以短时间内教师的学术成果来衡量教师的学术水平，很难做到客观公正，同时也会妨碍教师潜心研究需要长期努力的学术课题。

二、研究型大学教师绩效评价现状的实证研究

为了全面了解我国研究型大学教师绩效评价现状，本研究通过问卷调查的方式，采用网上填答问卷、电话调查、电子邮件、社交媒体平台等多种形式发放问卷，对我国 10 所研究型大学的教师进行问卷

---

❶ “河北一副教授十年没发文章一夜变成‘诺奖级’科学家”，载 http：//news. xinhuanet. com/local/2016 -05/21/c_ 129003800_ 2. htm，访问时间：2016 年 6 月 1 日。

❷ 陈鹏、耿建扩、史楠：“韩春雨：磨出基因编辑‘新剪刀’”，载《光明日报》2016 年 5 月 24 日 07 版。

调查，共回收有效问卷 203 份，并对问卷调查的数据进行统计分析。同时，还在问卷调查的基础上，对研究型大学的一些教师进行深度访谈，以期进一步了解研究型大学教师绩效评价的基本情况。通过对这些问卷的统计分析和对访谈内容的分析，可以了解我国研究型大学教师绩效评价的一些基本情况，为进一步深入研究研究型大学教师绩效的问题提供数据支持。

调查问卷的设计分为三个部分：第一部分为基本信息，包括被调查教师的性别、年龄、文化程度、职称、教龄、所从事的学科类别等。第二部分是关于态度的问题，包括被调查教师对于本校所实施的教师绩效评价制度的目的的态度、对于评价数据收集方法的态度、对于教师参与教师绩效评价制度及具体方案制定的态度、对于评价主体（教师、学生、管理人员和校外专家）在教师绩效评价过程中所发挥作用的态度、对于教师所在学校教师绩效评价结果运用情况的态度、对于教师绩效评价制度的总体评价、对于教师所在学校绩效评价制度是否能够真正激发教师的教学热情以及提高教师的科研水平、是否很好地平衡了教学与科研之间的关系、是否真正反映了教师的教学和科研水平等的态度。这一部分采用李克特量表，通过 1 ~ 5 的五个级别从“非常不同意”到“非常同意”的程度表示被调查教师对相关方面的态度。第三部分是多选题和主观题，多选题主要是关于教师对教学、科研和服务等方面的指标的选取情况调查，主观题主要了解教师认为本校所实施的教师绩效评价制度的主要问题是什么，以及教师对研究型大学教师绩效评价制度的建议。访谈部分共有 10 个问题，主要包括以下三个方面：首先，教师对研究型大学中实施教师绩效评价制度的总体看法，比如对于大学发展的意义等。其次，是教师对于所在大学实施教师绩效评价情况的了解以及评价，重点了解教师对本校绩效评价中存在的突出问题的看法，了解本校教师绩效评价制度实施的具体情况以及教师对绩效评价改革情况的反应等方面。最后，还了解教师对艺术类教师绩效评价的一些看法和建议等。

（一）回收问卷样本的基本情况

在 203 个调查样本中，共有 106 名男性教师和 97 名女性教师，分别占总样本比率的52%和48%；受调查教师的年龄分布从30岁以下到66岁以上，受调查教师中年龄在31～55岁的占绝大多数，中青年教师所占比例较高。其中，31～35岁的29名，36～40岁的39名，41～45岁的58名，46～50岁的33名，51～55岁的22名，分别占样本总数的14.29%、19.21%、28.57%、16.26%、10.84%，30岁以下和55岁以上的人数分别为12名和10名，分别占样本总数的5.91%和4.92%；从受调查教师的受教育情况来看，绝大多数研究型大学的教师都有博士学位。共有153名教师有博士学位、42名教师有硕士学位，分别占样本总数的75.37%和20.69%，学士学位和其他学位的仅占3.94%。从受调查教师的职称上看，样本中拥有副教授职称的人数最多，有95人，教授47人，讲师52人，助教9人，分别占样本总数的46.80%、23.15%、25.62%及4.43%。从参与工作的年限上看，大部分受调查教师参加工作时间都在4年以上30年以下，其中参加工作时间在4～10年的有57人，11～20年的有75人，21～30年的有40人，分别占样本总数的28.08%、36.95%、19.70%，3年以下和31年以上的分别有20名和11名，分别占样本总数的9.85%和5.42%。从学科背景上看，以教育学（27.09%）、文学（21.18%）、管理学（10.34%）、法学（11.33%）专业为主，其次是理学（8.37%）、医学（6.40%）、工学（4.94%），哲学（2.46%）、历史学（2.46%）、经济学（1.97%）、农学（1.97%）和艺术学（1.49%）的教师样本较少。

（二）教师绩效评价的目标设定

教师绩效评价目标设定是教师绩效评价制度制定和实施的关键。在问卷中，本研究主要考察了研究型大学教师对所在大学教师绩效评价的目标设定的态度，包括以下四个方面：提高学校的管理效率、提高学校的教学质量、提高学校的科研质量、促进教师发展。调查结果显示，教师对绩效评价的目标设定中“提高学校的科研质量”的评价指数最高，均值达到了3.61（见图2.1），有60.1%的教师认为“所在大学教师绩效评价制度的目的是提高学校的科研质量”（比较同意：

39.41%；非常同意：20.69%，见图2.2）。然而，仅有35.47%的教师认为“所在大学教师绩效评价制度的目的是促进教师发展”（比较同意：29.07%；非常同意：6.40%，见图2.2），均值仅为3.03。这从某种程度上反映出目前我国研究型大学中教师绩效评价中存在的突出问题，即评价的主要目的在于奖惩，更多的属于奖惩性教师绩效评价，没有关注教师的发展，没有将教师绩效评价与教师的发展密切联系起来。此外，有49.26%的教师认为“所在大学教师绩效评价制度的目的是提高学校的管理效率”（比较同意：35.96%；非常同意：13.30%，见图2.2），有40.40%的教师认为“所在大学教师绩效评价制度的目的是提高学校的教学质量”（比较同意：31.53%；非常同意：8.87%，见图2.2），评价指数也相对较低。这表明教师对所在大学教师评价制度的目标设定的认同度不高。

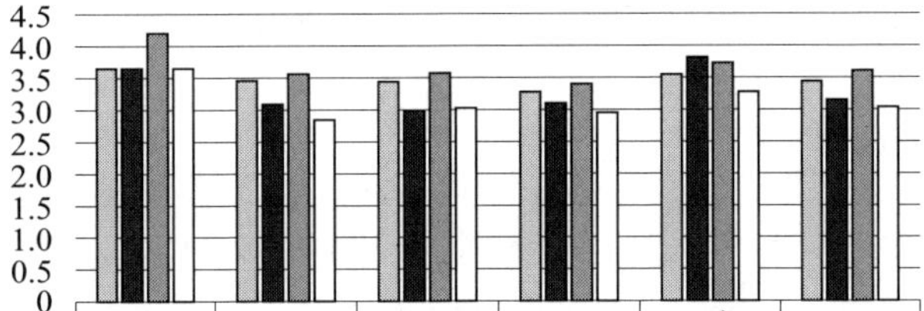

	3年及以下	4~10年	11~20年	21~30年	31年及以上	总计
□提高学校的管理效率	3.65	3.46	3.44	3.28	3.55	3.44
■提高学校的教学质量	3.65	3.09	2.99	3.10	3.82	3.15
■提高学校的科研质量	4.20	3.56	3.57	3.40	3.73	3.61
□促进教师发展	3.65	2.84	3.03	2.95	3.27	3.03

图2.1　不同教龄教师对所在学校教师绩效评价制度的目标设定的态度（均值比较）

进一步的分析发现，不同教龄的教师对本校教师绩效评价的目标的看法呈现一定差异性。总体而言，教龄在4～30年的大学教师对于教师绩效评价目标设定的评价要低于4年以下及30年以上的大学教师（见图2.1）。其中教龄在4～10年的大学教师对本校教师绩效评价促进教师发展的目标认同度最低，仅为2.84。这说明绩效评价对中青年教师的发展重视程度不够，在访谈中也发现了同样的问题，不少教师认为“青年教师上升空间小，科研压力大”“局限了年轻教师科学和科研潜力的开发”“没有对教师的支持机制”。

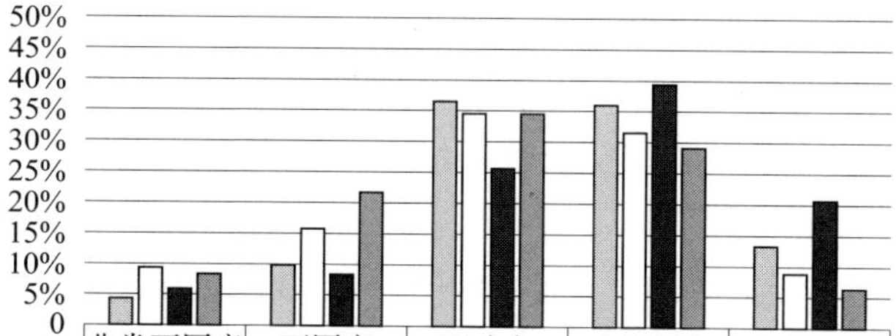

	非常不同意	不同意	不确定	比较同意	非常同意
□提高学校的管理效率	4.43%	9.85%	36.46%	35.96%	13.30%
□提高学校的教学质量	9.36%	15.76%	34.48%	31.53%	8.87%
■提高学校的科研质量	5.91%	8.37%	25.62%	39.41%	20.69%
■促进教师发展	8.37%	21.68%	34.48%	29.07%	6.40%

图 2.2　教师对所在学校教师绩效评价制度目标设定的态度

（三）教师绩效评价的领域划分

本研究通过问卷调查和深度访谈发现，在所涉及的研究型大学中，教师绩效评价的领域一般被分为教学、科研、社会服务三大部分。教学领域的指标主要包括本科生授课、研究生授课、指导学生科研活动、指导学生毕业设计、精品课程、出版教材、优秀教学奖、优秀教师教材奖等内容。科研领域的指标则包括发表论文、出版著作、纵向科研项目、发明专利、科研获奖、科研经费等。社会服务指标中，包含科研成果转化、提供政府咨询报告、学术组织兼职、学术委员会成员、杂志编委、担任评委等内容。在深度访谈中也发现，除了这三个方面的评价领域划分外，师德也被认为是一个重要的衡量方面，但对于师德的评价，更多的是采用一票否决的形式，而对于良好师德的奖励制度并没有具体化。

（四）教师绩效评价结果的应用

数据显示，研究型大学教师对所在大学教师绩效评价结果应用的评价并不积极，尤其不认同绩效评价能够激发教师的教学热情。仅有21.68%的教师认为“所在学校教师绩效评价结果得到了很好的运用”（比较同意：18.72%；非常同意：2.96%，见图2.3，评分均值为

2. 80（见图 2. 4）；仅有 9. 36% 的教师认为“所在学校的教师绩效评价制度激发了教师的教学热情”（比较同意：8. 37%；非常同意：0. 99%，见图 2. 3），不同意的比率达 60. 59%（非常不同意：22. 66%；不同意：37. 93%，见图 2. 3），评分均值为 2. 27（见图 2. 4）。认为“所在学校教师绩效评价制度促进了教师科研水平提高”的比率相对较高，达到 35. 47%（比较同意：31. 04%；非常同意：4. 43%，见图 2. 3），评分均值为 2. 93（见图 2. 4）。

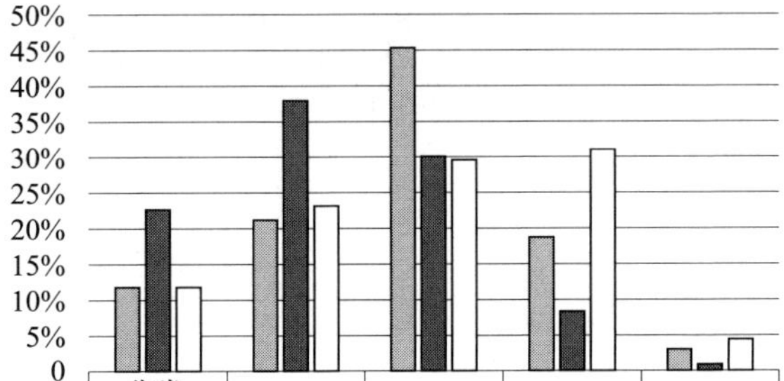

	非常不同意	不同意	不确定	比较同意	非常同意
□得到了很好的运用	11.82%	21.18%	45.32%	18.72%	2.96%
■激发了教师的教学热情	22.66%	37.93%	30.05%	8.37%	0.99%
□促进了教师科研水平的提高	11.82%	23.15%	29.56%	31.04%	4.43%

图 2. 3　教师对所在大学教师绩效评价结果运用的态度

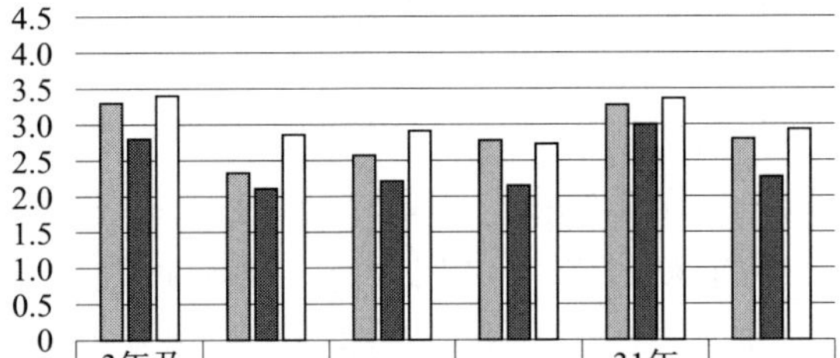

	3年及以下	4~10年	11~20年	21~30年	31年及以上	合计
□得到了很好的运用	3.30	2.33	2.57	2.78	3.27	2.80
■激发了教师的教学热情	2.80	2.11	2.21	2.15	3.00	2.27
□促进了教师科研水平的提高	3.40	2.86	2.91	2.73	3.36	2.93

图 2. 4　不同教龄教师对所在大学教师绩效评价制度结果运用的态度（均值比较）

表 2.1　教师教龄与“总体而言，您所在大学实施的教师绩效评价制度很合理”的多重比较分析

因变量	(I) 教龄:	(J) 教龄:	均值差 (I-J)	显著性
总体而言，您所在大学实施的教师绩效评价制度很合理	3 年及以下	4 ~ 10 年	0.967*	0.00
		11 ~ 20 年	0.727*	0.00
		21 ~ 30 年	0.525*	0.03
		31 年及以上	0.027	0.94
	4 ~ 10 年	3 年及以下	-0.967*	0.00
		11 ~ 20 年	-0.240	0.13
		21 ~ 30 年	-0.442*	0.01
		31 年及以上	-0.939*	0.00
	11 ~ 30 年	3 年及以下	-0.727*	0.00
		4 ~ 10 年	0.240	0.13
		21 ~ 30 年	-0.202	0.25
		31 年及以上	-0.498	0.10
	31 年及以上	3 年及以下	-0.027	0.94
		4 ~ 10 年	0.939*	0.00
		11 ~ 20 年	0.699*	0.02
		21 ~ 30 年	0.498	0.10

注：方差通过齐次性检验，故采用 LSD 多重比较分析。

通过以上指标与样本教龄、年龄、性别、职称的单因素方差分析后发现（见表 2.1），不同教龄的大学教师对“总体而言，您所在学校绩效评价结果得到了很好的运用”“您所在学校教师绩效评价制度激发了教师的教学热情”这两项指标的态度差异通过显著性检验，F 值分别为 0.00 和 0.03。通过教龄与这两项指标的多重比较分析发现，与不同年龄教师对绩效评价目标设定的差异相同，教龄在“4 ~ 30 年”的教师对所在学校绩效评价结果的运用与“3 年及以下”以及“31 年及以上”的教师态度差异较大（见表 2.2 和表 2.3），其中教龄在“4 ~ 10 年”的中青年教师对所在学校绩效评价结果的运用评价最低，这反映了该年龄阶段教师认为其所在学校的教师绩效制度并没有得到很好的运用，对激发教师教学热情和科研水平的激励程度不高。

表 2.2　教师教龄与“您所在学校教师绩效评价制度激发了教师的教学热情”的多重比较分析

因变量	（I）教龄：	（J）教龄：	均值差（I－J）	显著性
您所在学校教师绩效评价制度激发了教师的教学热情	3 年及以下	4～10 年	0.695*	0.00
		11～20 年	0.587*	0.01
		21～30 年	0.650*	0.01
		31 年及以上	－0.200	0.56
	4～10 年	3 年及以下	－0.695*	0.00
		11～20 年	－0.108	0.50
		21～30 年	－0.045	0.81
		31 年及以上	－0.895*	0.00
	11～20 年	3 年及以下	－0.587*	0.01
		4～10 年	0.108	0.50
		21～30 年	0.063	0.72
		31 年及以上	－0.787*	0.00
	21～30 年	3 年及以下	－0.650*	0.01
		4～10 年	0.045	0.81
		11～20 年	－0.063	0.72
		31 年及以上	－0.850*	0.01
	31 年及以上	3 年及以下	0.200	0.56
		4～10 年	0.895*	0.00
		11～20 年	0.787*	0.01
		21～30 年	0.850*	0.01

注：方差通过齐次性检验，故采用 LSD 多重比较分析。

（五）教师绩效评价中数据收集方法和手段

问卷调查发现，研究型大学教师对于所在大学教师绩效评价中数据收集的方法和手段评价较低。仅有 16.26% 的大学教师认为“所在学校教师绩效评价数据收集的方法很合理”（比较同意：14.29%；非常同意：1.97%，见图 2.5）。14.78% 的大学教师认为“在所在大学中，教师参与制定教师绩效评价制度及具体方案的程度较高”（比较同意：13. 30%；非常同意：1. 48%，见图 2. 5），而有超过半数（55. 66%）的教师对此表示不同意（不同意：32. 51%；非常不同意：23. 15%，见图 2. 5）。从图 2. 6 中可以得出，教龄在“4 ~ 10 年”的教师对于所在大学教师绩效评价中数据收集的方法和手段评价最低。

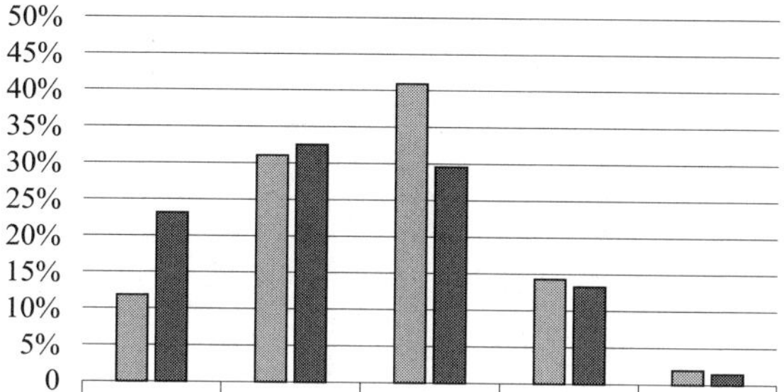

	非常不同意	不同意	不确定	比较同意	非常同意
数据收集方法是否合理	11.82%	31.03%	40.89%	14.29%	1.97%
教师参与制定教师绩效评价制度及具体方案制定情况	23.15%	32.51%	29.56%	13.30%	1.48%

图 2. 5　教师对所在大学教师绩效评价中数据收集方法和手段的态度

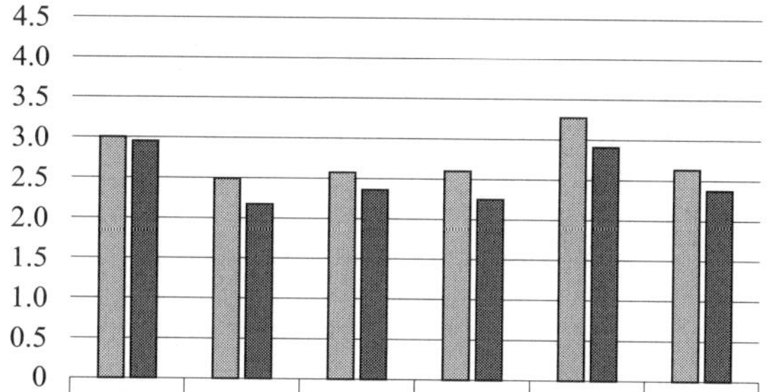

	3年及以下	4~10年	11~20年	21~30年	31年及以上	总计
数据收集方法是否合理	3.00	2.49	2.57	2.60	3.27	2.64
教师参与制定教师绩效评价制度及具体方案制定情况	2.95	2.18	2.36	2.25	2.91	2.37

图 2. 6　不同教龄教师对所在大学教师绩效评价中
数据收集方法和手段的态度（均值比较）

（六）教师绩效评价指标的确定

在问卷调查中，研究考察了研究型大学教师对教学、科研、社会服务三个领域的各项指标的态度，结果发现：在教学评价指标中，接受调查的研究型大学教师认为，本科生授课、研究生授课、指导学生科研活动、指导学生毕业设计、指导学生毕业实习、精品课程这几项指标较为重要，其比率都超过了50%（见图2.7）。

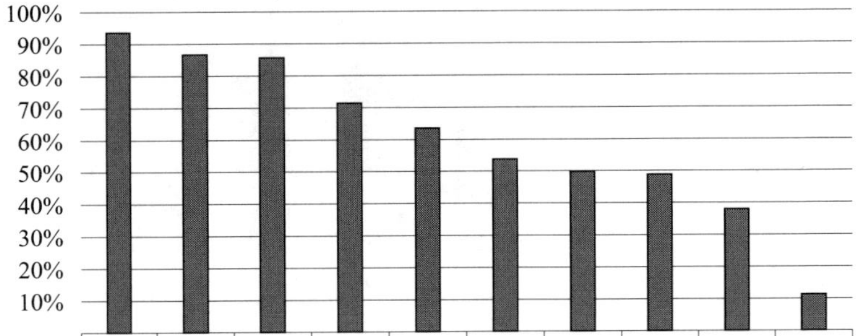

	本科生授课	研究生授课	指导学生科研活动	指导学生毕业设计	指导学生毕业实习	精品课程	出版教材	优秀教学奖	优秀教师教材奖	其他更多
■百分比	93.60%	86.70%	85.71%	71.43%	63.55%	53.69%	49.75%	48.77%	37.93%	11.33%

图2.7　教师对教学评价指标的态度

在科研评价指标中，教师对发表论文、出版著作、纵向科研项目等级、发明专利、科研获奖、科研经费这几项指标的态度都超过了

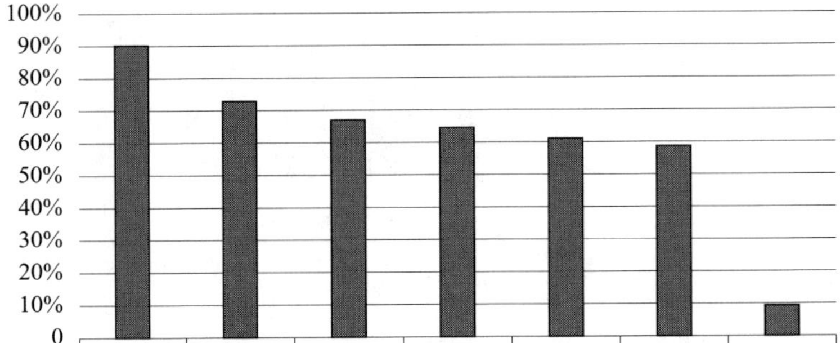

	发表论文	出版著作	纵向科研项目等级	发明专利	科研获奖	科研经费	其他更多
■百分比	90.15%	72.91%	67.00%	64.53%	61.08%	58.62%	9.36%

图2.8　教师对科研评价指标的态度

50%；在社会服务指标中，对科研成果转化、提供政府咨询报告、学术组织兼职、学术委员会成员、杂志编委这几项指标的态度也都超过了 50%（见图 2.8 和图 2.9）。

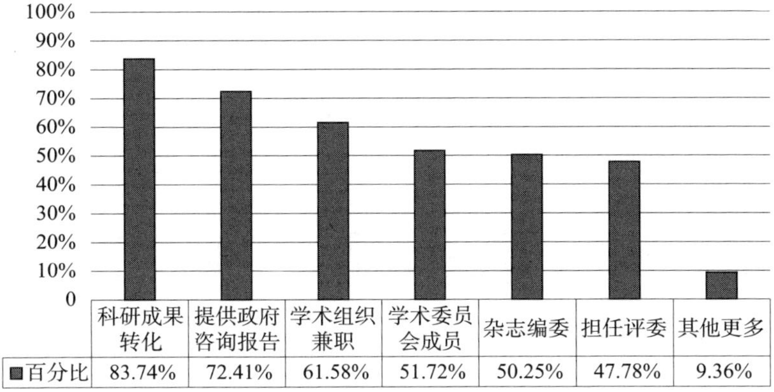

图 2.9　教师对社会服务指标的态度

（七）教师绩效评价主体参与状况分析

一般而言，教师绩效评价存在着多重主体。在本研究中，主要考察了教师、学生、管理人员、校外专家在教师绩效评价过程中的作用。问卷调查结果发现，教师对所在学校绩效评价的主体参与情况整体评价不高。其中管理人员在教师绩效评价中的参与程度最高，有 29. 56% 的大学教师认为“管理人员在您所在学校教师绩效评价的过程中发挥了很好的作用”（比较同意：20. 69%；非常同意：8. 87%，见图 2. 10），其样本均值也仅达 2. 93（见图 2. 11）。除此外，教师、学生、校外专家的参与度都较低。仅有 17. 24% 的大学教师认为“教师在所在学校教师绩效评价的过程中发挥了很好的作用”（比较同意：15. 27%；非常同意：1. 97%，见图 2. 10），其均值为 2. 47（见图 2. 11），12. 81% 的大学教师认为“学生在所在学校教师绩效评价的过程中发挥了很好的作用”（比较同意：11. 82%；非常同意：0. 99%，见图 2. 10），其均值为 2. 48（见图 2. 11）。仅有 8. 37% 的大学教师认为“校外专家在所在学校教师绩效评价过程中发挥了很好的作用”，但表示不确定的教师人数比率最高，达到 46. 31%（见图 2. 10），这表示有相当一部分教师对于校外专家参与学校绩效评价的情况并不知情。

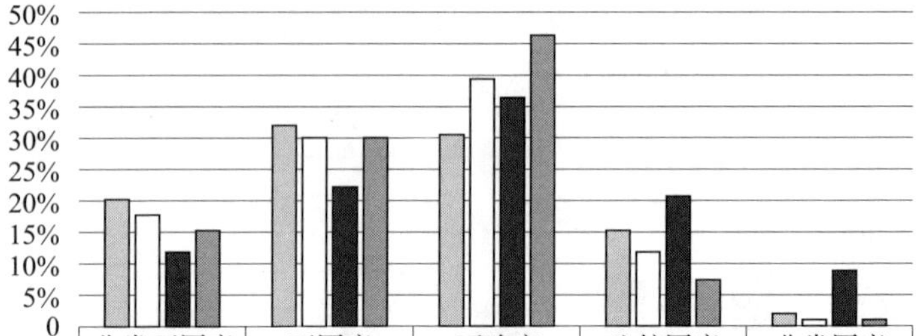

	非常不同意	不同意	不确定	比较同意	非常同意
■教师	20.20%	32.02%	30.54%	15.27%	1.97%
□学生	17.73%	30.05%	39.41%	11.82%	0.99%
■管理人员	11.82%	22.17%	36.45%	20.69%	8.87%
■校外专家	15.27%	30.05%	46.31%	7.39%	0.98%

图 2.10　教师对所在学校教师绩效评价主体参与状况的态度

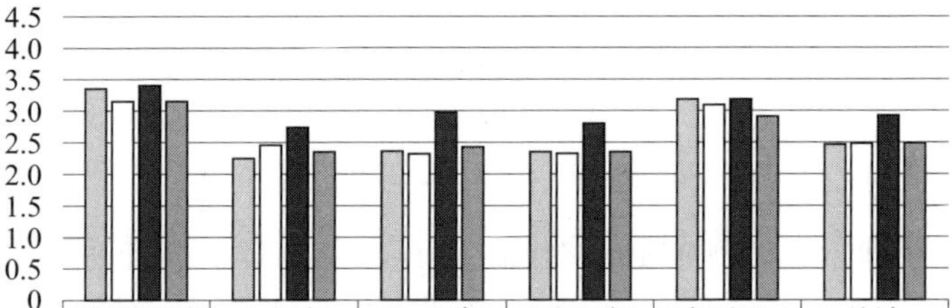

	3年及以下	4~10年	11~20年	21~30年	31年及以上	总计
■教师	3.35	2.25	2.36	2.35	3.18	2.47
□学生	3.15	2.46	2.32	2.33	3.09	2.48
■管理人员	3.40	2.74	2.97	2.80	3.18	2.93
■校外专家	3.15	2.35	2.43	2.35	2.91	2.49

图 2.11　不同教龄教师对所在大学教师绩效评价中主体参与状况的态度（均值比较）

通过教师教龄与教师绩效评价主体参与的差异性分析后发现，不同教龄的教师对于“教师在您所在学校教师绩效评价的过程中发挥了很好的作用”“学生在您所在学校教师绩效评价的过程中发挥了很好的作用”“校外专家在您所在学校教师绩效评价的过程中发挥了很好的作用”这三项指标上的差异性通过显著性检验，F 值均为 0.00。从下表中可以看出，与教师对目标设定、结果运用的态度基本一致，教龄在“4～30 年”的教师与“3 年及以下”以及“31 年及以上”的教师态度差异较大（见表2.3、表2.4、表2.5）。

表2.3　教师教龄与“教师在您所在学校教师绩效评价的过程中发挥了很好的作用”的多重比较分析

因变量	（I）教龄：	（J）教龄：	均值差（I-J）	显著性
教师在您所在学校教师绩效评价的过程中发挥了很好的作用	3年及以下	4~10年	1.104*	0.00
		11~20年	0.990*	0.00
		21~30年	1.000*	0.00
		31年及以上	0.168	0.65
	4~10年	3年及以下	-1.104*	0.00
		11~20年	-0.114	0.51
		21~30年	-0.104	0.61
		31年及以上	-0.936*	0.00
	11~20年	3年及以下	-0.990*	0.00
		4~10年	0.114	0.51
		21~30年	0.010	0.96
		31年及以上	-0.822*	0.01
	21~30年	3年及以下	-1.000*	0.00
		4~10年	0.104	0.61
		11~20年	-0.010	0.96
		31年及以上	-0.832*	0.01
	31年及以上	3年及以下	-0.168	0.65
		4~10年	0.936*	0.00
		11~20年	0.822*	0.01
		21~30年	0.832*	0.01

表2.4　教师教龄与“学生在您所在学校教师绩效评价的过程中发挥了很好的作用”的多重比较分析

因变量	（I）教龄：	（J）教龄：	均值差（I-J）	显著性
学生在您所在学校教师绩效评价的过程中发挥了很好的作用	3年及以下	4~10年	0.694*	0.00
		11~20年	0.830*	0.00
		21~30年	0.825*	0.00
		31年及以上	0.059	0.86

续表

因变量	（I）教龄：	（J）教龄：	均值差（I－J）	显著性
学生在您所在学校教师绩效评价的过程中发挥了很好的作用	4～10 年	3 年及以下	－0.694*	0.00
		11～20 年	0.136	0.40
		21～30 年	0.131	0.49
		31 年及以上	－0.635*	0.04
	11～20 年	3 年及以下	－0.830*	0.00
		4～10 年	－0.136	0.40
		21～30 年	－0.005	0.98
		31 年及以上	－0.771*	0.01
	4～10 年	3 年及以下	－0.825*	0.00
		4～10 年	－0.131	0.49
		11～20 年	0.005	0.98
		31 年及以上	－0.766*	0.02
	31 年及以上	3 年及以下	－0.059	0.86
		4～10 年	0.635*	0.03
		11～20 年	0.771*	0.01
		21～30 年	0.766*	0.02

表 2.5　教师教龄与“校外专家在您所在学校教师绩效评价的过程中发挥了很好的作用”的多重比较分析

因变量	（I）教龄：	（J）教龄：	均值差（I－J）	显著性
校外专家在您所在学校教师绩效评价的过程中发挥了很好的作用	3 年及以下	4～10 年	0.799*	0.00
		11～20 年	0.723*	0.00
		21～30 年	0.800*	0.00
		31 年及以上	0.241	0.45
	4～10 年	3 年及以下	－0.799*	0.00
		11～20 年	－0.076	0.61
		21～30 年	0.001	0.10
		31 年及以上	－0.558*	0.05

续表

因变量	(I) 教龄:	(J) 教龄:	均值差 (I－J)	显著性
校外专家在您所在学校教师绩效评价的过程中发挥了很好的作用	11～20 年	3 年及以下	－0.723*	0.00
		4～10 年	0.076	0.61
		21～30 年	0.077	0.64
		31 年及以上	－0.482	0.08
	21～30 年	3 年及以下	－0.800*	0.00
		4～10 年	－0.001	0.10
		11～20 年	－0.077	0.64
		31 年及以上	－0.559*	0.05
	31 年及以上	3 年及以下	－0.241	0.45
		4～10 年	0.558*	0.05
		11～20 年	0.482	0.08
		21～30 年	0.559*	0.05

(八) 研究型大学教师对教师绩效评价的总体态度

问卷调查发现，研究型大学教师对所在学校实施的教师绩效评价制度总体态度较低（见图 2.12），其中仅有 15.77% 的教师认为“所在学校教师评价制度很好地平衡了质与量的关系问题”（比较同意：14.78%；非常同意：0.99%，见图 2.12），均值为 2.57（见图 2.13），18.72% 的教师认为“所在学校的教师绩效评价能够真实反映教师的实际教学和科研水平”（比较同意：17.24%；非常同意：1.48%，见图 2.12），均值为 2.68（见图 2.13）；18.23% 的教师认为“总体而言，所在大学实施的教师绩效评价制度很合理”（比较同意：17.24%；非常同意：0.99%，见图 2.12），均值为 2.66（见图 2.13）。对于所在大学实施的教师绩效评价制度与学校发展战略的切合度，通过教师教龄与教师绩效评价总体态度的差异性分析后发现，不同教龄的教师对于“您所在大学实施的教师绩效评价制度与贵校发展战略的切合度高”“总体而言，您所在大学实施的教师绩效评价制度很合理”“您所在大学的教师绩效评价能够真实反映教师的实际教学和科研水平”“您所在学校教师绩效评价制度很好地平衡了质与量的关系问题”这四项指标上的差异性都通过了显著性检验，F 值分别为 0.00、0.00、0.00、0.05。从表 2.6至表 2.9 中可以看出，教龄在“4～30 年”的教师对所在学校绩效评价结果的运用与“3 年及以下”以及“31 年及以上”的教师态度差异较大，其中“4～10 年”教龄的教师对所在学校教师绩效评价的总体态度最低（见图 2.13），这印证了本研究的发现，中青年教师对所在高校的教师绩效评价的总体态度最低。这一定程度显示出现有的教师绩效评价制度对中青年教师的发展不利，中青年教师普遍表示出了一定的不满。

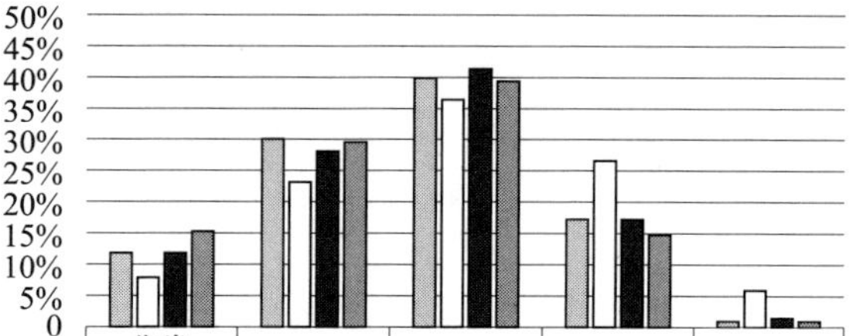

	非常不同意	不同意	不确定	比较同意	非常同意
□是否合理	11.82%	30.05%	39.90%	17.24%	0.99%
□是否与本校发展战略切合	7.88%	23.15%	36.46%	26.60%	5.91%
■是否能够真实反映教师实际教学和科研水平	11.82%	28.08%	41.38%	17.24%	1.48%
□是否很好地平衡了质与量的关系	15.27%	29.55%	39.41%	14.78%	0.99%

图 2.12　教师对所在学校教师绩效评价的总体态度

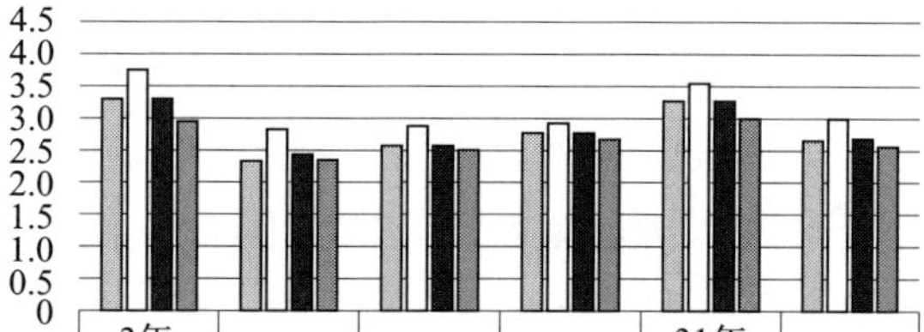

	3年及以下	4~10年	11~20年	21~30年	31年及以上	总计
□是否合理	3.30	2.33	2.57	2.78	3.27	2.66
□是否与本校发展战略切合	3.75	2.82	2.88	2.93	3.55	3.00
■是否能够真实反映教师实际教学和科研水平	3.30	2.44	2.57	2.78	3.27	2.68
□是否很好地平衡了质与量的关系	2.95	2.35	2.51	2.68	3.00	2.57

图 2.13　不同教龄教师对所在学校教师绩效评价的总体态度

表 2.6　教师教龄与“总体而言，您所在大学实施的教师绩效评价制度很合理”的多重比较分析

因变量	（I）教龄	（J）教龄	均值差（I－J）	显著性
总体而言，您所在大学实施的教师绩效评价制度很合理	3 年及以下	4～10 年	0.967*	0.00
		11～20 年	0.727*	0.00
		21～30 年	0.525*	0.03
		31 年及以上	0.027	0.94
	4～10 年	3 年及以下	－0.967*	0.00
		11～20 年	－0.240	0.13
		21～30 年	－0.442*	0.02
		31 年及以上	－0.939*	0.00
	11～20 年	3 年及以下	－0.727*	0.00
		4～10 年	0.240	0.13
		21～30 年	－0.202	0.25
		31 年及以上	－0.699*	0.02
	21～30 年	3 年及以下	－0.525*	0.03
		4～10 年	0.442*	0.02
		11～20 年	0.202	0.25
		31 年及以上	－0.498	0.10
	31 年及以上	3 年及以下	－0.027	0.94
		4～10 年	0.939*	0.00
		11～20 年	0.699*	0.02
		21～30 年	0.498	0.10

表 2.7　教师教龄与“您所在大学的教师绩效评价能够真实反映教师的实际教学和科研水平”的多重比较分析

因变量	（I）教龄	（J）教龄	均值差（I－J）	显著性
您所在大学的教师绩效评价能够真实反映教师的实际教学和科研水平	3 年及以下	4～10 年	0.861*	0.00
		11～20 年	0.727*	0.00
		21～30 年	0.525*	0.04
		31 年及以上	0.027	0.94

续表

因变量	（I）教龄	（J）教龄	均值差（I－J）	显著性
您所在大学的教师绩效评价能够真实反映教师的实际教学和科研水平	4～10 年	3 年及以下	－0.861*	0.00
		11～20 年	－0.135	0.40
		21～30 年	－0.336	0.07
		31 年及以上	－0.834*	0.01
	11～20 年	3 年及以下	－0.727*	0.00
		4～10 年	0.135	0.40
		21～30 年	－0.202	0.26
		31 年及以上	－0.699*	0.02
	21～30 年	3 年及以下	－0.525*	0.04
		4～10 年	0.336	0.07
		11～20 年	0.202	0.26
		31 年及以上	－0.498	0.11
	31 年及以上	3 年及以下	－0.027	0.94
		4～10 年	0.834*	0.01
		11～20 年	0.699*	0.02
		21～30 年	0.498	0.11

表 2.8　教师教龄与“您所在大学实施的教师绩效评价制度与贵校发展战略的切合度高”的多重比较分析

因变量	（I）教龄	（J）教龄	均值差（I－J）	显著性
您所在大学实施的教师绩效评价制度与贵校发展战略的切合度高	3 年及以下	4～10 年	0.925*	0.00
		11～20 年	0.870*	0.00
		21～30 年	0.825*	0.00
		31 年及以上	0.205	0.58
	4～10 年	3 年及以下	－0.925*	0.00
		11～20 年	－0.055	0.75
		21～30 年	－0.100	0.63
		31 年及以上	－0.721*	0.03

续表

因变量	（I）教龄	（J）教龄	均值差（I－J）	显著性
您所在大学实施的教师绩效评价制度与贵校发展战略的切合度高	11～20年	3年及以下	－0.870*	0.00
		4～10年	0.055	0.75
		21～30年	－0.045	0.82
		31年及以上	－0.665*	0.04
	21～30年	3年及以下	－0.825*	0.00
		4～10年	0.100	0.63
		11～20年	0.045	0.82
		31年及以上	－0.620	0.07
	31年及以上	3年及以下	－0.205	0.58
		4～10年	0.721*	0.03
		11～20年	0.665*	0.04
		21～30年	0.620	0.07

表2.9　教师教龄与“您所在学校教师绩效评价制度很好地平衡了质与量的关系问题”的多重比较分析

因变量	（I）教龄	（J）教龄	均值差（I－J）	显著性
您所在学校教师绩效评价制度很好地平衡了质与量的关系问题	3年及以下	4～10年	0.599*	0.02
		11～20年	0.443	0.06
		21～30年	0.275	0.29
		31年及以上	－0.050	0.89
	4～10年	3年及以下	－0.599*	0.02
		11～20年	－0.156	0.35
		21～30年	－0.324	0.10
		31年及以上	－0.649*	0.04
	11～20年	3年及以下	－0.443	0.06
		4～10年	0.156	0.35
		21～30年	－0.168	0.36
		31年及以上	－0.493	0.11

续表

因变量	(I) 教龄	(J) 教龄	均值差 (I-J)	显著性
您所在学校教师绩效评价制度很好地平衡了质与量的关系问题	21~30年	3年及以下	-0.275	0.29
		4~10年	0.324	0.10
		11~20年	0.168	0.36
		31年及以上	-0.325	0.31
	31年及以上	3年及以下	0.050	0.89
		4~10年	0.649*	0.04
		11~20年	0.493	0.11
		21~30年	0.325	0.31

(九) 学校教师绩效评价存在的问题

问卷调查的最后一部分是开放性问题。从问卷回答看，研究型大学教师认为所在学校教师绩效评价存在的问题包括以下三个方面：

第一，指标制定不合理，官僚主义较为严重。有些老师怀疑“评价指标的合理性”，认为“规则的制定不透明，缺乏民主过程，基本上是行政部门想当然”，“一线老师未能参与评价标准的制定”，“基层管理人员按个人意志修改评价制度，缺乏人力资源和科研管理的专业知识”，“官僚主义，不懂科研的管科学家，大学生管博士”，“行政力量强大，教师话语权太少”，“院系一级的行政力量对评价结果影响太大，使同行评议形同虚设”，“管理人员说了算，即便有标准也不一定按照标准执行”。在这种“管理部门主导型”的制度下，“考核部门的公开度和信用度较差”，“行政权力过多干涉，考核过程缺乏透明性”，“评价标准不公开透明”而没有将教师作为指标制定的主体纳入绩效评价制度中。例如，有些老师指出，“考核指标的制定没有充分考虑教师工作的特点”，“教师无知情权和建议权”，“未能让广大教师真正参与制定相关制度”，“教师不是参与评价的主体，而只是被评价对象，评价制度存在较大问题，不能最大程度地发挥教师的积极性”，“教师自评被忽视”。

第二，过分重视科研，重量不重质。许多老师都认为现行的绩效评价制度“重科研轻教学，只重量化，忽视不可量化的考核要素”。这种制度“过于功利，过于量化，占用教师时间过多”，“只注重刚性的数量指标，没有对教师的支持机制”。在教学上，“教学质量所占权重与教师付出时间不成比例，过于注重论文发表数量”，“教师在教学上的贡献指标不够具体”，“绩效评价的导向不明确，教师最重要的应该是教学工作”，“由于没有把教学放到核心地位，以科研代替教学”。同时，科研评价也存在一定的问题，“过于重视短期科研成果”，“科研考核不考虑学术价值和实用价值”，“期刊等级上一刀切，而且各个等级之间没有任何换算空间”，“对教师的评价标准唯科研至上，以杂志等级为准，不管论文质量，造成走关系现象泛滥”，“科研与职称直接挂钩，导致低质量科研成果泛滥”，“过于看中经费及经费支持的学术研究以及假大空的文章数量等，不注重实际对学生发展及百姓生活的影响”，“看刊物级别不看文章质量，课题申报至上”。

在深度访谈中，针对这种过分重视科研方面的评价现象以及重视数量的评价现象，接受访谈的教师也表述了深深的忧虑。有接受访谈的教师认为，由于学校过分重视科研方面的数量，所形成的量化的考核体制，很难将科研与教学和服务很好地平衡，从而形成一种功利化的利益诉求。这样可能会越来越背离大学最初的使命，即教书育人的使命。这样下去更难回答钱学森之问。还有教师认为，单纯地重视科研成果数量的评价方式，容易滋生学术腐败，使大学教育急功近利。针对教师绩效评价中过分重视科研的问题，有教师认为，解决问题的关键在于观念上首先应摒弃所谓“研究型大学”这种自欺欺人的词汇，科研固然是大学的重要职能之一，而大学教学也应得到应有的重视，应鼓励教师在教学工作上投入更多，应建立更为灵活的本科教学评价机制。

第三，绩效评价不以教师发展为目的，不考虑学科差异。某些老师认为教师评价制度最大的问题是“一刀切”，“评价指标过于单一，不利于教师多样化发展”，也不考虑学科内部的差异性，“理、工、医和人文社科不同学科评价指标趋同”，“学科不同，评价评判方法一样”。另外，对于中青年教师的发展不够重视，人才分层严重，中青年教师普遍反映压力过大，“新人新办法，老人老办法。评价标准不统一”，“青年老师上升空间小，科研压力大”，“局限了年轻教师科学和科研潜力的开发”，“中青年教师的任务量稍重”，“绩效与教师发展结合不够紧密”，“没有对教师的支持机制”，“对教师不太重视”，“对人才培养和教学工作的评价仍薄弱”，激励机制不足且不尽合理，“现在是分成几个层次进行评价，层次之间的待遇差别很大，人才分层本身使绩效评价没有充分发挥影响。待遇的最大差别来自分层而不是工作业绩”，“不能完全调动教师积极性”。

（十）对研究型大学教师绩效评价制度建设的建议

本研究调查中希望教师给出关于研究型大学教师绩效评价制度建设的一些建议。针对以下三类问题，在调查中老师从不同角度提出了以下建议：

第一，针对“指标制定不合理，官僚主义较为严重”的问题，老师们指出，首先要发挥教师的主体作用，认为应“加大教师参与制定制度力度”，“成立委员会并发挥其作用，注重团队合作”，“教授治理”，“让教代会真正发挥作用，让工会真正代表教师利益”，“发挥学术委员会的作用”，“让教师成为评价的主体（既制定规则，也是被评价对象，更是评价者）”；其次要削弱行政力量，“取消依指标分配资源的行政行为”，“在学校总体发展战略明确之后，应该更多发挥学院的能动性和裁量权，避免行政及人事部门过多干预，导致外行领导内行”。从评价制度上看，应“采用民主集中制，提前把标准公示”，“方案设计应建立在对教师和学生的普遍听证基础之上”，使评价主体多元，可以“成立校级的专门委员会，独立于本校人员，进行同行评议”，也可依据学生口碑或设定学生评教等环节。

第二，针对“过度重视科研，重量不重质”的问题，老师们指出，在科研上，“论文评价指标不要只是 SCI、EI、SSCI，还可参照同行评价”，“改变唯科研成果是瞻的评价标准”，“符合科研规律”，“以科研的学术水平和社会实用价值为考核标准”，“允许并认可部分老师只做教学相关科研，如语言教师只需要做语言教学相关科研，注重教学所占的比重”，“多重视非项目的研究形式”，“根据院系特点分类设置，可指定一批质量较高的期刊，鼓励在这类期刊发文”。在教学上，“不要为了评价而评价，多考虑评价制度对学生学习效果、教学质量、科研质量和教师发展的作用”，“重视教学、重视教学性科研、重视创新性科研”，“多强调教学投入，教学效果”，“重视教学质量，科研评价分层”，“合理分配加分比率，特别是授课任务权重应该多一些”，有些老师特别指出，“研究型大学的教师也有教学任务，教学质量、学生人数、教学任务量应该占合理的比例，指标应该细化、明晰化”，“教学和科研分开评价，以教学为主的教师应评价其教学投入（课程、课时数）和教学产出（学生作品成果、教学评价）科研为主的”。同时也有老师提到社会服务的重要性，认为应实现“评价体系多元化，强化非官方社会服务，特别是承认并鼓励面向市场经济和企业服务成果”。

第三，针对“绩效评价不以教师发展为目的，不考虑学科差异”的问题，老师们指出，“大学应以人才培养为目标，绩效评价应有利于人才培养质量提高”，“尊重人才，培养人才，而不只是引进现成的人才”。也有许多老师提出，需要建立宽松的环境，“更加合理化、人性化，给予教师宽松的科研研究空间和时间，而不是鞭打快牛”，更加注重教师的发展“加强老师的相关获得学术资源的培训”，对于年轻教师要“提高激励，重视教学科研成果质量，鼓励年轻教师”，“给予青年老师不同的考核标准，给予更多的机会”，“有更多包容性”。也有老师提出，“可参照终身教授制度”保障教师利益。针对绩效评价单一化的问题，老师们提出，“尊重学科规律”，“进一步明确大学教师是多层次的，是多元的，不能用一把尺子衡量不同类型和不同特点的教师”，“分学科设置考核体系”，“在实际教学和工作过程中，基础课与专业课之间、文理科之间以及不同岗位之间，由于学科特点不同，岗位性质不同，导致科研成果的难易程度不同和科研要求不同，因而用同一指标体系去衡量，考核指标要注意科学性、公平性、差异性”。尊重老师的特点，“根据老师的专长和学科，可以在科研或者教学方面有所侧重，无须二者完全平衡”，“要分层次考核，让教师有精力教学”，“根据教师的实际能力和水平，建议考核指标适当分层制定，发挥各自的特长”，“偏废全面发展，顾及一点，不及其余”。

此外，许多教师还提出可延长绩效评价的周期，来鼓励长周期、大成果的产出。如一位老师指出，“绩效绩评价不是目的，促进师生成长发展创造是目的。聘用最初期评价，之后若可信，不必再评价，用则不疑，疑则不用，建议只在聘用后最初三年考核，之后不必再考核，给教师研究与教学的自由。把好最初的聘用关，三年一旦考核过关，之后的考核评价应该是放在大学如何创造机会让教师和学生共同成长发展创造”。对于有些教师，应考虑教师的研究性质和项目的特点，不做一刀切式的年度评价，让教师能有一个相对宽松的环境潜心研究，而不是为了评价而评价。只有拉长周期，重视真正的科研成果，才能使研究型大学在承担研究任务的同时，真正成为“培养研究型人才的大学”。

第三章　研究型大学教师绩效评价中存在的问题

通过前文对我国研究型大学教师绩效评价情况的发展历程和现状的梳理，以及在此基础上的实证研究，我们可以了解我国研究型大学教师绩效评价的现状和存在的问题。这一部分就评价中长期以来一直存在着评价目标不明确、评价领域划分不清和评价结果应用欠合理等方面的问题进行探讨。

第一节　教师绩效评价的目标设定

在多数研究型大学教师绩效评价过程中，都存在着教师绩效评价目标不明确的问题。因此，设定明确的教师绩效评价目标，是实施教师绩效评价制度的前提。这一部分，将就教师绩效评价目的的内涵、关于教师绩效评价目的的争议等问题进行探讨，指出教师绩效评价目标设定过程中应该从教师个体发展和院校发展战略目标相结合的角度，更具教师职业特点和研究型大学作为学术组织的特点出发，制订明确的教师绩效评价目标。

一、教师绩效评价的目的

关于教师绩效评价的目标设定一直是一个备受争议的话题，而目标设定则是整个评价体系的关键。为了明确目标设定的问题，首先，应该考察一下企业绩效管理中绩效评价的目的问题。在企业管理中，绩效评价的目的主要有以下四个方面：其一，确定员工劳动报酬，以激励员工工作；其二，为员工提供有关绩效的反馈信息，帮助员工清楚地认识自己；其三，明确员工培训方向；其四，为人员配置提供依据。[1] 从这四个方面的关于企业管理中绩效评价的目的来看，绩效评价是企业作为组织在管理中所采用的一种激励员工和发展员工以及进行组织资源合理配置的一种手段，具有工具性本质。从这一维度来看，企业管理中的绩效评价具有某种功利性的诉求，其追逐的是企业总体绩效的提高和企业作为整体的发展，通过提高企业生产和管理水平，来提高产品的质量，进而增强企业的竞争力。在功利化的企业绩效评价过程中，会出现诸如管理者对员工主观干预过多、评价过于片面、缺乏连续性、缺乏与组织发展相联系等问题。在此背景下，单纯的、孤立的绩效评价逐渐演变成系统的绩效管理。在绩效管理理念下，员工在评价过程中的参与作用得到了应有的关注，从管理者主导到员工与管理者共同协商，使组织、群体和个人很好地联系在一起。在这一目的引导下，企业绩效管理概念下的绩效评价是在一个由绩效计划、绩效实施、绩效评价、绩效反馈等环节所组成的动态环闭系统中进行。其次，要从大学作为组织的特点出发，充分认识到大学与企业之间的差异，根据大学自身的特点来审视教师绩效评价的目的问题。要将院校发展愿景和长远目标与教师绩效评价相结合，制订符合院校特点和发展战略的教师绩效评价目标。最后，要从大学教师职业自身的特点出发，从大学教师绩效评价如何符合教师职业特点的角度看待绩效评价目的问题。教师和学生是大学中最为宝贵的资源，是大学的核心。教师应该是绩效评价过程中的重要参与者，而不是被管理者。教师应参与到绩效评价目标的制订过程中，以保证评价过程合理、评价程序公正。总之，大学不同于企业，具有开放性的特征；大学教师职业也不同于企业的员工，具有独立性和自主性等特点。如果简单采用来自于企业绩效管理理论下的绩效评价理念和手段对大学教师进行绩效评价，会无视大学作为一个学术组织的特性，无视教师作为学术人的特点，影响大学的学术发展，不仅不能激发教师的积极性和创造性，反而会使大学演变为功利性的组织，违背大学教师绩效评

[1] 吕小柏、吴友军编著:《绩效评价与管理》，北京大学出版社2013年版，第9页。

价的初衷，适得其反。

二、关于大学教师绩效评价目标设定的争议

评价目标对于大学教师绩效评价的重要性是不言而喻的，对于评价目标的设定存在各种不同的观点。谢尔丁（Seldin，P.）认为，评价目标是任何评价的基石。评价目标决定所要提出的问题，决定数据资源的应用，决定分析的深度，决定评价结果的扩散。[1] 目前，在大学教师绩效评价政策制定中，评价目标不明确或评价目标设定与院校特点、教师学术工作特点不相符等是制约整个教师绩效评价发展的首要问题。不仅在我国研究型大学中存在着教师绩效评价中评价目标设定问题，在美国高校教师绩效评价中也同样存在类似问题，无论是学者还是管理者，都对教师绩效评价目标问题极为关注。米勒（Miller，R. I.）认为，应该从两个方面看美国大学教师绩效评价问题，一是，教师评价是一个旨在改进教师绩效的过程，是一个发展过程；二是，教师评价是一个辅助人事决策的过程，是一个评审过程。他认为，应该不断寻求改革教师绩效评价的方法，但是不主张将两种评价功能融合在一个评价过程中。[2] 利科塔（Licata，C. M.）还特别关注终身教授的评价问题，认为对教师的评价直接关乎教师的发展和教师保持应有活力的问题，以及如何促进教师的能力和兴趣发展问题。[3] 从米勒和利科塔对大学教师评价问题的关注可以发现，在美国高等教育领域存在着教师评价目标的多重化特点，这也引发了学者对大学教师评价目标问题的争议。谢尔丁认为，无论是教师发展的目的还是人事决策的目的，对高等教育来说都非常重要，但应将两个不同的目标分开来

---

[1] Seldin，P.（1984）. *Changing Practices in Faculty Evaluation*. San Francisco：Jossey－Bass. In *Faculty Evaluation：Its Purposes and Effectiveness*. By Neal，John E. ERIC Digest，1988. ED308800. ERIC Clearinghouse on Higher Education Washington，D. C.

[2] Miller，R. I.（1987）. *Evaluating Faculty for Promotion and Tenure*. San Francisco：Jossey－Bass.

[3] Licata，C. M.（1986）. *Post－tenure Faculty Evaluation：Threat or Opportunity*? ASHE－ERIC Higher Education Report No. 1. ERIC Digest，1987. ED 270009. Washington，D. C.：Association for the Study of Higher Education.

看，不能通过一个制度实现两个目的。同时，他也同意米勒的看法，认为在教师评价中虽然双重制度是一种理想状态，但由于时间、资金和人事方面的限制，这在大多数院校里都很难实现，如果以一种制度实现双重目的很难奏效，需要管理人员谨慎为之。❶ 事实上，教师绩效评价的目标是指向教师发展还是针对教师的奖惩，具体的评价过程会有很大差异。科恩和坎布南（Cohen & Buchanan）认为，促进教师发展的评价必须与决定晋升等方面的评价分离，不能混为一谈。史密斯认为，一方面，大学教师评价具有形成性目的，结果被用来支持教师发展和自我提高；另一方面，评价具有终结性目的，结果被用来进行人事决策，如决定终身教授职位、续聘、晋升和薪酬等。翰耐等（Hannay，L. M.，et al.）认为，教师发展战略应该与教师绩效评价实践相一致，并具有一贯性。要使教师绩效评价做到真实可信，必须使之与教师发展相联系。❷ 英国高等教育领域自 20 世纪 80 年代引入教师绩效评价以来，关于教师绩效评价目标设定问题也备受关注。在英国，高校教师绩效评估根据评估目的的不同分为奖励评估、潜能评估和绩效评估三种形式，其中以绩效评估为主，并结合三种评估特点，以下列要求为目的：（1）对教师的工作绩效做一定程度的客观评价；（2）确定个人和组织发展的优势和潜能；（3）完善组织人事管理和规划；（4）找出教师培训发展的需求；（5）激励教师为实现组织目标努力工作；（6）促进教师职业发展和提高；（7）检查学校的组织管理的有效性。❸ 综观研究者和管理人员关于大学教师绩效评价目标的设定观点，可以归纳为以下三种观点：第一，关注教师自身的发展，以教师发展为评价的最终目的；第二，作为终身教授评审、续聘、晋升和薪酬等方面的人事决策中的依据，具有奖惩性的特点，可

---

❶ Neal，John E.（1988）. *Faculty Evaluation：Its Purposes and Effectiveness.* ERIC Digest. ED308800. ERIC Clearinghouse on Higher Education Washington，D. C.

❷ Lynne M. Hannay & Carol Telford（2003）. *Making the Conceptual Shift：Teacher Performance Appraisal as Professional Growth.* Educational Action Research，Volume 11，Number 1，pp. 121 – 137.

❸ 张彦通："英国高校教师评估理论"，载《比较教育研究》1996 年第 5 期，第 16 ~ 19 页。

以被视为一种终结性评价；第三，以一次评价用于多种目的，以实现多重目标。教师绩效评价的目的决定了关于教师绩效评价方方面面的问题，决定了评价中如何科学合理应用各种数据资源，同时也决定了对评价深度的分析以及评价结果的扩散。因此，评价目标是将关于教师绩效评价的所有方面联系起来的纽带，是教师绩效评价的核心。

三、教师绩效评价的目标设定：通过评价将教师个体与院校发展联系起来

制定清晰的教师绩效评价目标对于研究型大学的发展来说尤为重要，由于研究型大学具有学科多样性和交叉性等特点，使得教师绩效评价更为复杂，教师评价的目标也更加难以界定清晰。为此，研究型大学教师绩效评价应该从教师作为学术职业一员的个体特征出发，以教师为核心，以促进教师学术发展和大学学术发展为目的，遵循科学合理的绩效评价原则，通过采用有效的评价技术和手段，实现大学教师绩效评价的真正目的。美国南部大学与学校协会（the Southern Association of Colleges and Schools）对评价标准进行界定，认为院校必须定期对每一位教师的绩效进行评价，评价中必须对如何评价每一位教师的绩效的标准进行详细说明，所制定的标准必须与院校的目标保持一致，院校必须明确评价的结果要用于教师的发展以及实现院校的教育目的。[1]

（一）从大学教师职业特点出发，关注教师个体的发展

1. 大学教师职业特点

大学教师职业与其他职业（profession）相比具有其特殊性。一般来说，职业是基于不断扩展的系统深奥的知识体系的，具有认知排他性，享有较高的自治权利，具有明确的职业标准和职业伦理规范。大学教师职业，也称为“学术职业”（academic profession），作为一种职业存在，由于大学教师职业的利他主义服务对象不仅仅是单个的顾

[1] Carlos A. Bana e Costa, Mònica D. Oliveira. *A Multicriteria Decision Analysis Model for Faculty Evaluation*. Omega, Vol. 40, Issue 4, August 2012, pp. 424 – 436.

客，而是为了整理人类知识的创造和知识的传播做贡献，[1] 这就决定了大学教师职业具有其自身的特殊性。马克斯·韦伯（Weber，M.）认为，学术职业即“以学术为物质意义上的职业”。[2] 在韦伯看来，学术职业是一种“圣职”，从这一观点来看，大学教师职业具有一种精神上的追求。芬克尔斯泰因等（Finkelestein，M.，et al.）认为大学教师除了具有作为一种职业的职责和权利外，还受到特定的学术劳动力市场的影响。[3] 这一观点强调大学教师职业不仅有其内在的发展逻辑，还受到外部因素的影响。帕森斯（Parsons，T.）则从他心目中的“理想大学”即美国研究型大学的特点出发，认为大学教师职业的核心任务是教学和科研的统一，这两种活动贯穿于大学培训未来的教师和研究者、进行本科生教育培养有教养的公民或未来学术人员和专业人员、培养专业学院中的学者这四种功能之中。[4] 因此，大学教师职业，尤其是从研究型大学的视角来看，既承担教学科研任务的职责，同时也肩负为社会培养专业人士和合格的公民的社会职责。但这种以美国研究型大学为理想模型的对于大学教师职业特点的探讨，无疑将研究置于其他职业功能之上，强调职业的功能维度，从而弱化了对职业伦理的关注。针对这种观点，赖特（Light，D.）将大学教师职业置于广阔的历史和社会背景之中考察，并从职业的特点出发，探讨大学教师职业的特点。相比帕森斯的观点，赖特将责任与权利并重，认识到大学教师职业的权利和声望是与相应的责任相伴的，是基于高深、复杂的知识体系的。根据《中华人民共和国职业分类大典》（2015 年版），将我国职业分类结构分为 8 个大类、75 个中类、434 个小类、1481 个职业。其中，人民教师被划分为“专业技术人员”，定义为“从事各级各类教育教学工作的专业人员”。按照划分的指标体

---

[1] 耿益群：《美国研究型大学学术职业制度环境研究》，北京出版社 2007 年版，第 27 页。

[2] ［德］马克斯·韦伯：《学术与政治》，冯克利译，生活·读书·新知三联书店 2005 年版，第 17 页。

[3] Martin Fenkelstein. Robert Seal，and Jack H. Schuster（1998）. *The New Academic Generation：A Profession in transformation.* Baltimore：Johns Hopkins University Press. p. 163.

[4] Donald Light（1974）. *Introduction：The Structure of the Academic Profession.* Sociology of Education，Vol. 47，NO. 1. pp. 2－28.

系，大学教师应该隶属于教学人员中的高等教育教师。从大学教师职业分类出发，王光彦认为大学教师职业具有教育性、学习性、学术性、创新性和社会性等职业属性。[1] 综合国内外研究者关于大学教师职业的研究和探讨，大学教师职业，尤其是从研究型大学的视角来看，在基于深奥系统的知识和相关职业规范和职业伦理的基础上，大学教师职业具有学术性、高度自治性、复杂性、认知排他性等特点。大学教师职业的这些特点，决定了在大学教师绩效评价过程中应关注教师个体发展问题。

2. 大学教师个体发展

大学教师的职业特点与教师个体的发展息息相关，无论是作为大学教师职业基础的高深的知识体系和相关职业规范以及职业伦理，还是大学教师职业的学术性、高度自治性、复杂性、认知排他性等特点，都与教师个体的发展密切联系在一起。因此，在教师绩效评价过程中，应从大学教师的职业特点出发，关注教师个体的发展。具体来看，应从以下 4 个方面关注教师个体的发展：

（1）学术性与教师个体发展。大学教师职业基于深奥系统的知识，具有学术性的特点。因此，需要不断拓展教师的知识，这也是教师职业高度自治性的基础。学术评判权利和学术评判标准，都要依据教师高深的专业知识，这是职业权利的源泉。为此，应该不断提高教师的学术水平，通过合理的教师绩效评价制度对教师进行科学合理的评价，并依据评价结果，制订相应的教师发展计划，促进教师学术水平的提升。同时，好的教师绩效评价制度，将院校的发展目标与教师绩效评价目标相协调，为教师学术发展提供良好的制度保障，使教师的创造性得以充分发挥，取得创造性成果。

（2）自治性与教师个体发展。大学教师职业具有自治性的特点。自治性是大学教师作为一种专门职业的重要特点之一，而自治性则源于大学教师作为学术职业人员所受到的系统训练和其所掌握的高深知

---

[1] 王光彦：《大学教师绩效评价研究——基于教师自主发展的探索》，教育科学出版社 2012 年版，第 20～24 页。

识。因此，为了保证职业自治性的特点，需要从业人员的专业知识和技能不断发展以适应职业发展的要求。从这一角度来看，需要关注大学教师个体的发展，通过各种制度和措施，激励教师不断提高自己的专业知识和专业技能，在某一研究领域深入探究，取得具有创新性的学术成果。合理的教师绩效评价制度，既是教师不断进行学术创新的保障，同时也是教师发展的不竭动力。

（3）复杂性与教师个体发展。大学教师职业的复杂性表现在诸多方面。与其他职业相比较，学术职业具有培养和选拔其他职业从业人员的职能、职业生涯的选择模式唯一性、在科层机构中行使职业自治权利、显著的双重忠诚、内部多样性等特点❶。正是由于学术职业的这些特点，决定了大学教师职业具有高度复杂性，相应地，教师个体的发展涉及多方面的问题，影响教师个体发展的因素也是多维度的。因此，教师绩效评价制度的制定和绩效评价的实施过程中，应充分关注大学教师职业的复杂性特点，制定能够真正促进大学教师个体发展的制度，并在绩效评价过程中，真正考虑到大学教师职业的复杂性的特点，促进教师个体的发展。

（4）排他性与教师个体发展。学术职业作为一种专门职业具有排他性特点。作为学术职业人员的教师要经过长期学术训练，具有某一方面的专门知识，这是教师作为学术职业人员的专业基础，也使大学教师职业具有排他性的特点。这一特性，赋予了大学教师职业权利，使大学教师能够在遵守职业伦理的前提下，从事职业活动，并进行职业判断。从大学教师职业排他性的特点出发，在教师绩效评价中，应充分关注教师在绩效评价过程中的作用和教师职业权利。在制定教师绩效评价政策的过程中以及教师绩效评价实施的过程中，应该关注教师本人、本校和校外的同行、某一领域的专业人士、学生和管理人员的共同参与，以保证评价政策以及评价过程和结果的专业性和科学性，使评价真正促进教师个体的发展。

---

❶ 耿益群：《美国研究型大学学术职业的制度环境研究》，北京出版社 2007 年版，第 31～35 页。

综上所述，在教师绩效评价过程中，应充分考虑大学教师职业的特点，无论是在政策制定的过程中，还是在评价实施的过程中，都应该以教师个体发展为最终目标，而不是从外部将评价强加给教师，成为教师个体发展的束缚。比如，在评价过程中，应该更多地采用形成性评价，以形成性评价为主，通过绩效评价发现教师自身的不足，通过教师自身的反思和教师发展机构的帮助，使教师明确未来学术发展的目标，获得某种提高个人技能的培训，调整目前的研究方向，从而不断提高大学教师自身的教学和学术研究水平，实现其职业发展目标。但目前，我国大学中所实施的教师绩效评价更多的是奖惩性的评价，绩效工资也多是以奖励为主，真正将教师绩效评价与教师个体发展联系起来的并不是很多。更多的是通过教师绩效评价将教师绩效评价与教师奖惩、教师的绩效工资挂钩，这在某种程度上造成了教师绩效评价片面性、短期性等弊端，教师绩效评价制度也不能很好地与大学总体发展目标相适应的现状。我国有些研究型大学在教师绩效评价中曾经实施或者尝试实施非升即走的政策，但在实际的操作中遇到很多问题，遇到各种阻力。追究其根源，最重要的是在实施这些政策时，没有真正将教师作为教师绩效评价政策制定和实施的核心；没有从大学教师职业的特点出发，真正关注教师个体的发展。制定和实施真正有利于大学教师个体发展的教师绩效评价制度，从教师个体发展的角度出发，进行大学教师绩效评价，才是教师绩效评价制度的最终目标。

（二）从大学作为学术机构的特点出发，将教师绩效评价与院校的发展相联系

大学作为学术机构与企业等组织具有不同的特点，对大学教师的绩效评价也应该与企业中所实施的绩效评价具有不同的目标、原则和程序。因此，将教师绩效评价与大学的院校发展密切联系在一起，才能真正发挥其在大学总体发展中的作用。

明尼苏达大学是美国著名的公立研究型大学，该大学教师绩效评价政策的制定和实施，都围绕着院校的战略发展目标。明尼苏达大学

通过实施战略人才管理系统，从教师招聘、绩效管理、教师发展、人员接替四个方面[1]将教师绩效评价与教师发展以及院校发展密切联系在一起，从而形成了一个以教师绩效评价为核心的院校大学教师队伍可持续发展战略。在 2005～2006 学年，明尼苏达大学的教师文化工作组（Faculty Culture Task Force）建议对大学的终身教授聘任和晋升政策进行改革，以适应大学成为世界第三著名公立大学的战略目标。建议中强调，要严格大学范围内的关于终身教授评价的标准，指出授予终身教授职位的基本标准是“个人成就表明其具有为实现大学的使命做出重要贡献的能力，并在教学、研究和服务等领域表现出一定的能力”。[2] 根据该工作组的建议，2007 年 6 月 7 日，明尼苏达大学董事会（Board of Regents）对大学的终身教授教师政策进行了历史性的变革，变革的重点强调严格教师晋升标准，在保证教师工作生活平衡发展的同时，将对教师的绩效评价与大学的总体发展战略目标结合起来。在大学的《终身教师教职》政策中，明确规定通过实施严格的终身教授制度保证大学能够留住那些为实现大学目标做出贡献的高水平教师。[3] 明尼苏达大学的经验表明，在制定教师绩效评价政策时，应充分考虑大学作为学术机构的特点，要与大学发展战略目标相切合。

在实际的教师绩效评价实施的过程中以及与之相应的人事决策过程中，经常会产生各种各样的矛盾乃至冲突。因此，任何一所研究型大学都面临着如何留住优秀的教师和如何调整人事关系以适应系和院校的组织需求之间的关系问题。哈德里和考克斯（Hardré，P. & Cox，M.）等根据对美国 62 所研究型大学的教师晋升和终身教职评审政策文件的研究，认为解决这一紧张关系的途径在于信任与合作（collegiality）。合作是一个双方的问题，首先是自上而下的合作，其重要的作用

[1] 王保华：“不确定时代：大学教师职业的困惑与超越”，载《现代传播》2010 年第 10 期，第 117～120 页。

[2] University of Minnesota（2007）. *Rationale and Process for Revising the Regents Policy for Faculty Tenure*. Retrieved from：http：//www. academic. umn. edu/provost/faculty/pdf/tenure2007. pdf.

[3] University of Minnesota（2011）. *Faculty Tenure*. Retrieved from：http：//regents. umn. edu/sites/regents. umn. edu/files/policies/FacultyTenure1_ 0. pdf.

在于努力留住教师，并提供各种资源帮助教师取得预期的成就；其次是自下而上的合作，要求每位教师能自愿合作，并在追求个人兴趣，寻求学术自由和自治的同时，实现系和院校的组织目标。[1] 基于研究型大学教师绩效评价过程中所面临的教师个体发展与院校发展战略目标之间的协调问题，在制定和实施教师绩效评价政策和制度时，重点应考虑以下三个方面：第一，在教师个体层面的绩效评价中，应该充分考虑教师自身的发展与院校总体发展之间的关系，将教师个体的发展与院校总体发展战略相结合。教师个体的学术兴趣和学术发展应该有利于院校整体质量的提高。第二，在学院和系的层面，教师绩效评价要考虑到各院系的发展与学校发展战略之间的切合度，通过制定适宜的教师绩效评价制度，促进学科发展，促进教师队伍的建设和健康发展。第三，在院校层面，要根据院校的总体发展目标形成符合本校特色的教师绩效评价指导原则，使教师绩效评价能够真正成为教师个体发展的重要动力，成为院校战略目标实现的制度保障。

（三）目标设定要明确，不要一个目标多种用途

教师绩效评价的目标设定很难进行清晰的界定。一般来讲，教师绩效评价是进行院校管理的重要方面，目的在于实现教师晋升与评价，并与教师发展密切联系在一起，可以分为以加强管理为目的的奖惩性评价和以促进教师发展为目的的发展性教师绩效评价。在具体的评价中，一般体现为综合运用终结性评价和形成性评价两种方式进行。1967 年，斯克里文（Scriven, G. F.）在其著作《评价方法论》中提出了终结性评价（summative evaluation）与形成性评价（formative evaluation）的概念，认为终结性评价是一种注重结果的评价手段，通常在过程结束后才实施评价；而形成性评价则是一种注重过程的评价手段，通常在过程之中就实施评价。[2] 由于教师绩效评价通常兼具奖

---

[1] Patricia Hardré & Michelle Cox (2009). *Evaluating Faculty Work: Expectations and Standards of Faculty Performance in Research Universities.* Research Papers in Education, Vol. 24, No. 4, December, pp. 383 – 419.

[2] 王斌华：《教师评价：绩效管理与专业发展》，上海教育出版社 2005 年版，第 57 页。

惩和促进教师发展的双重目的，这在某种程度上使教师绩效评价目标设定问题变得极为复杂，很难清晰界定教师绩效评价的目标。虽然各大学都明确表明教师绩效评价的主要目的在于提高教师绩效，但在实际的运作中确实有更多的大学将教师绩效评价主要作为院校认识决策的依据，决定教师的保留、晋升、薪水等终结性的教师绩效评价目的。此外，很多大学还会经常出现试图以一种评价实现多重目标的现象。凯西（Cashin，W. E.）认为，大学中实施教师绩效评价对大学提高来说确实非常必要，在实施中也确实发挥了促进大学发展的作用，但对教师的自身提高却不一定有所裨益。❶ 为了保证教师绩效评价两种目标的实现，尤其是为了保证教师绩效评价在与院校发展目标保持一致的前提下促进教师个体发展目标的实现，应该在评价过程中多方收集资料，包括教师的自我评价或者自我报告、学生评价、同人评价、课堂影像资料、学生的学业成绩等，❷ 实现教师、学生、专家等多方参与，真正保证教师绩效评价目标的最终达成。

第二节　教师绩效评价的领域划分

长期以来，大学教师绩效评价中的评价领域划分不清的问题一直影响着教师绩效评价的效果。一般来说，研究型大学对教师的绩效评价主要包括教学、科研和服务三个领域，这在研究型大学已经成为普遍的共识。但在研究型大学的教师绩效评价政策和评价标准中以及在其实际实施过程中，对教学和服务很难进行较为规范的科学的评价，也因此在大学中营造了重视科研的氛围。人们的共识是科研第一、教学次之、服务第三。那么，这三个领域到底孰重孰轻？应如何合理权衡教师的总体绩效、形成合理的绩效评价机制是研究型大学在教师绩

❶ William E. Cashin (1996). *Developing an Effective Faculty Evaluation System*. Retrieved from http://ideaedu.org/wp-content/uploads/2014/11/Idea_Paper_33.pdf.

❷ Neal, John E. (1988). *Faculty Evaluation: Its Purposes and Effectiveness*. ERIC Digest. ED308800. 1988. February 16th 2015, Retrieved from http://www.ericdigests.org/pre-9212/faculty.htm.

效评价中的又一突出问题。

一、教师绩效评价中的通病：重科研、轻教学现象

研究型大学中由于肩负着教学、科研和服务的多重职能，因此对教师的绩效评价领域的划分也更为复杂，关于因教师绩效评价领域如何权衡和划分所引发的教师绩效评价方面的问题也更为突出。其中，最为突出的现象是重科研、轻教学的现象。曾经有一位深受学生欢迎的教师宴才宏，在其 17 年的教学生涯中，以其艺术家般境界的教学影响过一届又一届学生，将“传道、授业、解惑”发挥到极致，但直至生命的最后时刻，他却始终只是一名讲师。宴老师虽然已经离开多年，但关于如何评价教师教学工作的问题仍是研究型大学中的痛处，仍有类似令人唏嘘不已的案例出现。1977 年，美国研究生教育协会发布了一份报告，基于对 134 所大学（主要是研究型大学）的 453 位系主任的调查表明，各系一般在教师绩效评价中不太重视服务，研究型大学首先强调对教师研究和学术水平的评价，博士学位授予大学和综合性大学一般认为教学地位次于学术研究，并强调通过采取更为系统和能够获得的信息评价教师的教学能力和水平，比如通过学生评价等方式。对研究的评价更多则依据学院的水平和系的特点，如同行对教师研究水平的评价以及在高质量期刊发表论文的水平等的评价，这种同行评价在研究型大学中的社会科学系要比在综合性大学中更为重要。❶ 一项对美国佐治亚大学教师晋升中的教学地位的调查研究发现，虽然该大学在相关政策规定中，教学、科研、服务三者并没有明确的高低之分，但在教师晋升中教学的实际地位低于科研、高于社会服务。❷ 也就是说，在研究型大学中更重视教师的研究业绩，在评价领域的划分中，各个维度的权重显然极不平衡。

---

❶ John A. Centra (1977). *How Universities Evaluate Faculty Performance: A Survey of Department Heads*. GRE Board Research Report N. 75 – 5bR, July. Retrieved from: http://www.ets.org/Media/Research/pdf/GREB – 75 – 05BR.pdf. 2016 – 07 – 20.

❷ 李涵颖：“佐治亚大学教师晋升中的教学地位调查”，载《比较教育研究》2016 年第 5 期，第 26 ~ 31 页。

二、教师绩效评价中的鸡肋：关于服务的评价

传统上，大学评价分为教学、科研和服务几个方面，但现实评价过程中服务似乎是一个可有可无的方面，一般不太易受到重视。但随着大学发展与社会发展之间关系的不断密切，大学发展越来越受到社会发展的影响和制约，大学的社会服务功能也日益凸显，在教师绩效评价中对服务的重视程度也应不断提高。在美国，包括公立研究型大学在内的公立高校一直是教师绩效评价中备受关注的院校，由于公立大学的财政预算由州立法机构确定，而随着经济发展的不景气，大学发展越来越依赖于州政府的拨款，在这种情况下，州财政预算对大学的发展越来越重要。这也是服务在美国大学教师绩效评价中越来越重要的原因之一。为了给大学争取更多的财政支持和各种资源，大学希望教师们成为“公众视野”中的人物，而不仅仅是象牙塔中与世隔绝的学究，是能够为社会服务、为社会做出贡献的学者，能够参与社会发展。在一项对文理学院院长的调查中发现，有 1/4 的系主任认为应该将公共服务作为教师绩效评价中的一个重要方面。[1] 在研究型大学中，尤其是在美国公立研究型大学中，都开始积极鼓励教师参与到社区和社会事务中。此外，大学本身也希望教师参与大学内部的各种活动，促进大学作为一个学术共同体发展。在我国，随着研究型大学科研能力的不断提升，科研成果转化以及大学专利应用的问题也越来越突出，如何使大学的科研成果服务于社会，如何使大学与社会经济发展相联系，都需要将服务作为大学评价教师的一个重要方面。

三、教师绩效评价中的逆转：教学地位的提升

在研究型大学的教师绩效评价制度、政策和相关的规定中，一般都会将教学列为评价领域之首，强调在教师绩效评价中要对教师的教

---

[1] J. Elizabeth Miller & Peter Seldin. *Changing Practices in Faculty Evaluation*: *Can Better Evaluation Make a Difference*? Retrieved from: http://www.ericdigests.org/pre-9212/faculty.htm. 2016-07-20.

学、科研和社会服务等领域进行评价。1977 年，美国研究生协会调查报告中罗列了 13 个可能在教师绩效评价中采用的标准，也将课堂教学列于首位。[1] 这 13 个可以采用的标准包括：课堂教学、出版数量、出版质量、研究和创造性活动（不包括出版）、指导学生研究（包括硕士和博士委员会服务）、学生指导、学校委员会服务以及院校服务情况、专业协会工作（任职或者期刊编辑）、公共或社区服务、竞争性工作、顾问（政府、商业等）、个性因素、个人资历（学位、专业经验等）。调查显示，系主任认为课堂教学、出版质量和个人资历（学位和专业经验）在教师评价中是关键因素。在实际教师绩效评价过程中，研究型大学将高质量的学术出版认为是最为重要的因素。此外，系主任认为指导学生研究和竞争性工作在研究型大学教师评价中也很重要。不同的系对不同标准的强调程度不一，比如，自然和社会科学领域较之专业学院和人文学科更强调出版的数量和质量，而职业学院更强调学生指导、公共服务和咨询。

由此可见，美国的研究型大学固然以研究为首要任务，但也非常重视教学是否卓越。一名在美国从教 30 年以上的大学教师从三个方面总结了自己的教学生涯：（1）一个人所获得的教育与其投入成正比；（2）教师从学生身上所获得的知识与他们所传授的知识一样多；（3）教学既是一门艺术同时也是一门科学，要花时间不断提高教学技能。[2] 从这位教师的亲身经历来看，教学作为教师工作的一个重要方面，需要教师投入非常多的时间和精力，因此，也理应成为教师绩效评价中的非常重要的一个方面，在评价中占有重要的权重。正如博耶强调的“教学的学术”，教学与科研具有同等的重要地位。美国顶尖研究型大学芝加哥大学一贯重视研究在教师学术职业生涯中的地位，

---

[1] John A. Centra (1977). *How Universities Evaluate Faculty Performance: A Survey of Department Heads*. GRE Board Research Report N. 75 - 5bR, July. Retrieved from: http://www.ets.org/Media/Research/pdf/GREB-75-05BR.pdf. 2016-07-20.

[2] Robert Hill, Ed. D. (2015). *Professors and Teaching. In Magna Publications (2015). Administrator Leadership and Faculty Support*. Retrieve from: http://cdn.magnapubs.com/pdfs/magna-free-report-administrator-leadership.pdf. 2016-07-20.

但也关注教师在教学方面的发展。在芝加哥大学教师聘任与评价政策中，规定了针对青年教师的轮流教学的措施，[1] 一方面兼顾青年教师的教学发展，另一方面也防止青年教师因将所有的时间都倾注于教学而荒废研究工作的现象出现。

随着高等教育领域的市场化，为了满足学生作为消费者的需求，研究型大学也不断改进课堂教学。为了提高课堂教学质量，研究型大学不仅在教师绩效评价目标的设定、教师绩效评价领域划分、教师绩效评价过程以及评价结果的应用等方面对教学方面的评价予以特殊关注，还采取各种措施将教师绩效评价与教师发展密切联系在一起，建立旨在促进教师发展的教学发展中心，以帮助教师提升教学水平。在美国的博士学位授予型大学和研究型大学中（根据卡内基教学促进基金会2005年的分类）建有教育发展中心的比率要远远高于其他类型高校中的比率。据2009年的一项研究，美国博士学位授予型大学和研究型大学中有65%～70%的大学建有为教师教学发展提供支持的中心。如密西根大学的教与学研究中心建立于1962年，是美国第一个教育发展中心；斯坦福大学也于1975年建立了教与学中心。[2] 这些中心随着时间的推移不断发展壮大，目前这些中心为研究型大学的教师发展、研究生讲师的培训和课程改革提供了极大的支持。美国研究型大学的这些中心不仅是研究型大学教学卓越的保障和支持机构，同时也发挥了在研究型大学中创建一种强调教学卓越的文化氛围的作用，使追求卓越的教学成为研究型大学重要的使命之一。英国研究型大学也非常重视教师的教学工作并对教师的教学绩效进行评价。牛津大学每个年度都要评“优秀教学奖”。2014年11月，牛津大学校长亲自颁发2013～2014年度优秀教学奖，共39项奖项，由此可见牛津大学

---

[1] University of Chicargo (1972). *A Report of the University of Chicago Committee on the Criteria of Academic Appointment*. Retrieved from: http://provost.uchicago.edu/pdfs/shilsrpt.pdf. 2016-07-20.

[2] Kay J. Gillespie, Douglas L. Roberstson, and Associates (2010). Foreword by William H. Berquist. *A Guide to Faculty Development*. (2nd ed.) San Francisco: Jossey-Bass. p. 277. 2016-07-20.

对教学的重视程度。获奖者包括人文学科、社会科学和MPLS等学部，以及继续教育系、图书馆、OxTALENT等部门的教师和教学辅助人员。[1] 我国研究型大学也开始关注教师的教学业绩。2013年9月，西安交通大学向中国科学院院士、西安交通大学动能学院教授陶文铨颁发了“西安交通大学首届教学终身成就奖”，表明学校对教学的重视。[2] 同时，浙江大学教师苏德矿也获得学校颁发的第三届“心平杰出教学贡献奖”，获奖金100万元。[3] 研究型大学这些重视教学的措施，不仅试图营造一种关注教学的氛围，同时也旨在通过各种方式对教师的教学进行激励，以提高教师的教学水平。通过对教师优秀教学绩效的奖励，使教师认识到教学活动也是学术领域中的共同财富，[4] 只有这样教师才能够真正重视教学的价值和意义，才能使教师成为这一共同财富的利益相关者，使其能够真正参与到教学活动的评价之中，真正将教学作为自己学术活动的重要组成部分。

总之，研究型大学非常强调高质量出版和课堂教学两个标准。这就造成了这样的现状，即研究型大学中的教师工作时间要比其他类型院校中的教师工作时间长，[5] 他们不仅要做好教学工作，同时还要做好科研和服务工作。这就需要在教师绩效评价过程中结合院校发展战略，审慎对待“从哪些维度对教师进行评价”“评价哪些方面”等问题，评价领域划分的问题就成为研究型大学教师绩效评价中非常重要

---

[1] University of Oxford. *Gazette*, No. 5080, Vol. 145. Retrieved 4th December 2014 from http: //www. ox. ac. uk/gazette/2014 – 2015/4december2014 – no5080/.

[2] 程洪莉、仉天聪、张行勇：“陶文铨院士：西迁大树一片长青叶”，载《中国科学报》2014年9月26日第11版。

[3] 周炜、郑司琪：“浙江百万‘心平奖教金’重奖数学系教授苏德矿”，载 http: //hznews. hangzhou. com. cn/kejiao/content/2014 – 09/09/content _ 5435855. htm，访问时间：2015年6月5日。

[4] Larry A. Braskamp & John C. Ory (1994). *Assessing Faculty Work: Enhancing Individual and Institutional Performance*. San Francisco: Jossey – Bass Inc., Publishers. p. 7. 2016 – 07 – 20.

[5] National Center for Education Statistics. (1993). *Full – time Instructional Faculty and Staff, in Institutions of Higher Education*. by instruction activities and type and control of institution: Fall 1992. February 24 2015, Retrieved from http: //nces. ed. gov/programs/digest/d99/d99t232. asp. 2016 – 07 – 20.

的一环。早在1995年，博耶就提出了“教授职业的哪些方面的活动应该得到高度奖赏”❶ 这一问题，这仍是今天研究型大学教师绩效评价中的关键。

第三节 教师绩效评价结果的应用

在大学教师绩效评价中，通常的设计是既能够将绩效评价结果用于教师晋升等奖惩性目的，同时又希望能够促进教师个体发展，以达到促进实现院校发展的目的。教师绩效评价结果的双重应用目的会造成评价目标不明确等问题，因此，在具体的评价结果的应用中，会造成没有充分考虑个体改进和院校责任等问题，并进一步造成了评价结果应用方面的问题，通常是评价结果既没有充分考虑个人的发展，也没有真正考虑院校的发展，其结果是造成评价结果没能得到很好的应用，甚至是被滥用。明显的例子是将评价结果作为晋升、加薪等的手段，而忽视通过绩效评价促进教师个体发展，进而促进院校发展的问题。

一、评价结果没能很好地用于教师个体发展

在教师绩效评价中，很多院校都没能很好地重视教师绩效评价结果对教师职业发展阶段的影响，加之教师本身没有关于如何应用评价结果的经验，造成评价结果对教师本人职业发展没有太多裨益的状况。长期以来，在我国高校中一直存在教师绩效评价结果应用不合理的问题，比如绩效结果反馈不及时或没有反馈、绩效评价与教师的切身利益结合不紧密、对教师个人与对教师团体的绩效评价不协调、教师的绩效评价与教师培训没有很好地结合、❷ 没有形成完善的教师绩效评价结果应用机制等问题。针对教师绩效评价能否真正促使教师更具生产性的问题，谢尔丁（Seldin）认为，旨在促进教师发展的教师

---

❶ Boyer，E. L. *Scholarship Reconsidered*：*Priorities of the Professoriate.* Princeton，N. J.：Carnegie Foundation for the Advancement of Teaching，1990. p. xi.

❷ 刘思安：“对高校教师绩效评价结果应用的若干思考”，载《继续教育》2007年第3期，第44～47页。

绩效评价制度，通过为教师提供具有建设性的反馈，使教师不满足于现状，从而不断促使教师改进提高，并指出，如果评价能够为教师提供及时反馈，教师本身有不断改进的意向，而且院校也清楚如何改进，就能够通过绩效评价增加教师改进的机会。[1] 尽管多数院校将教师提高作为首要的评价目标，但在实践中还是没能有效地促进和支持教师发展。比如，教师评价活动和教师发展活动缺乏有效的联系，由于在绝大多数院校中的教师发展项目组织欠缺和影响力欠佳，造成评价很难真正促进教师发展的现状。关于教师绩效评价中对教师的教学评价是否能够促进院校教学水平的提高问题，同样没有得到很好的研究证据证实。提高教学水平，有赖于教师本身对教学和学习理论的深入理解，有赖于为教师提供发展机会和提高教学技能的实践机会。为了使教学评价真正有利于教师教学水平的提高，评价应不断深入，避免形式主义的评估方式，并在深入评价的基础上提高评价结果的应用效率。

二、评价结果没能很好地用于院校发展

在教师绩效评价结果的应用方面，最重要的是要提高院校应用评价结果的效率问题。为了使院校有效地利用教师绩效评价结果，布莱卡姆和奥莱（Braskamp，L. A. & Ory，J. C.）建议在实施教师绩效评价过程中应关注以下四个方面：第一，根据从多渠道收集的关于教师绩效评价的材料进行描述和判断，形成对教师工作绩效的综合评价；第二，从院校发展目标出发，对教师工作成绩进行评价；第三，勾画出教师长期工作的图景；第四，将评价与教师个体发展和院校发展密切联系起来。[2] 他们关注的是如何将教师绩效评价的实施与院校发展目标密切结合在一起，这也是实施教师绩效评价的目的所在。通过绩效评价形成有效的激励和引导机制，从而提高教师的总体质量，

---

[1] Neal，J. E.（1988）. *Faculty Evaluation：Its Purposes and Effectiveness*. ERIC Digest. Retrieved from：http：//www. ericdigests. org/pre－9212/faculty. htm. 2016－06－20.

[2] Larry A. Braskamp & John C. Ory（1994）. *Assessing Faculty Work：Enhancing Individual and Institutional Performance.* San Francisco：Jossey－Bass Publishers. p. 143.

提高教师队伍的水平，提高整个大学的质量。从院校的角度来看，教师绩效评价作为院校的一种管理制度，具有导向和监督等管理功能，对大学发展具有“鉴定改进功能”。[1] 评价结果既可以应用到教师聘任、晋升、薪酬等具体的人事管理方面和分配制度中，也可以通过应用教师绩效评价结果引导教师形成以实现院校发展目标为核心的特有的文化氛围。但在评价结果的实际应用中，有些院校并没有很好地将评价结果用于促进院校发展。比如有些大学实施末位淘汰制，简单地将一次性的教师绩效评价结果用于教师岗位的聘任中，而没有在动态的、发展的过程中全面、持续地考察教师的业绩和能力，不仅不能真正发挥绩效评价的激励和引导作用，还极大地挫伤了教师的积极性和进取心，引起教师对绩效评价制度的抵触情绪，不利于教师潜心学术研究，不利于教师创造力的发挥，使教师绩效评价成为教师发展的障碍，更谈不上促进院校发展。此外，很少有院校能够很好地利用教师绩效评价结果，通过教师发展中心等机构，对评价结果进行综合分析，发现问题，并结合院校发展目标，制订切实可行的发展计划，引导并营造符合院校发展的文化氛围。

三、合理应用教师绩效评价结果的建议

教师绩效评价结果的应用包括教师个体维度和院校维度两个方面。这一部分从这两个方面对如何合理有效应用教师绩效评价结果进行探讨。

为了促进教师个体的发展，应从以下四个方面合理应用教师绩效评价结果：第一，要及时将评价结果反馈给教师。及时将教师绩效评价结果反馈给教师已经成为教师绩效评价制度实施的重要组成部分，成为制度实施过程的一个重要环节，这有助于教师充分利用评价结果，反思自身的职业发展，不断改进和提高。在将评价结果反馈给教师的过程中，为了促进教师个体发展，应尽量采用描述性的方式将信

---

[1] 王光彦：《大学教师绩效评价研究——基于教师自主发展的探索》，教育科学出版社 2012 年版，第 40 页。

息反馈给教师，避免对教师做出主观评判。第二，结合评价结果，提出具体的教师改进措施和途径，促使教师发生转变。在实践中，应根据评价结果制定清晰的教师提高策略和方案，帮助教师重新定位或者改进教学和科研工作。根据学生对教学的评价结果，让教师了解自己教学中的优势和不足，了解学生的需求，切实改进教学工作。这需要大学根据本院校的发展目标，建立专门的教师发展机构，由专人负责帮助教师实现自我发展。第三，根据评价目的，通过各种渠道与教师沟通，将评价用于既定的目的，避免让教师因绩效评价而产生焦虑感和不满。尤其要关注院长或者系主任与教师的沟通，他们的反馈对教师的影响较大，要通过与教师之间的沟通，形成一种有利于促进教师自我发展的院校文化。进而形成一种教师之间、教师个体与团队之间、教师与管理人员之间、教师与教师发展机构之间、教师与人事管理部门之间的良性的沟通机制。第四，要积极面对评价结果。一方面，让教师通过运用评价结果对自己的工作成就感到自豪，提高自信心；另一方面，要让教师认识到自身存在的不足，以不断改进和提高，并认识到由于环境变迁和学科变迁所引发的职业生涯的重新定位，从而结合院校发展的目标，确定个人未来职业发展方向。

为了实现通过教师绩效评价促进院校发展的目的，应从以下五个方面合理应用教师绩效评价结果。第一，利用教师绩效评价结果对教师进行综合全面评价。在对教师的评价过程中，应尽量避免片面性，应综合各方面的评价结果，对教师进行全方位的评价，呈现教师工作的总体状况，这样有助于教师对自己的工作和职业生涯发展有一个全面的认识，有助于院校通过绩效评价了解教师的总体状况。第二，合理应用评价结果，提高院校的管理效率。绩效评价作为人力资源管理的重要手段，对提高院校的管理效率具有重要意义。如在院校实施岗位设置管理中，可以根据教师绩效评价结果，考察教师在教学、科研等方面的业绩和能力，以决定岗位的设置。教师绩效评价结果不仅成为院校进行岗位设置的依据，也是院校实现资源合理配置的重要途径。此外，在对教师的评价中，学生对教师教学的评价结果不仅可以作为对教师教学绩效评价的组成部分，还可以作为学生选课的参考。

第三，关注教师的切实利益，合理应用评价结果。将评价与薪酬制度、晋升制度联系起来，但要合理地应用。要将评价视为一个长期的不断发展的过程，在这一过程中考察教师的工作状况。让教师认识到其在院校发展中的作用和贡献，这对教师来说至关重要，因此，要在教师的年度评审、定期评审、薪酬和晋升决策中有效地利用评价结果，要让教师认识到其价值和贡献通过评审得到应用的认可，但切忌以一次性的、片面的教师绩效评价结果决定对教师的奖惩。第四，将教师个体的发展与大学作为组织的整体发展联系起来。院长或系主任根据评价结果与教师进行沟通的过程，实际上就是将教师个体发展与院校发展联系在一起的纽带。院长或系主任作为院校的管理人员，是院校规划的参与者，也肩负着将教师个体的利益和个人职业追求与院校发展目标相协调的任务。布莱卡姆等基于对 70 所美国大学的 185 名系主任的调查发现，绝大多数负责教师发展的系领导都与教师进行面对面的个人谈话。他们认为，系主任对教师绩效评价的特点和基调影响甚大，他们有责任将院校的使命和价值追求传达给教师，有责任通过与教师之间的沟通促使教师将个人职业发展目标与学院和系的政策相协调。[1] 第五，建立合理应用教师绩效评价结果的机制。大学应通过建立大学教师发展中心等机构，为教师发展提供支持，营造有利于教师发展的院校环境，真正将教师个体的发展与大学发展联系起来。2012 年，教育部发布《关于启动国家级教师教学发展示范中心建设工作的通知》，旨在以提升高等学校中青年教师和基础课教师业务水平和教学能力为重点，完善教师教学发展机制，推进教师培训、教学咨询、教学改革、质量评价等工作的常态化、制度化，切实提高教师教学能力和水平，建设高素质教师队伍。“十二五”期间，教育部在中央部委所属高等学校中重点支持建设 30 个国家级教师教学发展示范中心。教育部在中央部委所属 114 所高校中启动了国家级教师教学发展示范中心的建设和评审工作，通过严格评审和公示，批准了

---

[1] Larry A. Braskamp & John C. Ory (1994). *Assessing Faculty Work: Enhancing Individual and Institutional Performance.* San Francisco: Jossey – Bass Publishers. pp. 148 – 151.

厦门大学教师发展中心等 30 个国家级教师教学发展示范中心，中央财政在“十二五”期间分期资助每个国家级教师教学发展示范中心 500 万元建设经费。这对我国高校教师发展中心的建立与发展起到了极大的示范和推动作用。我国高校的教师发展中心在很多院校建立起来并发展迅速，但与美国等高等教育发达的国家相比，我国教师发展中心形成较晚，各方面还须不断完善。因此，需要进一步明确我国高校教师发展中心的组织定位，根据院校的具体情况确定是学术组织还是行政组织；教师发展中心的理念应是促进教师全面发展，而不仅仅局限于教师的教学活动；要提高教师发展中心的组织层级，明确内部职责划分；提高教师发展中心成员的专业化水平；通过开展丰富多彩的活动，满足教师的需求；加强与院校内部各院系的互动，以便中心顺利开展工作。[1] 这些教师发展中心的建立，成为保证教师绩效评价结果得到科学合理运用的组织架构的重要组成部分。

总之，要通过科学、合理应用教师绩效评价结果，达到“既能够使教师个人获得收获，也能够服务于院校的共同利益”的目的。

第四节　教师绩效评价中数据收集的方法和手段

各研究型大学进行教师绩效评价的过程有所差异，但一般都是遵循材料的收集、对所收集的材料和教师本人的评价、向被评价教师宣布评价结果、对评价结果进行分析、利用评价结果等几个方面。在整个教师评价过程中，评价材料的收集非常重要，为评价提供应有的信息，使整个评价过程建立在关于被评价教师丰富的评价材料的基础上，使评价有充分的证据支持。克龙巴赫（Cronbach，L.）认为，教育评价是为了作出关于教育方案的决策而收集和使用信息的过程。[2] 教师绩效评价过程中同样需要通过掌握大量信息，并对信息作出价值

---

[1] 房立安：“中美大学教师发展中心运行机制比较研究”，山东大学 2015 年硕士学位论文，第 56 页。

[2] Ctonbach，L. J.（1963）. *Course Improvement through Evaluation.* Teacher's College Record，Vol. 64. pp. 672 – 683.

判断。比贝（Beeby，C. E.）认为，评价是系统地收集信息和解释证据的过程，并在此基础上进行价值判断，而最终目的在于行动。[1] 因此，信息收集是教师绩效评价过程中的关键，是对教师所从事的教育活动进行价值判断的基础。通过对所收集的数据的整理、分析和判断，不仅对教师实际工作具有指导意义，还能够实现管理决策科学化。在全面收集相关数据基础上的教师绩效评价是实现教师个体发展和实现院校发展与变革的基础。然而，在实际的数据收集过程中，数据的收集方法和手段都存在一些问题，这直接影响教师评价结果的客观性、可靠性，影响评价本身的有效性。在教师绩效评价中，同事和学生对被评价教师工作的书面评价是应用最为广泛的数据收集方式，[2] 通过这种方法，评价者既能获得关于教师工作的描述性信息，也能获得评判性信息。一项对美国研究型大学的调查显示，美国75%的研究型大学采用学生评价的方式收集教师教学方面的评价数据；80%的大学认为评价活动有助于引导院校改进教学和学习，能够展现学校的效率和责任感。[3]

一、教师绩效评价数据收集过程中存在的问题

（一）过分重视收集量化材料，忽视质性材料的收集

在我国大学收集教师绩效评价相关数据中，一个突出的问题是过分重视对量化材料的收集，而相对忽视对质性材料的收集。豪斯（House，E. R.）认为，工作性质影响所采用的评价方法。[4] 大学教师的工作具有其特殊性，也决定了其应当采用不同的方法对研究型大学教师进行评价。但是实际绩效评价过程中，经常采用一些固定的方

---

[1] 梁雅琪："我国高校教师绩效考核问题研究"，燕山大学2009年硕士学位论文，第5页。

[2] Larry A. Braskamp & John C. Ory (1994). *Assessing Faculty Work: Enhancing Individual and Institutional Performance*. 1994. San Francisco: Jossey – Bass Inc., Publishers. p. 167.

[3] Ory, J. & Parker, S. (1989). *A Survey of Assessment Activities at Large Research Universities*. Research in Higher Education, Vol. 30, No. 3, pp. 373 – 383.

[4] Larry A. Braskamp & John C. Ory (1994). *Assessing Faculty Work: Enhancing Individual and Institutional Performance*. 1994. San Francisco: Jossey – Bass Inc., Publishers. p. 7.

法和程序，如采用测量工具、量表和测试等方式进行评价，造成了教师绩效评价中过分重视量化的方法，而忽视了数据的收集。如在对教师教学绩效评价中，主要关注教师教授课程的门数、完成的课时数、授课学生人数、指导学生的人数等数量方面的数据收集，而忽视了学生对教师教学的书面评价报告、没有对相关学生的访谈方面的材料收集。重视学生对教师课程评价的量化评价结果，重视学生给教师教学的评分，而不关注学生和同事的描述性评价，也很少采用同行评议的方法对教师教学进行评价。这种过分重视量化数据收集的方法，势必造成对教师的教学评价“忽视了教师大量隐性工作，忽视了教师教学活动的复杂性、综合性和长期性，没有全面、系统地反映高校教师丰富的、有价值的工作内容，容易导致评价结果的偶然性和局限性”。[1]相比之下，美国加州大学伯克利分校非常重视对教师教学的评价，在对教师进行评价时，不仅从授课数目与种类、学生注册人数、每门课程参与课程评价学生比例等这些方面进行量的统计，还从学生评价、教师自我评价、同行评价以及教师所进行的教学改革和取得的教学成就方面做质的描述。[2] 这对我国研究型大学中过分注重教学量的方面数据的统计，而忽视质的方面的数据的收集，提供了很好的借鉴。在我国研究型大学中，对教师科研工作的绩效评价，更倾向于对数量方面的数据收集，如发表论文的数量和级别、申请课题的数量、参加学术会议、科研成果获奖、科研成果转化、获得专利数目等，而不重视同行对教师科研成果和水平的描述性评价。这种过分重视教师科研方面量化数据的现象，导致了我国研究型大学中学术浮躁的现状，导致了我国论文数量增长但质量并没有增长的局面。

（二）基于平台的数据收集，缺乏人性化

随着信息技术的发展，在教师绩效评价中越来越多地使用网络进

---

[1] 刘广青、李文中、刘传宇等：“研究型大学教师评价体系问题分析及分类指导的教师评价体系研究”，载《中国高校师资研究》2010 年第 3 期，第 26 ~ 31 页。

[2] 江红岩：“从伯克利管理视角谈美国研究型大学教师绩效评估”，载《高等农业教育》2007 年第 1 期，第 88 ~ 91 页。

行评价，通过各种网络平台设计，进行教师绩效评价。在对教师教学评价中，目前我国很多高校都通过评教平台，在学生完成课程后，对教师的教学进行评价，而以前传统的对教师的教学评价则是在课程将要结束时，通过发放问卷的形式，对教师教学进行评价的。与传统的基于纸笔的问卷调查的方式相比，基于网络平台的学生评教方式具有节省财力和时间的优点，极大地提高了评价的效率。通过网络平台对教师教学绩效进行评价的方式已经为越来越多的国内外大学所采用。网络评价评教虽然有很多优点，但缺少了传统学生评教中更具人性化的特点，也具有某些局限性。首先，与传统的学生评教方式相比，基于网络平台的学生评教方式会造成评价人数减少的情况出现。由于网络平台学生评价不像传统的课堂那样面对面地进行教学评价，学生的问卷填答率会比较低。传统的对教师课堂教学进行评价时一般有两种数据收集方法，一种是由教师本人收集数据。这种情况下，由教师在课程快要结束前两三周自己发放调查问卷，并收集学生对课程的评价数据，然后交由专门负责教学评价的人员进行整理和分析，并将结果再反馈给教师。在有些情况下，教师会要求学生在问卷的背面写上对教师课程教学的描述性评价，以便对自己的授课有更为清晰和具体的认识，对学生的需求有更深入的了解，以改进教学。另一种是由专门的问卷发放人员进行评价数据的收集。这种情况下，一般也是在教师授课即将结束前两三周的时候进行，由专门负责发放调查问卷的人员走进课堂发放问卷。这种方法需要教师先走出课堂回避学生填答问卷，待学生填答完问卷后，由问卷发放人员收好问卷后，直接交由专门人员进行问卷整理。这种情况下，上课的学生都要填答问卷，填答问卷的人数比较有保证。而通过网络数据平台填答问卷时，很难保证学生填答问卷的人数。有些院校为了提高参加评教学生的人数，采取制度化的措施要求学生必须填答课程评价问卷，否则便不能参加课程考试。其次，基于网络平台的学生评教会影响学生的评教结果。通过采取强制性的措施促使学生参与到评教活动中，这对提高学生参与评价的人数非常有效，但却不可避免地使学生对评教带有某种偏见，造成学生评教的失真现象。如果学生网络平台评教没有时间限制的话，学生如果在获得成绩以后评教，也不可避免地会影响评教的结果。为了保证学生评教的有效性，需要对学生填答评教问卷的时间有所限制，以便客观评价教师的课堂教学。实证研究表明，对于教师课堂教学的评价方式会影响学生对教师课堂教学的评价结果，这主要是由于学生在使用计算机或者网络对教师的课堂教学进行评价时，或多或少地会倾向于做出相对来说更加负面的评价。[1] 总之，在采用网络平台对教师绩效进行评价的时候，应该关注这种数据收集方式的特点，通过各种方式与教师、学生、专门评价人员、学院院长、系主任以及其他相关的管理人员进行多方沟通和协调，以确保基于网络评价的数据收集方式的有效性。

（三）数据收集方式单一，缺乏多样性

教师绩效评价的数据最常见的是来自学生、同行和各级管理人员。此外，还可以来自校友、家长等。在教师绩效评价开始之前，应先确定好相关数据的收集来源，然后再确定如何收集数据。目前，在我国大学教师绩效评价中，收集数据的方法和手段比较单一，缺乏多样性，这是造成评价结果片面性的主要原因。以教师的教学评价为例，由于资金和时间等条件所限，一般都采用教师自我评价和学生评价的方式进行数据收集，很少采用同行评议、校友评价等方式进行。在采用学生评价教师教学时，一般采用在课程结束时以问卷调查的方式进行，而很少采用访谈等方式，采用以学生成绩、学生作业、课堂录像、教学档案袋等方式进行教师教学评价的更是凤毛麟角。这不仅造成教师绩效评价过程中数据收集途径和方法单一的现状，还使得教师教学评价呈现片面性的特点。这也造成了教师教学绩效评价的局限性，使得教学评价结果只能作为教师改进教学的参考，或者为学生选修课程时提供参考。因此，魏红等认为高校在将学生评价结果用于教师的人事决策时应该采取非常慎重的态度，在人事决策中要审慎使用

---

[1] Lalla, M. & Ferrari, D. (2011). *Web – based Versus Paper – Based Data Collection for the Evaluation of Teaching Activity: Empirical Evidence from a Case Study.* Assessment & Evaluation in Higher Education, Vol. 36, No. 3. May, pp. 347 – 365.

学生评价。[1]

二、关于评价材料收集的建议

在教师绩效评价过程中，所有的判断和评价都是建立在调查所收集的信息的基础之上的，因此所收集的材料的可靠性非常重要。为了增强所收集的材料的可靠性，避免主观臆断现象的出现，首先，应明确评价的目的，在评价过程中遵循既定的价值标准，并将其融入到材料的收集和解释过程中。其次，应采取科学合理的材料收集方法和手段以保证所收集材料的客观性和可靠性。

（一）根据不同系的特点，采取不同的评价材料收集方式

不同的系由于学科特点不同，对教师进行评价的方式存在很大差别，因此材料收集的方式也应有所区别，不能一概而论。美国俄勒冈州立大学系统研究报告显示，教师获得科研资助的情况在物理系评价中非常重要。系主任评价、学生系统化评价、同事意见等三个指标通常认为是对教师教学进行评价的重要指标。关于对教师教学的评价，研究型大学更强调学生对课堂教学的评价，相对来说对系主任评价和自我评价不那么重要。在系层次，专业学院较其他类型的学院更强调系主任评价和教学改进活动，而在社会科学系和人文学科系较之职业学院和自然科学系更为强调选修课程的人数。对于教师学术水平和研究的评价方面一般来说采用这样一些标准：在高质量期刊发表论文数量、教师作为独立和主要作者出版书籍数量、学院中同行对教师研究和出版情况的评价、出版物的引用情况、未出版的论文或报告、专业会议论文、非第一作者书籍或主编书籍、专著或专著中的章节、其他院校的同行评议、系主任评价、院长评价、自我评价、获得的资助和基金、专业期刊的编辑、获得的专业荣誉和奖励等。前三个标准在大学教师评价中一般被认为最为重要，在研究型大学中更重视同行评

[1] 魏红、申继亮："背景特征对学生评价教师教学的影响"，载《高等教育研究》2003年第7期，第85~90页。

价，包括本院校和校外同行评价。❶

（二）充分认识到教师绩效评价的复杂性，多方收集材料

教师绩效评价工作既复杂又充满变化，任何以简单划一的方式收集教师绩效评价材料，都会对教师绩效评价效果造成影响。为此，应充分考虑到教师的工作特点，明确教师的职责，并对教师多方面的学术工作进行科学合理地评价。这需要在进行教师绩效评价时，从多方收集相关材料和数据，以便对教师做出公正评价。欧内斯特·博耶认为，有些教师在艺术方面的工作，如在音乐和表演方面的活动和艺术作品评选展览、戏剧和舞蹈作品等都应该由专家进行很好地评判。为此，致力于这些领域工作的教师应该提供相应的录像、照片、视频等，或者从某一视角对创造性工作的过程进行描述和阐释，并与其他作品进行比较。❷ 因此，在评价过程中，不能简单地从教学、科研和服务等几个方面进行数据的收集，应对教师多方面的工作成绩予以公正评价，多方收集材料，保证评价的全面性。随着教师绩效评价方法的改进，已经有些院校开始通过采用案例研究、观察、访谈和视频等途径进行教师绩效评价，这些方法开始为更多的院校和教师以及评价人员所认同。森特拉（Centra，J. A.）也强调应该从多种渠道收集教师评价的相关数据，包括自我评价或者自我报告、学生评价、同事评价、课堂教学录像、学生学业成绩等。这些材料能够有助于院校做出晋升、薪水或者终身教授聘任决策，也有助于开展教师发展活动。❸ 因此，无论是从被评价教师的专业领域来看，还是从被评价教师的个体发展来看，或是被评价教师绩效评价结果的应用来看，都应该从多方收集相关评价材料和数据，以保障评价的有效性。

---

❶ Centra, J. A. (1977). *How Universities Evaluate Faculty Performance: A Survey of Department Heads*. GRE Board Research Report N. 75 – 5bR, July. Retrieved from: http://www.ets.org/Media/Research/pdf/GREB – 75 – 05BR.pdf. 2016 – 06 – 20.

❷ Boyer, E. L. (1990). *Scholarship Reconsidered: Priorities of the Professoriate*. Princeton, N. J.: Carnegie Foundation for the Advancement of Teaching. p. 40.

❸ Centra, J. A. (1977). *The How and Why of Evaluating*. In *Renewing and Evaluating Teaching*. edited by J. A. Centra. New Directions for Higher Education No. 1. San Francisco: Jossey – Bass.

第四章 研究型大学教师绩效评价的国际比较：案例研究

第一节 国内外教师绩效评价的案例研究

一、中国研究型大学教师绩效评价案例[1]

这一部分选取了我国三所著名的研究型大学的教师绩效评价作为案例，从总体评价状况到具体的评价目标、评价维度、评价结果的应用和教师在评价中的作用等几个维度进行分析，以期为深入分析大学教师绩效评价模式提供更为广阔的视角。

（一）大学教师绩效评价案例：量与质的权衡

A大学是教育部直属重点大学，是一所学科综合实力位居全国高校前列的研究型大学。A大学教师队伍结构合理、素质精良，现有校本部教职工近3100人，其中专任教师近2000人，具有高级职称、博士学位或具有海外学历的教师所占比例居于中国高校前列。现有两院院士8人、双聘院士13人，荣誉教授2人、资深教授4人，长江学者特聘教授40人、讲座教授2人，国家杰出青年基金获得者40人，百千万人才工程国家级人选21人，国务院学位委员会委员1人、学科评议组成员20人，教育部跨世纪人才16人和新世纪人才165人，国家级高等学校教学名师7人，国家级创新研究群体6个，教育部和外

[1] 这一部分的内容除特殊注明外，关于案例的材料均来自各大学的官方网站。

专局高等学校学科创新引智群体4个。为提高教师的教学能力和教师队伍整体素质，A大学于2012年2月正式设立“A大学教师发展中心”。该中心的服务对象是教师，旨在为教师提供有用的研修项目，帮助教师解决实际教学中的问题和困惑，并以提升教师的教学执行力为工作目标，进而提升教学质量。该中心的主要任务是教师培训、教学咨询、教学改革以及教学研究等工作，该中心还举办教学研讨会、教学探讨午餐会、教学工作坊等教师培训实践活动。

1. A大学教师绩效评价总体状况

绩效评价是高校教师管理工作中的一个重要组成部分，也是直接调动教师积极性和主动性、促进教师教学能力和提升工作效率的关键，因此科学、完善、公正的绩效考评体系对高校管理建设至关重要，而如何构建大学的教师绩效评价体系则成为研究型大学面临的一大难题。因此，对高校教师进行业绩考核应采取全面考评、多指标、教学与科研结合、定性方法与定量方法相结合的原则，考评指标包括思想品德、教学工作量与辅助教学工作量、科研成果、教学质量等方面。[1] 我国大学基本沿用这种制订业绩考核的原则和方法，但具体到不同高校又有其特有的方式和方法。

A大学的教师绩效考评内容主要以岗位责任为依据，重点考评工作业绩，涉及德、能、勤、绩四方面。各单位成立3~7人的考评领导小组，组长由单位负责人担任。考评程序为：（1）首先做考评动员，明确考评的要点和操作方法；（2）教师写个人述职报告，填写考评表；（3）组织个人述职报告会；（4）汇总、统计结果，进行综合评价；（5）将结果报人事处备案；（6）将考评结果通知本人。考评周期为每年一次，考评最终等级分为四级：优秀、良好、合格、不合格。其中优秀比例要求控制在编人员人数的15%以内（见表4.1）。[2]

---

[1] 张维和：“高校教师业绩定量考核方法的初步研究”，载《天津师范大学学报（自然科学版）》2001年第1期，第43~46页。

[2] 赵静瑞：“我国高校教师绩效考评探究”，中国地质大学2009年硕士学位论文，第68页附录二。

表 4.1　A 大学教师绩效考评表

项目 要求	评价目的	评价主体及权限	评价内容	评价程序	评价等级	评价周期	结果反馈
绩效评价具体要求	加强教职工队伍建设，全面客观地评价工作人员的工作业绩，促进教学、科研工作整体水平提升，促进整体办学质量和效益的提高	各单位成立3~7人的考评领导小组，组长由单位负责人担任。单位考评领导小组负责组织本单位人员的考评工作。人事处负责考评常务工作	以岗位责任为依据，重点考评工作业绩，涉及德、能、勤、绩四方面	1. 做考评动员，明确考评的要求和操作方法 2. 教师写个人述职报告，填写考评表 3. 组织个人述职报告 4. 汇总、统计结果 5. 将结果报人事部备案 6. 将考评结果告知本人	分为四级：优秀、良好、合格、不合格。其中，优秀比例要求控制在在编人数的15%以内	每年一次	将考评结果告知本人

2. A 大学教师绩效评价分析

（1）评价目标。

绩效评价的目标是指评价最终要达到什么效果，起到什么作用。它指引着绩效评价工作制定和实践的总方向，在绩效评价各环节中起统领的作用，最终来检验绩效评价工作的进行是否符合预期。A 大学的绩效评价目标以加强教师队伍建设，全面客观地评价教师的工作业绩，促进教学、科研工作整体水平的提高，促进整体办学质量和效益的提高为目的，侧重于教师队伍建设以及学校的整体办学质量和效益。❶ 从该校的评价目标可以看出来，A 大学在教师队伍建设方面，尤其重视教师教学、科研水平的发展。评价目标的制订决定着绩效评

❶ 赵静瑞："我国高校教师绩效考评探究"，中国地质大学 2009 年硕士学位论文，第 68 页附录二。

价中的各个指标和权重，以及绩效评价后的绩效奖励等环节。因此，这种以提升教师科研、教学质量为重的评价目标对于主动调动教师积极性、改善教学方法、提升科研等方面的激励作用是显而易见的。

除了针对教师在教学和科研方面进行评价，A 大学在教师考评中也增加了对教师师德的评价，根据该校出台的《关于进一步加强师德建设的若干意见》，该校在师德方面的评价目标是进一步提高教师的思想政治素质；进一步引导教师树立高尚的职业理想；进一步提高教师职业道德水平，并建立了相关的评价体系和评价制度以及激励机制来保证以上目标得以实现。

（2）评价维度。

在评价目标的指导下，大学对教师的评价比较全面。与评价目标相对应，其评价维度可以大致分为两类：第一类为针对教师教学、科研水平及能力方面的评价；第二类是针对教师师德的考核。从第一种针对教师教学科研水平及能力的评价维度上看，将该类考评细化为教学维度和科研维度。教学维度主要由五项指标组成：教学任务、指导研究生、出版教材、教学成果、教学改革。其中“教学任务”指为本科生、研究生、留学生授课，指导实习或社会调查以及指导论文等教学工作；“指导研究生”指对于博士生、硕士生、高级访问学者以及进修生等学术上的指引和实习指导等辅导工作；“出版教材”包括是否参与编写 21 世纪教材或国家重点教材，以及高校教材或教学参考书等；“教学成果”和“教学改革”分为国家级、省部级和校级三类。各类指标都被赋予相应的分值。科研维度的指标以科研成果来展现，分为论文、著作、获奖情况以及专利。各指标被赋予相应的分值。具体赋分情况详见表 4.2。

从具体评价维度的赋值情况上可以看到，教师完成教学任务所占的分值比较少，在指导本科论文以及指导专业实习等项目最多获得 5 分/人，而本科生、研究生、留学生上课课时不但多且每学时分值最多达到 1.2 分/人。对于“指导研究生”指标，指导博士生为每年每人 25 分，指导硕士生、高级访问学者、进修生为每年每人 20 分。我们从分值上可以看到学校对于博硕士生的指导是比较重视的，这有利于教师愿意主动去指导更多的博士生以及硕士生。对于“教学成果”和“教改项目”两个维度，我们可以看到该大学为获得国家级奖项以及国家级重大项目的加分非常高，最高达到每项1000分。这表明该学校非常关注学校教学的创新和教师的整体质量。在这些项目上设立足够高的分数可以激起教师对课题项目的研究热情，激发其创新和创造力，为学校和国家重要课题的创新起到很好的推动作用。

表4.2　A大学教职工考评条例（教学工作量计算标准）

教　学	科　研
教学任务（本科生课，研究生、留学生课，实验课，函授、夜大，指导教育实习/社会调查，指导专业实习，指导本科论文）； 指导研究生（博士生，硕士生，高级访问学者，进修生）； 出版教材（21世纪教材或国家重点教材，高校教材，中小学教材，教学参考书）； 教学成果（国家级，省部级，校级）； 教学改革（国家级，省部级，校级）	论文（三大检索论文、核心期刊论文，一般期刊论文、会议论文）； 著作（专著，编著，译著，科学文化普及物）； 获奖（国家级、省部级、校级）； 专利（发明专利，实用专利）

考评内容			分值	备注
教学任务	1. 本科生课	15～60	1.0分/学时	艺术类小班课按0.5分/学时计算
		60～120	1.2分/学时	
		>120	1.4分/学时	
	2. 研究生、留学生课	5～10	0.8分/学时	
		10～20	1.0分/学时	
		>20	1.2分/学时	
	3. 实验课		0.6分/学时	
	4. 函授、夜大		0.8分/学时	
	5. 指导教育实习/社会调查（市内）		4分/人	超过15人的按15人计
	6. 指导专业（野外）实习或市外教育实习/社会调查等		5分/人	超过15人的按15人计
	7. 指导本科论文		5分/人	
指导研究生	1. 博士生		25分/人·年	
	2. 硕士生、高级访问学者、进修生		20分/人·年	

续表

考评内容		分值	备注
出版教材	1. 21 世纪教材或国家级重点教材	7 分/万字*	主编 +10 分 副主编 +5 分 *指本人实际撰写字数
	2. 高校教材（含教育部组编教材）	6 分/万字*	
	3. 中小学教材	5 分/万字*	
	4. 教学参考书	4 分/万字*	
教学成果	1. 国家级 特等奖	1500 分/项	多人合作按《教职工考评条例》中第 14 条（三）中相关规定计算
	2. 国家级 一等奖	1000 分/项	
	3. 国家级 二等奖	800 分/项	
	4. 省部级 一等奖	600 分/项	
	5. 省部级 二等奖	400 分/项	
	6. 校级（一/二等奖）	50/40 分/项	
教学改革	1. 国家级重大项目（单位主持）	1000 分/项	项目分值：先除年度再进行计算，多人合作按《教职工考评条例》中第 14 条（三）、（四）中相关规定计算
	2. 国家级重大项目（单位参加）	500 分/项	
	3. 国家级重点、省部级重大项目	300 分/项	
	4. 国家级一般项目（含青年项目）省部级重点项目	200 分/项	
	5. 省部级一般项目（含青年项目）	100 分/项	
	6. 校级	40 分/项	

关于科研工作的评价条例，我们可以发现该校对于论文发表，以及重点科研成果的分值设置也是非常高，这些表明 A 大学对于教师建设不仅停留在办好教学、提升教学质量上，更着眼于教学改革和创新，鼓励教师积极进行学术创新（详见表 4.3）。

表 4.3　A 大学教职工考评条例（科研成果计算标准）

考评项目	考评内容	分值	备注
论文	1. 校内津贴奖励论文（Science、Nature）	1000 分/篇	多人合作按《教职工考评条例》中第 14 条（三）中相关规定计算
	2. 校内津贴奖励论文（文科 A 类）	150 分/篇	
	3. 校内津贴论文（理科 B 类即 SCI）	100 分/篇	
	4. 校内津贴奖励论文（理科 C 类）	60 分/篇	
	5. 校内津贴论文（文科 C 类）	40 分/篇	
	6. 研究咨询报告（被国家机关、省政府部门采纳）	70 分/篇（需出示相关证明）	
	7. 其他正式出版的学术刊物	15 分/篇	
	8. 学术会议论文（会议论文集收录）	10 分/篇	

续表

<table>
<tr><th colspan="2">考评项目</th><th>考评内容</th><th>分值</th><th>备注</th></tr>
<tr><td colspan="2" rowspan="3">著作</td><td>1. 专著（以本人研究领域为基础的）</td><td>8 分/万字＊</td><td rowspan="3">＊指本人实际撰写字数</td></tr>
<tr><td>2. 编著、译著（与本学科相关）</td><td>6 分/万字＊</td></tr>
<tr><td>3. 科学文化普及读物</td><td>3 分/万字＊</td></tr>
<tr><td colspan="2" rowspan="6">科研成果奖</td><td>1. 国家级　特等奖</td><td>2500 分/项</td><td rowspan="6">多人合作按《教职工考评条例》中第 14 条（三）中相关规定计算</td></tr>
<tr><td>2. 国家级　一等奖</td><td>1500 分/项</td></tr>
<tr><td>3. 国家级　二等奖</td><td>1000 分/项</td></tr>
<tr><td>4. 省部级　一等奖</td><td>800 分/项</td></tr>
<tr><td>5. 省部级　二等奖</td><td>600 分/项</td></tr>
<tr><td>6. 校级</td><td>50 分/项</td></tr>
<tr><td colspan="2">专利</td><td>发明专利（前三名）/实用专利（第一名）</td><td>200 分・项/100 分・项</td><td></td></tr>
<tr><td rowspan="9">科研项目</td><td rowspan="4">文科</td><td>1. 校内津贴项目 A 级</td><td>60 分/万元（指当年到位经费）</td><td rowspan="9">按津贴标准测算，多人合作按《教职工考评条例》中第 14 条（三）、（四）中相关规定计算</td></tr>
<tr><td>2. 校内津贴项目 B 级</td><td>50 分/万元（指当年到位经费）</td></tr>
<tr><td>3. 校内津贴项目 C 级</td><td>40 分/万元（指当年到位经费）</td></tr>
<tr><td>4. 校内津贴项目 D 级</td><td>30 分/万元（指当年到位经费）</td></tr>
<tr><td rowspan="3">理科</td><td>1. 校内津贴项目 A 级</td><td>30 分/万元（指当年到位经费）</td></tr>
<tr><td>2. 校内津贴项目 B 级</td><td>25 分/万元（指当年到位经费）</td></tr>
<tr><td>3. 校内津贴项目 C 级</td><td>20 分/万元（指当年到位经费）</td></tr>
<tr><td rowspan="2">其他</td><td>1. 横向项目（文科 0.5 万元起、理科 2 万元起）</td><td>15 分/万元（指当年到位经费）</td></tr>
<tr><td>2. 校级项目</td><td>10 分/万元（指当年到位经费）</td></tr>
</table>

除了对教师教学维度和科研维度的考评，大学还着重针对教师的师德师风进行相关考评。对师德的评价主要包括以下几个方面：政治思想、爱岗敬业、教书育人、为人师表等维度，并进一步形成师德建设的导向机制。在实际的评价过程中，采用自评和他评相结合的方式。此外，大学不仅将师德评价与教师年终考核相结合，同时与教师晋升、评奖等事项相结合，把师德修养作为教师评价的重要内容，在教师职务晋升、评奖时实行师德一票否决制。倘有严重违背师德行为者，取消其教师资格。通过这种师德一票否决制，可以看出大学对教师师德的高度重视，将教师师德与教学能力放到同等位置，以避免教师由于单纯追求学术能力的提升而不顾自身师德及修养的问题产生。然而其师德评价维度及考评制度也存在一定问题。首先，对于师德的评价维度比较笼统。相较于对教师教学水平的考评体系，对教师师德的评价维度比较主观和不细致。诸如爱岗敬业、为人师表等没有详细明确要求，使得在实际进行师德考评时会出现主观臆断的现象，影响考评效果。其次，网络化时代对教师师德已提出了更高的要求，大学现有的师德维度还比较传统，应思考将诸如教师的网络素养等维度也纳入师德考评体系中。

从以上对于大学的教师绩效考评维度及标准中可以看出，该校对于其教师评价维度的设定基本按照其评价目标的导向，将教师的教学能力和师德水平放到同等地位，共同要求教师在这两方面有所进步，避免偏倚其中一方。对于教师教学及学术方面的维度划分比较细致，但在考评赋值时应注重质量与数量之间的平衡，而不应使其成为滋生教师急功近利之源；对于教师师德方面的评价维度还停留于传统的评价中，需要综合结合当下环境，来修正其维度指标的设定。

（3）评价结果应用。

大学教师绩效评价结果应采取精神奖励同物质奖励相结合的办法，并与单位评选先进活动和开展奖励表彰工作紧密结合，考评结果均存入本人档案，并在本单位、本学校备案，作为今后教职工聘任、奖惩、晋升、辞退以及调整工资待遇等方面的重要依据。[1]

大学将专业技术岗位分为教师岗位和其他专业技术岗位。在申请人填好应聘申请后，由各院、系等单位岗位聘用工作小组组织对本单位应聘人员的聘用资格和基本条件进行审核。根据《A 大学岗位设置管理实施暂行办法》，聘用考核分为聘期考核和年度考核。聘期内年度考核一次不合格者，聘为下一级岗位，两次及以上不合格者，不再续聘。其中，聘期考核重点考核岗位职责和工作任务的完成情况，年度考核重点考核以教学工作为主的年度任务完成情况，年度考核结果分为“合格”和“不合格”，对于能够完成应聘岗位职责所规定的各项任务，符合本单位合格考核标准，则确定被考核教职工为“合格”，反之为“不合格”。聘期考核和年度考核共同决定着教职工的薪酬与各项待遇奖赏。

2015 年 6 月，大学出台了《业绩奖励综合改革办法（试行)》，建立以院系为主体、以绩效为核心、整体覆盖、协同一体的业绩奖励体系，着力激发院系和教师的活力。在这次业绩奖励改革中，不仅加大教学投入，还强调了其他方面的改革办法。一是坚持权力下放，扩大院系自主权，这就意味着，对绩效评价实现了从以学校管理为重心向单位评价的转变。在传统的以学校为重心管理绩效评价的方法中，由于学校要设立统一的评价标准和原则，以至于这种统一的评价标准难以照顾到各个院系单位的情况，使得最终的评估效果不尽如人意。改革后这种以各单位为重心的转变可使绩效评价在实际中的应用可以更好地以各院系单位自身的实际情况来做出灵活调整，同时也可以使院系主任为充分调动教师的积极性来做出多种适当的业绩评估奖励方案。二是强调绩效优先，不搞平均主义。学校要求将业绩奖励经费全部应用于奖励基本工作量和工作质量高的教职工，本着多劳多得、优劳优酬的原则进行绩效奖励。同时，还将注入学生评教分数、教授上讲台率、教学事故数量等动态指标纳入整体绩效机制与约束机制中。

---

[1] 赵静瑞：“我国高校教师绩效考评探究”，中国地质大学 2009 年硕士学位论文，第 68 页附录二。

对于绩效奖励来说，不搞平均主义是调动教师积极性的关键因素，A大学的这次改革，将一些动态指标纳入整体考核体系中可以有力地约束教师的师风和行为，使学校教学管理进一步优化，但同时也要注意在实际落实时，要注意评价标准的明确规定，要做到透明和公开。诸如学生评教分数指标要考虑现实的可行性以及如何能确保学生的评教分数真实。三是完善奖励项目，注重整体覆盖。改革明确了学校对人才培养的重视，一方面鼓励不同类型教职工对国家及学校发展做出成果和重大贡献；另一方面也注重对团队贡献的激励，明确规定对于以参与成员身份获得的重大业绩，学校按一定比例同样予以奖励。这条改革措施表明学校重视从整体建设的角度提升教师队伍，不鼓励独树一帜，而是强调和鼓励教师队伍的协同努力和共同贡献。这极大地提高了教学改革和师资建设的效率，促使教师联手共同为学校及国家发展做出贡献。四是统筹社会资源，建立分担机制。学校对利用社会捐资用于业绩奖励或人才引进的院系进行配套奖励，激励院系充分利用社会资源促进自身发展。这种改革有利于摆脱教师仅依赖学校奖励而脱离社会的局面，对于教师来说应充分发挥自身的能力为社会做贡献、为国家发展做贡献，而不应该仅在学校的象牙塔里去研究学术。这种分担机制使得将教师的业绩奖励来源变成学校和院系的两级来源，促使更多的教师走出校园，与社会接轨，使研究更实用，更有惠于社会大众。五是优化管理流程，保障改革成效。学校相关职能部门将成立业绩奖励审核工作小组，对各类奖励方案、奖励申请进行审核，确保程序公开透明。只有业绩评价做到了公正、公开，才能更好地保证业绩评估的公平，才能使教师能够积极主动地潜心学术和教学工作。因此，建立专门负责的审核工作小组对业绩评估各个环节至关重要，这同时也表明学校对教师绩效评价工作的重视。但在实际成立审核小组时要注意审核小组成员的选拔条件，以及明确其职能范围才能更好地使审核小组发挥其应有的效用。总而言之，A大学关于教师绩效奖励的改革涉及较为全面，也比较符合实际改革需求。但还须注意的是，在落实到具体的行动时，要结合现实情况灵活调整改革方案。只有注意到了实施中的细节和问题才能保证绩效奖励评估的有效性，才能使绩效评价更公平、更有利于教师和学校的发展。

（4）教师在评价过程中的作用。

在过往的高校教师绩效评价中，我们可以看出，包括 A 大学在内，中国的高校大多采用以奖惩、经济激励等方式来评价激励教师提升绩效。这种“奖惩式”绩效评价标准和目标着眼于教师过去的教学业绩。诸如“末位淘汰制”等以优胜劣汰的外部方式提高教师水平。在这种评价过程中，教师的角色大多是被动的，以绩效为唯一评价标准容易使教师将主要的理念与精力偏离绩效评价的初衷，使教师更关注绩效评价细则。这种评价方式的主要缺点除了容易使教师更加急功近利而不利于高校教学和科研工作的进步，同时存在忽视教师自身发展的问题。教师评价的本质目的是促进教师的专业发展与提高教学效能。[1] 因此，奖惩制绩效评价所带来的消极影响显而易见。对于学校来说，奖惩制的绩效评价使教师更加注重自己个人的贡献和成果而不利于教师间的团结及合作。由于奖惩制教师评价直接与教师职位的升迁和发展前途相关，因而这种评价体制带来的是教师间的激烈竞争，教师可能会为了尽快晋升和取得更好的绩效评价而减少教学学术交流及分享，对于教学合作也会缺乏从整体教学团队的角度去考虑。对于被评价的教师个人来说，在评价的过程中，实质上是教师的上级对教师进行某方面的评定和鉴定过程，诸如 A 大学在教师评价过程中会单独以学院为单位组成具体的考评小组，教师最终的考核评定由考评小组的老师来决定，在评价过程中缺乏评价者与评价对象之间的交流。因而，很容易出现最终评价过于主观，这样会影响教师的工作热情及工作积极性，同时这种缺乏交流的评价方式也不利于教师看到个人存在的问题。

A 大学作为我国一所重点大学，其在教师绩效评价模式方面与中国大多数高校基本一致。该大学在绩效评价模式中所暴露出的一些弊病和问题，诸如其评价维度的设计、教师在评价过程中的被动作用以及评价结果应用的单一化都具有代表性。相较于国外部分高校教师评

---

[1] 刘尧：“发展性教师评价的理论与模式”，载《教育理论与实践》2001 年第 12 期。

价模式，当下我国高校的教学评价模式依然以奖惩制评价模式为主，忽视教师在评价过程中的作用及忽略教师主体意识的发挥。我国高校在发展性教师评价模式的实践方面还有待于进一步理论探讨和实践探索，该大学为此提供了一些有参考价值的经验。

（二）B 大学教师绩效评价：以人才战略为核心

B 大学是国家“211 工程”和“985 工程”重点建设的教育部直属高校，是国内学科门类齐全的综合性、研究型大学之一。B 大学素有重视优秀人才的传统。该校老校长作为中国近代私立大学的拓荒者和实践者认为：“大学最要者即良教师。”❶ 他通过利用各种机会，为大学物色优秀人才形成了一套“多层次”的人才选聘机制，注重吸收和培养青年教师，通过实行学术休假制等既严格又具有灵活性的教师聘任制度，使具有突出学术成就的教师得到晋升和奖励，辞退不合格的教师，并为教师从事学术研究创造了良好的条件。该大学初创时期所实施的教师聘任和评价制度，成为 B 大学早期发展中非常重要的制度，使 B 大学汇聚了众多知名学者和青年教师，发展成为与当时的国立北京大学、清华大学齐名的著名学府。B 大学一直秉持这种注重人才聘任与评价的传统。截至 2016 年 4 月底，在 B 大学的 1993 名专任教师中，有博士生导师 888 人、硕士生导师 997 人，教授 711 人、副教授 797 人。近年来，B 大学大力实施人才强校战略和国际化战略，全力汇聚海内外高层次人才，逐步建立起了以高端人才为引领、以优秀青年人才引进与培养为支撑的特色人才体系。B 大学拥有一支公能兼备、业务精湛、奋发有为、充满活力的高水平教师队伍，成为学校建设世界一流大学的中坚力量，而科学合理的教师绩效评价制度和机制则是教师队伍质量的根本保证。

1. B 大学教师绩效评价总体状况

人才工作是 B 大学“十二五”规划的重中之重，教师绩效评价作

---

❶ 张伯苓著，崔国良编：《张伯苓教育论著选》，南开大学出版社 1984 年版，第 66 页；转引自郭凯，吴建征：“张伯苓与南开大学师资建设”，载《教育评论》2010 年第 6 期，第 141 ~ 144 页。

为人才工作中的核心。该校领导班子强调对待人才工作要有强烈的责任和忧患意识、机遇和竞争意识、全球和一流意识，同时，也要求不同学院要思考自己独特的延揽人才的措施，让真正干事、出成绩的教师受到激励。早在“十二五”规划中学校就明确了改革评价体系和人事制度的发展目标，指出入职、履职、晋职的评价要体现以德为先、公能兼备的要求，从严把握并逐步提高标准，实行专家与群众相结合的方式，逐步形成比较科学的、多样化的 B 大学特色教工评价体系，试行引入国际化评价。同时，学校积极探索从有期限聘任到长期聘任的“轨道式”教师聘任和短期聘任、兼职聘任以及退休回聘等多种形式互补的聘任制度，增大教工的流动性。评价本着“公平、公正、公开”的原则，以提升学校的学术层次和核心竞争力为出发点，坚持标准公开、程序公开、结果公开，不断强化“开放、竞争、激励”的选拔机制。为了更好地做好绩效评价工作，学校下发了一系列的文件，作为实施教师绩效评价政策的依据。如《关于开展 2013、2014 年度长江学者推荐与申报工作的通知》《关于开展 2014 年国家青年拔尖人才支持计划候选人推荐与申报工作的通知》《关于开展 2014 年国家百千万人才工程人选申报工作的通知》《2014 年度教职工绩效考核工作的通知》《B 大学岗位聘任工作指导性意见》（2014 年 9 月 ~ 2017 年 8 月）。根据这些文件，该校绩效评价工作的重点是要突出绩效考核的激励与导向作用，突出“公能”导向、教学质量导向、科研聚焦导向、国际合作导向；深化改革，“不能一把尺子衡量所有人”，评价体系应多样化，评价周期应更灵活，岗位调整应动态化；重心下移，考核应以学院为主要工作平台，希望学院建立好的工作机制，强化对考核结果的使用。

2. B 大学教师绩效评价分析

（1）评价目标。

B 大学的《大学章程》明确规定要将大学建设成为世界一流大学。绩效评价的目标是服务于大学的人才强校战略目标的。在教师绩效评价中坚持“人才资源是第一资源”的原则，建立“总量控制、按需设岗、公开竞争、坚持标准、严格程序、择优聘任”的专业技术职务晋升评审和聘任制度，不断提高教师的教学科研水平和综合素质，以适应创建世界知名高水平大学的要求。围绕着建设世界一流大学的任务，学校实施人才特区的战略。人才特区以国家重点研究基地（如国家重点实验室、2011 协同创新中心等）为载体，尝试在队伍建设、人员聘用、经费使用等方面给予人才特区一定的特殊政策，赋予其更多的自主权和灵活性，如人才特区负责人可在学校批准的范围内资助确定人才特区的岗位设置、聘用方式（3 +3 考察制）、薪酬待遇、晋升考核办法和经费使用等，助力高层次人才构建高水平创新团队和人才聚集高地，努力营造有利于高层次人才聚集的工作环境和生活环境。强调“代表作”评审制度和“教授会议”评议制度的制度建设以及制度的不断完善。

（2）评价维度。

B 大学教师绩效评价共分为从 A1 到 C3 共 11 个等级，从教育教学、科学研究、社会服务、师德师风、海外交流等方面对教师进行全面的考核。教学方面主要分为讲课基本工作量、指导研究生基本工作量两个方面。其讲课基本工作量又分为本科教学、研究生教学、公共课教师教学等不同教学的基本工作量要求。以 A3、A4 岗位教师绩效评价为例，本科教学要求 2 ~4 学时/周、研究生教学 4 学时/周，公共课教师（体育、政治、英语、素质教育、计算机、汉语教学）8 学时/周；科研方面包括研究项目和经费（文理科）、学术成果两方面要求。A3、A4 岗位人员要求主持省部级项目，且研究经费进入该大学账户。学术成果要求 3 篇以上核心期刊文章（通讯作者或第一作者），其中有一篇以上在 SCI、EI 或 CSSCI 检索期刊上发表，专著可根据实际情况折算；服务主要包括完成本单位、本学校制定的建设和管理与服务工作，如人才引进、指导青年教师、学科建设、学生工作等。A3、A4 岗位人员必须完成岗位目标责任书所制定的内容。在进行综合评分的过程中，要根据教师的具体工作情况，分为教学为主、教学科研平衡、科研为主三种类型，对教师的教学、科研和服务赋予不同的权重（见表 4.4）。该校的教师评价维度可以概括为“兼具全面性和灵活性”。从该校的权重分配表（表 4.4）即可看出该校对于教师平衡性的要求，即教学能力和科研能力均衡发展。这样可以很好地平衡高校教师对自己工作任务重心的把握，这种明确权重分配的做法可以灵活地让教师根据自己的专长和发展方向来调整自己的工作规划。

表 4.4　教师绩效评价中的权重分配（B 大学 A3、A4 岗教师）

	教学为主	教学科研平衡	科研为主
教学	60%	50%	25%
科研	25%	35%	60%
服务	15%	15%	15%
总分	100%	100%	100%

注：本科教学、指导研究生、科研成果在综合评分中原则上不可互换。

在教师科研绩效评价中，重视对中青年教师的选拔和聘用，注重学术梯队建设和培养后备学术骨干。如果申请人在国际顶尖学术刊物（如《Nature》《Science》或同级学科国际顶尖刊物）上以通讯作者或者第一作者发表高水平学术研究论文，经教授会议、学院和学科评审分委会分别审议，并获得三分之二以上同意，学校可结合学科建设和队伍建设需要，考虑给予教师破格晋升。实行“代表作”制度，要求每位申请人提出代表自己学术水平的成果（3 篇论文或 2 篇论文、1 部著作），并就其研究成果的系统性、学术水平和创新点等方面做出具体说明。值得一提的是，B 大学对教师晋升所提出的相关规定要求足以可见该校对教师科研能力的重视。该校规定，任副教授 3 年以上，于所任学科有重要创作或发明者，及在研究机构 2 年以上，著有特殊成绩者，才能晋升教授。讲师晋升副教授有同样的要求，强调需有讲授 3 年以上，著有特殊成绩，或于所任学科有重要学术贡献等资格。[1] B 大学非常重视教学在评价中的地位，学校曾建立 100 个教学带头人岗位，规定连续两年不讲本科课程的，不再聘任其担任教授、

[1] 王文俊:《南开大学校史资料选》，南开大学出版社 1989 年版，第 161 ~ 165 页。

副教授职务。晋升专业技术职务，至少要发表一篇教学论文，[1] 并出台教学带头人与学术带头人、教学成果与科研成果、教研论文与科研论文、教研项目与科研项目、教材与专著“五个同等对待”的政策。[2] 在教师职务晋升中，学校强调要体现育人工作、重视教学质量的导向，对长期从事本科教学工作并作出突出成绩的教师要给予足够的重视。如果申请人经过教授会议、学院和学科评审分委会以及教务处审议认定，超额完成教学任务，在教育教学工作中成绩特别突出，取得标志性成果，可以在晋升高一级职称中申请适当放宽科研业务条件。具体来讲，申请者达到以下两方面要求的，在职务晋升中可适当放宽对其科研业务条件的限制。首先，申请者应达到以下基本要求：①任现职以来无教学事故；②任现职以来超额完成学校规定的本科教学工作量 272 学时/学年（不得用科研工作量或者研究生教学工作量代替）；③近三年在核心刊物（CSSCI）上发表 1 篇及 1 篇以上教育教学论文。其次，申请者还应在任现职以来符合以下条件中的两项：①担任校级及校级以上精品课程负责人；②担任校级及校级以上教学改革项目负责人；③指导本科生创新项目并获得校级一等奖及一等奖以上奖励；④指导本科生数学建模、电子设计、挑战杯（科技竞赛）等竞赛并获得省部级及省部级以上奖励；⑤获得校级教学成果一等奖及一等奖以上奖励；⑥担任校级及校级以上“质量工程”其他项目主要负责人。通过这些教师绩效评价政策，使那些醉心于教学的教师能够获得应有的奖励和认可，激发了教师致力于教学工作的热情，成为教学质量提升的根本保证。为了与学校建设世界一流大学的发展目标相切合，B 大学在教师绩效评价中还实施了以人才战略为核心的“人才特区”政策，为优秀人才的引进和发展提供了良好的制度保障。2012 年 11 月，B 大学实施《百名高端人才支持计划》《百名青年学科带头

---

[1] 李新玲、薄晓岭：“南开大学：两年不教本科不再聘为教授”，载 http：//www.edu.cn/gao_ jiao_ news_ 367/20060323/t20060323_ 147182.shtml，访问时间：2015 年 12 月 2 日。

[2] 饶子和：“科学定位注重质量突出南开大学精神和办学特色”，载《国家教育行政学院学报》2009 年第 3 期，第 3 ~ 9 页。

人培养计划》《教师国际化支持计划》《人才引进工作暂行办法》《聘用制人员管理暂行办法》5个文件，即“三个计划、两个支撑”文件，旨在实施人才强校战略，营造有利于高端人才聚集的制度环境，充分激发高端人才的学术创新能力。根据该校《百名高端人才支持计划》，设置百名高端人才岗位，设置“讲习教授”岗位20个、“杰出教授”岗位30个、“英才教授”岗位50个。在每一个高端人才的引进背后，都有学校类似政策的支持。这一政策在人才遴选、聘用、薪酬、培养、激励等方面的创新，不仅为B大学吸引了大量高水平人才，也激发了教师的创新力，促进了B大学教学和科研的发展。截至2014年1月，B大学共有20余人通过“人才特区”获得聘用，其中2人入选国家青年千人计划，1人入选天津市千人计划长期项目，4人入选天津市千人计划，1人入选国家特支计划青年拔尖人才，1人获得国家自然科学基金委优秀青年基金资助，数人已在国际顶级刊物发表论文。

香港科技大学丁学良教授曾说：“在西方研究型大学里，什么东西都可以失去，但是不能失去一流的教授。”[1] 2013年11月，一位年近30岁的教师成为该校最年轻的博导，成为轰动一时的新闻。他和另外39位年轻学者正式受聘，首批入选“B大学百名青年学科带头人培养计划”。入选青年学者获得一系列综合配套支持，可不参加学校年度考核而是用相对宽松的长周期考核模式。为了吸引和留住优秀人才，并让优秀人才在这所大学中有所作为，该校围绕人才战略，在对教师教学、科研和服务等方面的评价中，突出重点，改革教师绩效评价方式和途径，以创新性的政策引导教师绩效评价，结合学校发展目标，实行具有灵活性的教师绩效评价政策，为提高教师水平、保证教学和科研的质量，提供了有力的制度保证。

（3）评价结果的应用。

教师绩效评价的结果，一方面应用于教师聘任与晋升，为教师聘任与晋升提供依据。根据B大学《百名高端人才支持计划》和《百名青年学科带头人培养计划》两个计划聘任教师均非终身制，与《B

[1] 丁学良：“什么是世界一流大学”，载《高等教育研究》2001年第3期，第7页。

大学聘用制人员管理暂行办法》相呼应，强调“能进能出”，对所聘任的教师进行严格评价，在评价中不合格的教师降级聘用或者退出培养计划。《大学聘用制人员管理暂行办法》还通过实施“非升即走”的办法，体现竞争意识，实行“2+4”的合同管理。规定首聘期为两年，两年期满，历年考核合格可续聘四年，六年期满且历年考核合格可考虑续签长期合同，未能晋升副高级专业技术职务则不能签长期合同。而对于那些在考核期内做出突出贡献的教师，则可以直接与教师签订长期聘用合同。通过灵活的教师绩效评价聘用与晋升制度，使教师绩效评价能够真正服务于学校总体发展目标，服务于学校人才发展战略。

另一方面将教师绩效评价结果应用于教师发展。通过绩效评价，发现教师自身的优势和所存在的问题，进行合理的职业生涯规划。为了提高教师队伍的水平，2003 年该大学成立 B 大学人才开发培训中心，专门负责教师培训工作。在此中心的基础上，2012 年，学校成立了由校长直接主管、分管研究生培养与本科教学工作的副校长协管的 B 大学教师发展中心，整合了学校教师培训机构和职能，作为服务教师发展的实体机构，开展教师培训工作，主要负责承担统筹规划、设计和组织教职工培训的工作，为教师的发展提供资源和咨询，组织校内外专家开展教师发展的相关研究等工作。教师发展中心提供各种培训和教学研讨活动，如新教工岗前培训、博士助教培训、研究生导师培训、课程工作坊、教学研讨午餐会、博雅沙龙、学者沙龙等。此外，中心还为教师提供职业生涯发展规划咨询、教学咨询以及各种教学资源，旨在提高教师的教学水平和教学研究水平。

（4）教师在评价过程中的作用。

B 大学具有注重教师参与学校各项事务的传统。B 大学创立之初，该校的老校长曾根据大学的实际情况，制定了一套“多层次”的人才选聘机制，规定大学主任“商同校长延聘教员”，各科主任“推荐该科教员”，各科系主任“推荐该系教员”。[1] 这种选聘机制主要源自老校长对与教师之间交流及互动的重视。他认为“吸引教师之原始磁

---

[1] 郭凯：“张伯苓与南开大学师资建设”，载《教育评论》2010 年第 6 期，第 141 ~144 页。

力，在于学术趣味相同及彼此互相倾慕，强调要请同行专家举荐人才”。[1] 由此可以看出，不论是选聘还是晋升，B 大学将教师放到评价过程中的主动位置，这样有助于教师之间形成良好的合作及交流气氛，而且有助于评价过程中的公平性，但同时“多层次”选聘机制虽然保证了师资来源，使该校容易选聘到适合的教师，但依然存在一些问题需要相关配套的规定来保证推荐过程的公平。秉持 B 大学的优良传统，该校不断改革教师评价制度，在评价与聘任制度的改革过程中，都有教师的参与。目前，在 B 大学教师晋升过程中，非常重视教师在评价过程中的作用，在教师晋升过程中实行同行评议的制度。具体做法是，经学科教师职务评审分委员会评审推荐的教师系列晋升高级职务候选人，其代表作由人事处统一组织同行专家匿名评审。教师系列晋升正高级职务必须由 5 名校外同行专家进行评审，申请晋升副高级职务必须由 3 名校外同行专家进行评审。

B 大学以建设世界一流大学为目标，围绕这一目标，学校形成了以人才战略为核心的教师绩效评价制度，在教师绩效评价过程中注重教师的参与，合理应用评价结果。同时，为了适应人才战略，在教师绩效评价过程中不断创新，采取灵活多样的聘任方法和途径，学校积极探索从有限期聘任到长期聘任的“轨道式”教师聘任和短期聘任、兼职聘任以及退休回聘等多种聘任制度。通过教师教学评价目标、原则、方式和途径的不断改革，学校吸纳了大量优秀拔尖人才，也为有才华的年轻教师营造了能够不断发展的空间，使年轻教师能够踏踏实实地从事学术研究工作，取得了突出的学术成果。

（三）C 大学教师绩效评价：改革与创新

C 大学始创于 1905 年，是国家“211 工程”和“985 工程”重点建设的教育部直属高校。目前已经发展成为一所拥有哲学、经济学、法学、教育学、文学、历史学、理学、工学、医学、管理学、艺术学等 11 个学科门类的综合性、研究型大学。学校有 17 个学科领域进入

---

[1] 梁吉生：《允公允能，日新月异：南开大学校长张伯苓》，山东教育出版社 2003 年版，第 238～239 页。

ESI 前百分之一，其中，化学、材料科学、临床医学进入全球千分之一。学校有中国科学院、中国工程院院士 40 人，中央“千人计划”118 人，教育部“长江学者”121 人，“国家重点基础研究发展计划（含重大科学研究计划）”项目首席科学家 34 人，“国家杰青”97 人，文科杰出教授 2 人，文科资深教授 11 人。截至 2016 年 3 月，C 大学现有全职在编专任教师 2589 人、专职科研人员 300 人，其中具有高级专业技术职务人员 2179 人，获博士学位人员 2319 人，有海外学习经历人员 815 人。

1. C 大学教师绩效评价总体状况

C 大学《“十二五”发展规划纲要》明确指出，大学要着力加强高水平师资队伍建设，实施人才发展战略，深化人事制度改革，不断优化师资结构，以实现高层次人才总量的稳步增加。同时，加强优秀青年人才的引进和培养，实施“新进校青年教师事业发展起步支持计划”“青年教师出国培养计划”和“卓越人才发展计划”。提出通过完善学术评估和人事管理制度，建设高素质教师队伍。具体来讲，要根据学科发展和院校发展需求，推进薪酬体系改革，完善岗位聘任制，实现人员合理配置。在严格和规范聘用聘任程序的前提下，建立包括优秀人才代表作评审机制、晋升申请次数有限原则、聘后考核制度等在内的教师高级职务聘任和晋升制度，实施讲师（助理研究员）六年学术评估机制，促进教师队伍合理流动。大学通过具有创新性的教师绩效评价制度的改革和创新，实现人才强校的战略，引进并培养了一批具有世界一流水平的科学家和具有发展潜力的中青年教学骨干。

2. 大学教师绩效评价分析

（1）评价目标。

早在 1993 年 2 月，大学就提出了“追求优质，争创一流，明确 C 大学作为高校国家队的坐标位置”的发展大计，并逐步确立“建设世界一流大学”的总体奋斗目标。为实现创建世界一流大学的宏伟目标，C 大学在教师绩效评价方面也不断创新，通过制度保障和各种政策支持，提高教师队伍的水平，提升大学的总体办学质量。2012 年 9 月 C 大学发布的《教师高级职务聘任实施办法（实行）》提出，根据建设世界一流大学师资队伍战略目标，建立“总量控制、按需设岗、公开招聘、科学评价、择优聘用、合同管理、岗位考核、合格续聘”的教师高级职务晋升制度，使教师绩效评价的目标与大学发展战略相协调，旨在建设世界一流的教师队伍。

（2）评价维度。

C 大学从教学、科研和服务等几个方面对教师绩效进行评价，设置教学科研型、教学为主型和科研为主型三类教师岗位。要求院系结合学校建设世界一流大学师资队伍战略目标，根据本学科特点，围绕学术贡献、学术影响和学术活力等方面建立学术评价体系，并充分考虑教书育人、成果应用与转化、社会服务等多方面业绩，制定综合的评价标准。在教师绩效评价中对教师科研工作的评估中，为了解决科研工作质与量之间的矛盾，改变以往单纯以数量衡量教师科研水平的做法，2011 年，C 大学开始在文科院系进行教师绩效聘任方面的改革，试点“代表作”评价机制，并在 2012 年重点推出了新的《教师高级职务聘任实施办法》，在全校推行“代表性成果”评价机制。从 2012 年起，在高级职称评审中实行代表性成果制度，以扭转过于重视量化指标的倾向。以计算机科学技术学院高级职务晋升为例，在科研方面，该学院在高级职务晋升标准中不再设立包括论文数及科研经费等数量方面的标准，要求申请人在提交近年所有科研成果的同时，挑选 3～5 项能代表自己学术水平的成果。代表性成果可包括高质量论文、重大科研项目、教书育人、成果应用与转化、社会服务等多方面的业绩。学校建立校外专家库，对申请人的代表性成果进行同行评议。[1] 通过实施代表作的评价方式，改变了长期以来过分注重科研数量评价的问题，对教师提高科研质量和水平具有导向作用。虽然代表作制也存在一些诸如如何进行科学合理的同行评价等问题，但 C 大学在教师绩效评价中的创新性做法，无疑对改革如何科学合理地评价教师科研绩效提供了有益的思路。

---

[1] 王晓阳：“科研评估——复旦大学代表性成果制度初探”，载《计算机教育》2013 年第 20 期，第 68～69 页。

在对教师进行绩效评价时，教学总是屈居第二，成为很多研究型大学教师心中的“结”。为了扭转这一局面，C 大学已经尝试进行这方面的改革。根据 2012 年学校推出的“代表性成果”评价机制，教学业绩突出的教师也有机会晋升高一级职称。2015 年，生命科学学院获得第二届全国高校青年教师教学竞赛理科组一等奖的一名“80 后”青年教师，由于突出的教学能力和业绩，被评为副教授。大学在职称评定过程中引入“代表性教学成果”的评级机制，目的在于鼓励青年教师在科研和教学上并重。大学还进一步调整了教学和科研在绩效工资中的比例：2013 年开始实施的绩效工资之中，教学绩效占三分之二比重，科研绩效占三分之一比重，此外还对教学质量进行考核。2014 年年底，教学数量和质量的比例为 6:4，教学质量在绩效评价中的比例明显提高。为了强调教学的重要地位，C 大学在特聘教授（研究员）的岗位职责中明确规定，要教书育人，要结合本学科和学科前沿领域的进展，（本科教学院系教师）讲授两门左右本科生基础课、专业基础课或（研究机构教师）讲授两门左右本科生和研究生的基础课、专业基础课，领导本学科和学科群领域内课程内容改革和教材建设。力求采用国际方法培养优秀人才。该校 80% 的教授都教授本科生课程，生命科学学院设立了三个特聘首席教师岗位，由三个首席教师各带领一个教学团队，进行教学创新和改革。[1] 为了鼓励教师积极参与本科生教学和提高教师的教学水平，2012 年秋季学期，大学成立了教师教学发展中心，该中心成为 30 所国家教师教学发展示范中心之一。旨在提升教学能力和教育质量、鼓励教学改革实践、培育研究型创新型教学模式、发展大学教学学术、构建教师学习共同体。为了更好地推进教师发展工作的常态化和制度化，C 大学还成立了教师教学发展委员会，作为一个专家机构，承担对教师教学发展中心各项工作和相关政策措施的咨询、规划和审议的职责。

---

[1] 杨育才：“课上得好也能评教授”，载 http://news.sina.com.cn/c/2015-01-30/022931460068.shtml，访问时间：2016 年 9 月 1 日。

（3）评价结果的应用。

教师绩效评价结果一方面应用于教师的聘任和晋升，另一方面应用于教师的发展。C大学深化“按需设岗、平等竞争、择优聘任、严格考核、合同管理”原则，完善“能上能下、能进能出”的分配机制，鼓励创新人才脱颖而出，实行发展导向的人力资源管理。为此，该大学每6年集中组织一次全校特聘教授（研究员）岗位与校聘关键岗位聘任。在第3年的年底实施中期考核，根据考核结果，对校聘岗位聘任晋升进行调整。在这类全校特聘教授（研究员）岗位与校聘关键岗位聘任中，教师绩效评价的结果将直接影响教师的岗位聘任和晋升。教师也可以根据绩效评价结果，结合该大学教师发展中心所提供的各种论坛、研讨班、课程和教学资源，发现自身教学中存在的问题，提高教学水平。

（4）教师在评价过程中的作用。

大学重视教师在教师绩效评价中的作用，保证在评价过程中有教师的积极参与。在高级职称的聘任程序中，规定学校成立人文、社科、理学、工程技术和医学等5个学术评议专家组，以及“教学为主性岗位”教学能力评议组，各由9名专家组成，对各单位推荐的人选进行学术终审。规定院系教授大会，由教授（研究院、正高级讲师）组成，人数一般在9人以上，负责制定学术评价标准以及岗位设置和资格提名等。为了保证同行评议制度的顺利进行，学校还建立校外评审专家库，邀请与申请人研究方向相同或相近的专家进行同行评议。从院系到学校层级的学术委员会和评审委员会都要求实施同行评价制度，要求教师参与其中。在C大学每6年一度的全校特聘教授（研究员）岗位与校聘关键岗位聘任的评议中，重视同行专家的评议，成立校聘岗位聘任同行专家独立评审组，分为人文社会科学、理学工程技术、医学三个大类学科组，各由11位权威专家学者组成，其中约半数自校外聘请，以确保岗位聘任“公正性、独立性、权威性”，并在专家评审中严格实施回避制度。在实施“代表性成果评价机制”中，坚持“小同行”评审。强调对外审同行专家精心挑选、严格保密，适时调整、维护、更新评审专家库，确保校外专家能够客观、有效、权威地对每一个候选人进行学术评价。

从以上分析可以看出，三所研究型大学类似，都采用了同行评价的做法，这意味着这三所学校都比较重视教师在评价过程中的地位和作用。由于同行评价制度出自于与被评价者同级的教师，因而这些评审教师更了解学术所处的水平与相关要求，在评审过程中会更加具有专业性和权威性，同时该制度也有利于评审教师独立性和自主性的发挥，有利于提高评价效率和水平。让教师参与到评价过程中也可以对评价中的相关规定提出可行性的修正办法，以进一步完善评价中的相关规定和措施。

C 大学在教师师资队伍建设方面极为重视，并不断地为打造一流的师资力量进行创新和努力。该校为更好地吸引和留住人才，创造性地提出了“代表性成果评价机制”，一改传统上以“量化教师教学成果”为衡量标准的评价机制而形成了更注重对教师的成果质量进行准确评价，这种评价机制不仅可以更加公平地测量教师的教学成果，同时也为教师能够潜心于教学和学术研究提供了制度保障。在我国现阶段的高校教师绩效评价机制中，还主要以量化评价机制为主，C 大学的“代表性成果评价机制”作为一种创新，值得更好地去研究以探索是否更适合于我国高校的教师评价机制。

（四）案例研究总结

综合以上三所高校在教师绩效评价中的做法和表现，我们发现，这三所高校基本可以体现出中国研究型大学在教师绩效评价中的特点。

从评价目标上看，三所高校的教师绩效的总体评价目标都是根据本校的发展战略规划目标，着眼于提升本校的整体师资力量及教学科研水平进行设立的，而具体到每所高校又呈现出不同的目标侧重，比如 B 大学坚持“人才资源是第一资源”的原则，因此其评价目标侧重于通过教师评价来提升教师的整体素质和师资水平，通过竞聘和评价来挖掘人才并进行一系列鼓励措施以激励教师成长。A 大学注重学校办学质量及教师师德的培养，因此必然提出以促进整体办学质量和效益的评价目标。C 大学更加注重改革与创新，通过不断创新适合该校的教师评价体系来逐步提升教师的整体水平，因此也提出了诸如“代表性成果评价机制”等创新性做法。

从教师绩效的评价维度上看，由于三所高校都分别设置了三种教师岗位，包括教学岗位、科研岗位以及教学科研岗位，因而这些高校都将教学、科研作为评价体系中的主要考评元素，并进行具体的维度细化。此外，A 大学为达到其提升教师师德的目标而将师德评价明确纳入了评价体系中。但在实际具体的评价做法中却有所不同。A 大学和 B 大学主要以传统的“量化教师成果”的评价方式来进行绩效评价，而 C 大学提出了创新性的以质取胜的“代表性成果评价机制”。具体来看，A 大学相较于其他两所大学更注重教师的全面发展，在评价维度细则中分别明确规定了关于教学成果和科研成果的计算规则，对教师的具体成果也进行了相应的赋值分配，使教师可以一目了然地明确自己在哪一方面应进一步提升。B 大学将教师评价的维度宏观上分为三类，即教学、科研、服务，进而在根据三种教师岗位的不同职责来具体针对以上维度进行权重细分，相较于 A 大学的教师评价模式，B 大学通过权重赋值的方式使其评价体系更加灵活，虽然每类岗位的教师都需要在教学、科研、服务上做出相应的贡献，但却更为灵活地根据不同类型的岗位而进行分值上的调整，这样不仅能使评价更适合教师本身价值的发挥，且对被评价者更为公平，更有利于提高教师工作的积极性。C 大学在教师评价中提出了具有特色的“代表性成果评价机制”做法，改变了单纯以数量衡量教师科研水平的做法，而以能够代表教师成果的作品来进行综合评价，因而，该评价模式不仅可以解决科研工作质与量之间的矛盾，而且有助于使教师更好地做好学术、潜心进行科研创作以提升自身的绩效水平。同时，那些教学效果显著的教师的优秀教学工作，也能够得到认可。

从评价结果的应用方面，绩效评价在三所学校的应用范围大致相同，均作为教师在晋升、聘任、待遇奖励等方面的评判依据。值得注意的是，这些高校在评价结果的应用方面都更兼顾公平与择优录取。公平是教师评价得以良性进行的基础，而绩效成绩由于直接与教师薪资和利益挂钩，可以直接激励教师努力提升其自身能力和业务水平。我们明显可以通过 A 大学《业绩奖励综合改革办法（试行）》中的相关规定来看出 A 大学不搞平均主义，决心通过教师绩效来提升学校的整体师资队伍水平。另外，对教师来说，评价结果应该被应用到如何提升自身水平和建立后续发展规划中作为参考进行考量。在如今的中国高校中，由于多数采取“量化”的方式来评价教师绩效水平，不少教师容易对绩效评价产生消极的抵触情绪而忽视了其隐含的重要作用。教师评价后的结果不应只作为一个数字或者奖励的依据而展现给被评价者，而应使其成为教师自身现状评估以及发展规划的依据，这样评价结果才会更有延续性价值，同时可以减少教师的抵触情绪。因此，各高校在进行同行评议或其他绩效评价时需注意在量化打分的同时进一步写清楚意见和建议，以帮助教师做进一步自我提升。

从教师在评价过程中的作用上看，以上述三所高校为例，都比较注重教师在评价过程中的作用。三所高校都采取了同行评价制度，教师可以参与其中，这在教师参与评价机制的改革以及保证评价公平实施等方面起到了重要作用。然而综合这三所高校来看，教师在评价过程中的作用还很有限，在当下的评价机制中，教师的自主性还无法得到充分的发挥。高校应将教师评价机制的着眼点不仅仅停留于评价而是改进，评价的目的更加聚焦于教师未来的发展上，评价过程更关注于教师是否有实质性的改变等。在给予教师高度自由和自主权的同时也意味着监督团队的及时跟进与规定的严谨制定，甚至在公平和自由的权衡方面等问题，值得我们进一步去研究。

综上所述，上述所选取的三所著名研究型大学的教师绩效评价案例表明，这三所高校的评价体系虽各有特点却具有共性，可以在一定程度上反映当下中国研究型大学在教师绩效评价中的主要特点和问题，在我国的高校教师评价体系建设方面要通过不断探索和尝试，以不断改进我国的教师绩效评价体制。

二、美国研究型大学教师绩效评价案例

在美国，无论是公立研究型大学还是私立研究型大学，其财政资

金来源一般包括以下几个方面：学生的学费、联邦政府或州政府拨款、政府研究机构资助、私立基金会资助和私人捐赠等。公立研究型大学的绝大部分运行资金来自州政府，因此要直接向州政府或者指定的政府机构负责。为了回应来自社会各方的对财政拨款和资助进行问责的呼声，各种问责机制不断得以建立和完善，促使研究型大学不断完善各种内部评价制度。美国研究型大学作为美国高等教育金字塔的顶尖院校，在教师薪酬、自治和学术声望上都远远超出其他类院校的水平。这些院校的教师一般来说都具有本学科领域的最高学位，都希望获得终身教职，对自己的学术职业生涯也会有较高的期望。为了促进教师的职业发展，保证大学的教育质量，研究型大学都会实施教师绩效评价制度。[1] 具体来说，这些研究型大学是如何评价教师工作的？这些评价对教师工作产生哪些潜在的影响？又对大学管理政策的制定有哪些启示？这一部分将以莱斯大学的个案为基础，对美国研究型大学的教师绩效评价制度进行分析。

莱斯大学（Rice University）位于美国南方宁静的德克萨斯州休斯敦市郊，为全美顶尖私立大学、美国南方最高学府，是一所世界著名的研究型大学。在最新的 2015～2016 年《美国新闻与世界报告》中排名为第 18 名。该校作为美国的一所研究型大学，其教师评价体系比较完善，同时也具有鲜明的特色。

（一）莱斯大学教师绩效评价总体状况

莱斯大学现有教师 820 名，包括 667 名全职教师和 153 名兼职教师，以及大量无薪兼职教师（unpaid adjunct faculty）共同形成了多样化的教师队伍。[2] 总体来说，该校的教师职位主要有三种类型：有教授职称系列的全职终身教职或终身教职轨职位（professorial ranks are tenured or tenure track and usually full－time）、非教授职称系列的非终

---

[1] Patricia Hardré & Michelle Cox（2009）. *Evaluating faculty work: expectations and standards of faculty performance in research universities.* Research Papers in Education, Vol. 24, No. 4, December, pp. 383－419.

[2] Rice University. *V. Faculty Appointments in Faculty Handbook.* Retrieved from: http://fachandbook.rice.edu/Faculty_Appointments/. 2016－06－20.

身教职各种其他聘任制职位（nonprofessorial ranks are untenured and include a diverse array of positions），以及研究系列职称的非终身教职的任期聘任职位（research ranks are untenured term appointments）。具体情况如下。[1]

1. 教授系列

教授职称主要包括助理教授、副教授和教授三个等级。助理教授（assistant professor）一般要求教师拥有博士学位或在创新或学术上取得同等成就。首次受聘的助理教授职位任期四年，莱斯大学会在第三年评价所有助理教授，如果评价结果良好，莱斯大学会续聘这些助理教授第二个四年任期。虽然教师在受聘的两个四年聘任期内的任何时段都可以申请晋升和终身教授评审，但晋升和终身教授评审最后期限不得晚于非终身聘任的助理教授工作的第七年。该规则保证了那些未被授予终身职位的候选人能够有一年的时间寻找其他职位。唯一一种可以延迟终身教授评审的情况是因个人原因请假。例如，休产假的教师可延迟一年。每位候选人仅能因产假延迟两次申请终身教职的时间。若候选人未按规定在莱斯大学第一年的 11 月 1 日前获得博士学位，其职位将被调整为代理助理教授（acting assistant professor），并每年重新聘任。晋升至副教授（associate professor）的教师将有资格被授予终身职位。但部分人员可以在进入莱斯大学工作时就被首次聘任为非终身聘任的副教授，但该职位聘任期每次不能超过三年，且该教师必须在七年或更短的时间内晋升终身教授职位。晋升正教授和晋升副教授相衔接。在莱斯大学继续工作不需要晋升至正教授，晋升过程本身也不应被视为自动的过程。晋升至教授一般保持终身聘任制，但是根据莱斯大学相关政策也聘任任期为三年的非终身教授职位的首次聘任，这类非终身教授职位的全职正教授也必须在七年或者更短的时间内获得终身聘任制。关于兼职职位，莱斯大学教授系列的兼职职

[1] Rice University. *Rice University Policy* 201 *Faculty Appointments*, *Promotions*, *and Tenure*. Retrieved from: http: //professor. rice. edu/uploadedFiles/Professor/Independent _ Pages/Policies/Policy_ 201. pdf. 2016 - 07 - 20.

位很少，通常涉及与其他学院的联合聘任（joint appointments）。首次聘任必须在校长的官方聘任信中明确。在未限定该工作时长的前提下，可以续聘。对于荣誉/退休职位和补充职位的聘任，莱斯大学也有明确规定。当教师从莱斯大学退休时，可被授予荣誉教授。这是一个荣誉上的职位，旨在向那些对莱斯大学及学院做出杰出贡献的教师致意。学校不为获得荣誉教授职位的教师提供秘书、办公空间和实验室空间。在有些情况下，经董事会同意，大学会返聘荣誉/退休教师做兼职，或者定期聘任兼职教授授课、开展研究或从事行政工作。如无补充职位，荣誉/退休教师不属于大学雇员，不能获得联邦资金或合同。在补充职位聘期内会保留教师的荣誉/退休职位。

2. 非教授系列

非教授系列包括兼职职位、管理职位、导师（instructor）、代理助理教授、讲师（lecturer）、特殊职位、访学职位、兼职职位、实践教授等。兼职职位一般属于非教授系列。如果一位兼职教师获得了长期聘任职位，其兼职工作时长不会被包含在终身教职聘任任期内。莱斯大学会经常性委任学校内教职员工担任行政管理职位，如系主任或主席。尽管该教师在职称层面保留终身聘任权利，但在行政管理职位上不享有终身聘任。导师为非终身聘任制职位，初次聘任任期最长为2年，最长可以将任期延长至8年。导师职位不具备受聘其他职位的资格。在自然科学和工程学院有数个名义导师职位。这些职位是一年或两年非终身聘任制职位，相当于博士后研究人员职位，但需要参与教学工作。代理助理教授是非长期聘任制教师，该类教师在之前被任命为四年任期的助理教授，但未按要求在任期第一年11月1日前获得博士学位。该职位任期一年，且可被续聘。如果代理教授助理在一年聘期满后被续聘为同一职位，其代理教授助理任期将不被计入莱斯大学关于非终身聘任制为期八年的工作限制。代理助理教授的任期将被计入公休假。讲师是非终身聘任制教师，是没有研究和服务义务的讲课教师。讲师首次聘任为两年或可增加至三年。莱斯大学有时会为了实现特殊的目标设置发挥不同职能的职位，包括住院艺术家（artist in residence）、住院作曲家（composer in residence）、评论家（critic）或临床教师（clinical faculty）。这些职位一般和讲师类似，但在教职员工大会上没有投票权。访学职位有时会扩展至其他院校的教职员工。这些非终身聘任制职位的职称和其母校的职称相仿。合同条款因人而异，但在莱斯大学任职期满后，需提供母校的返聘证明。兼职教授通常属于其他院校，其学术或其研究方向对莱斯大学的项目和利益起到补充作用。所有兼职教授职位首聘任期为两年或可增加至三年。该职位不享有终身聘任制或酬劳，且不具有在教职员工大会上投票的权利。实践教授设计初衷是将在那些专业领域有广泛经验的非学术人员引入校园进行授课，目标是向学生提供终身聘任制教师所无法提供的特殊的教育体验。

3. 研究系列

莱斯大学提供了研究系列职称，该职称系列与教授系列职称相对应。因此，研究员、高级研究员和资深研究员的职位与终身聘任职位的助理教授、副教授和正教授职称相对应。莱斯大学关于“研究系列”的政策对研究员的职称聘任条件和任职步骤进行了详细说明。这些研究员职称和教授职称最大的区别为：（1）研究员职称没有终身聘任制；（2）研究员职称完全由外部研究资金资助；（3）研究员职称无须承担教学任务。研究人员可以参加教职员工大会且拥有投票权，投票权范围包含除终身聘任和本科生事务外的所有事项。莱斯大学通常为研究员职称设置任期为 3 ~ 5 年。研究员必须在聘任的第六年被考虑晋升为高级职称研究员。一年任期满后会伴随着令人不快的考核评价。所有的职位续聘都要在仍有外部研究资金资助的前提下进行。

4. 讲座教授

终身教授和终身聘任制教师在有些情况下会根据过去的表现以及未来的预期表现被授予额外的荣誉职位。根据莱斯大学相关政策，这些讲座教授是“由校长同相应学院院长商议表彰授予或取消头衔的教师”。根据这个政策，相应院长应任命一个荣誉头衔委员会，该委员会由拥有荣誉头衔的终身聘任制教师遴选而产生，委员会会协助院长决定推荐谁担任讲座教授。讲座教授可以由校长决定取消其头衔，如果讲座教授被认定为“他/她的表现与他/她的层次不匹配”，其头衔将被取消。但根据学校政策，并未将裁决权完全交由校长，政策规定需要相关院长组建荣誉头衔委员会评估该讲座教授，如“不匹配”现象出现，政策要求“委员会对相关讲座教授提出建议，以便其在合理的时期内消除不足表现”。

（二）莱斯大学教师绩效评价分析

1. 评价目标

莱斯大学作为美国一所著名的研究型大学的突出特点是，在致力于研究创新的同时，非常注重本科生教育，通过卓越的教学，实现培养大学服务社会的使命。莱斯大学的首要目标是为本校学生提供最好的教育。因此，在教师绩效评价中，也将教学作为教师绩效评价的重要方面。在教授系列的教师绩效评价中，明确将教师教学和指导学生作为评价的重要方面，使教师绩效评价的目标服务于大学的总体发展目标。

2. 评价维度

莱斯大学每年都会定期进行教师绩效评价，并以此来调整教师的薪资等福利待遇以及对教师的职位晋升进行调整。根据莱斯大学关于教师职位的相关规定，终身教职轨系列的教师（tenure - track faculty ranks）的职责主要有：[1]（1）进行科研或一些创造性的工作；（2）教学及指导学生；（3）进行校园服务，主要包括服务学校委员会的相关工作以及其他职责工作。但对于非终身制教职系列的教师来说，很少会同时涉及以上三个领域的工作职责。因此，莱斯大学提出相应的教师绩效评价维度，包括学术研究、教学、学校服务等评价维度。莱斯大学将教师的学术成就方面的评价放到首位。对于学术成就的衡量，莱斯大学采用双重评估标准，即来自学校外部的相关同行专家的评审以及来自学校内部相关教师的共同评议。同时，由于本科生及研究生的生源质量对大学的声誉有很大影响，因此莱斯大学对于教师教学方面的评估也极为重视。对于服务维度，主要评估教师对所在系及学校中的活动参与程度、学校外的一些社区拓展项目以及国际性专业组织所举办的一些活动。

---

[1] Rice University. *Rice University Policy No.* 201 *Faculty appointments*, *promotions*, *and tenure*. Retrieved from: http://professor.rice.edu/uploadedFiles/Professor/Independent_ Pages/Policies/Policy_ 201.pdf. 2016 - 07 - 20.

在评价过程方面，莱斯大学的评价流程和制度会根据教授级别的不同采取不同的评价流程。对于非终身教职的助理教授，在其初次任职的四年中，会经历至少两次由系主任主持的评价，一次在第四学期，一次在第六学期初。两项评估都有专门人员进行，有专门的评审程序，在考核中一旦发现某教师有问题，系主任会及时通知到该位教师。[1] 其他无论是全职还是兼职的非终身教职教师，还要接受每年例行一次的年度评价，在评价中采用学生对教师的评价。

而终身教职的教师，会在其初次任职的第六个学期经历全面综合考察，包括研究、教学以及服务三个方面。在评估过程中，尤其考虑和注重口头评价以及教学评价方面。然后将延长合同期或者不再续聘的报告提交给院长和教务长。由于评价过程较短，尽管在绩效评价中基于教师的事实证据性的评判依据少于在评估其是否被授予终身教职的证据，但其仍然与后者的评价原则和标准一致，即教师在工作中的质量和影响力以及是否教师一直朝着终身教授职位方向去努力。当然，如果教师对评价结果产生怀疑，可以提出申诉，有专门的教师评议会的申诉委员会（Grievances Committee of the Faculty Senate）会进行处理。除了这些直接关系到教师薪资待遇的评价，那些终身教职的副教授还要接受系主任每三年一次的评价，对全职终身教授会每隔五年进行一次考核。

3. 评价结果的应用

莱斯大学通过每年例行的教师绩效评价，将评价结果作为教师续任、晋升以及其他薪酬福利待遇的依据。

（1）教师绩效评价应用于教师续任方面。

根据莱斯大学对教师继续留任的规定，明确说明到了第六学期，系主任需要对非终身制教师写相关评估报告（并要抄送给院长和教务长），并以此作为该为教师是否继续留任还是辞退的部分依据，该部门也会考虑是否继续保留教师第二个四年任期资格。

---

[1] Rice University. *Guidelines for Faculty Appointments, Promotion, Tenure and Renewal of Contracts*. Retrieved from: http://www.professor.rice.edu/professor/Guidelines_for_Faculty_appointments.asp? SnID = 201626453. 2016 - 07 - 20.

（2）教师绩效评价应用于教师晋升方面。

由于莱斯大学的教师岗位分为终身制与非终身制，因此教师绩效评价对于这两种类型的岗位晋升也有不同作用。终身制的教师通常需要教师评价以晋升到更高级别的职位，而非终身制的教师则主要需要教师评价来使其获得终身制资格。

对终身制的副教授来说，在其被晋升为终身教授前，其所在的学院部门会准备一份人事档案，里面包含该名教师有关教学、研究和服务方面的记录，并由其所在部门的所有终身制教授来评价该名教师的档案记录。如果经由本院终身制教授认为该名教师值得晋升，则系主任（department chair）将向院长（dean）来推举该名教师，进而再由院长（dean）来对该名教师的绩效档案进行评价。最终，如果院长认为该名教师应该得到晋升，那么院长会写好推荐信以及将评估档案一并发给学校的晋升与终身教授评审委员会（Promotion and Tenure Committee)；倘若院长认为该名教师没有资格晋升，他会迅速报告给学校晋升与终身教授评审委员会，并与其商议。[1]

莱斯大学中非终身职位的终身教职制教师的晋升更为复杂和残酷。属于终身教职制的没有终身教职的教授或者副教授的聘期不能超过 8 年，没有终身教职的教授如果在第七年年末仍没有被授予终身教授职位的话，就意味着其任职的第八年是其在莱斯大学教授生涯的最后一年，而且以后将不会有晋升到终身教职或其他教授职位的机会。因此，教授必须及时通过终身教职评审并尽快取得终身教授职位。终身教职制的非终身教职的助理教授晋升也相当严格。“终身教职聘任时钟（tenure clock)”是为那些终身教职制的教师制定的在试用期内获得资格参加终身教职评审的计划。助理教授最初的聘用合同时间为四年。最初的教师绩效评价会在其任职的第三年进行。假如该助理教授没有通过考核，他将会在任职第四年被学校解聘，并且最后一年不

---

[1] Rice University. *Rice University Policy No.* 201 *Faculty appointments*, *promotions*, *and tenure*. Retrieved from: http: //professor. rice. edu/uploadedFiles/Professor/Independent_ Pages/Policies/Policy_ 201. pdf. 2016 - 07 - 20.

会有晋升考评资格。但倘若该助理教授通过了考核而被继续留任，则他将会与学校签订第二个任职合同（second contract），并继续在学校任职四年。尽管助理教授可以随时要求进行终身教职资格评定考核，但学校一般会将该评审安排在其任职的第六年或第七年进行。对于终身教职评审的结果必须全部递交给晋升与终身教授评审委员会（Promotion and Tenure Committee），若助理教授未在任职的第七年年末通过终身教授评审，那么在其任职第八年后将被逐出教师队伍，同样，在任职的最后一年没有参加晋升评审的机会。❶

（3）教师绩效评价对其他福利待遇的影响。

莱斯大学不仅将教师评价后的结果与其晋升、终身教职评审等方面挂钩，同时会影响到不同级别教师的福利待遇。莱斯大学为提高本校的师资力量，帮助教师更好地提高其学术科研能力和促进自身发展，设置了一系列关于教师发展的福利，其中主要有初级科研假期和学术假期（Junior Reseach Leaves and Sabbatical Leaves）、学术交流旅行（Travel）、教学和服务奖励（Teaching and Service Awards）。在莱斯大学有两种学术性假期，一种是针对助理教授的初级科研假期，另一种是针对终身教职教师的常规学术假期。助理教授可以在其任职的第四年或第五年时享受一学期带薪科研假期，需要教师在该假期中全部投身于科研或其他创造性的工作。终身教职教师在其为莱斯大学服务至少 12 个学期后才有资格申请整个学期的学术假期，但该学术假期需要在教师的个人申请和系主任的推荐以及院长的许可下才可以得到批准。该学术假期的意义主要在于可帮助教师更好地提升其教学、科研或其他学术追求，教师可以通过学术假期来提高自己的工作效率和科研能力以更好地服务莱斯大学。❷ 莱斯大学的学术交流旅行

---

❶ Rice University. *Rice University Policy No.* 201：*Faculty appointments*，*promotions*，*and tenure*. Retrieved from：http：//professor. rice. edu/uploadedFiles/Professor/Independent_ Pages/Policies/Policy_ 201. pdf. 2016 –07 –20.

❷ Rice University. *Rice University Policy No.* 208：*Sabbatical Leaves of Absence*. Retrieved from：http：//professor. rice. edu/uploadedFiles/Professor/Independent _ Pages/Policies/Policy806 _ Travel. pdf. 2016 –07 –20.

（Travel）主要包括教师参加学术会议、访学或者进行科研。作为一项福利待遇，在学术交流中，教师会获得来自学院部门和学校级别的经费以资鼓励。莱斯大学要求教师参加这些交流活动，不能与其在大学中的教学、指导学生和委员会工作等其他职责相冲突。莱斯大学鼓励并高度重视优秀教师，该校被公认为拥有最好的教师奖励制度。其中最有名的奖项是“乔治·R. 布朗优秀教学奖（the George R. Brown Prize for Excellence in Teaching）”和“乔治·R. 布朗卓越教学奖（the George R. Brown Awards for Superior Teaching）”。两个奖项均由毕业2~5年的毕业生投票决定，毕业生将投票给令他们印象最深刻的教师以及在教学方面组织性强且最有热情的教师。

（4）教师在绩效评价中的作用。

在莱斯大学关于教师聘任与晋升的政策中明确规定：教师需要通过仔细阅读教师手册关于教师聘任和晋升指导原则部分内容，一旦发现在评价程序和过程中有任何不清楚的地方应及时与系主任沟通。尽管系主任会提出与教师晋升和聘任相关的标准，但被评教师应该意识到没有任何一位系主任能对任何一位教师的评价结果起到最终控制作用。对莱斯大学来说，在教师绩效评价中具有一定的民主性，同时也重视教师的独立性和主动性。对于大多数需要参加绩效评价的教师来说，其首要任务为：①根据学校的指导原则等政策文件，教师准备评价所需的材料和相关档案；②需要提供能够评价教师的评审专家姓名，包括能够评审教师学术成果的校外专家姓名和能够对教师服务进行评价的校内评审人员姓名；③教师需要选择能够对其进行绩效评价的校内评审人，负责评审呈交给系主任、院长以及聘任与终身教授评审委员会（Promotion and Tenure Committee）的材料。被评教师将其档案和资料全部递交给评审人后，就意味着该教师在教师评价过程中的任务告一段落。直到系层面完成进行是否推荐教师聘任或晋升投票等事宜，教师才能进一步参与到教师评审过程中来。整个教师评审流程按层级流动，被评教师的档案先后被系主任、院长、晋升和终身教授评审委员会、校长所评价，值得注意的是，当被评教师认为聘任和终身教授评审委员会中的某位成员与其存在利益冲突或者认为该成员的评判会对其不公时，被评教师必须在进行聘任和终身教授评审委员会开始评审前提出这些问题，以便该委员会及时做出调整和安排。在整个评审程序结束、评审结果出来后，教师如果认为评价不公正，可以提出异议，向相关申诉委员会提出申诉，要求对评审结果进行重新审议。如在荣誉头衔的授予与取消过程中，一位被取消荣誉头衔的教授可以要求教师评议会的申诉委员会召集人组成一个评审委员会，如果该教授“感到在他/她头衔被取消时他/她的学术自由被侵犯或存在程序问题”，必须在校长做出取消决定的30天内采取相应行动。由申诉委员会命名的三名有荣誉头衔的终身教授组成的特别委员会，将对案件进行调查，并向委员会、校长以及教师评议会发言人提交秘密推荐信，并最终进行裁决。由此可见，在整个教师绩效评价过程中，充分保障了教师的参与权利。

（三）总结

莱斯大学对不同系列的教师绩效评价的程序、标准和具体内容都有所区别，使教师绩效评价更有针对性和可操作性。我们可以清楚地看到，相较于中国的教师评价体系，无论是在评价维度还是评价流程方面，莱斯大学都更突出其民主性以及教师在评价过程之间的互动性。在评价维度方面，不仅包含了教学和科研等维度，还将校园服务维度囊括其中，以全面评价教师的综合素质和能力水平；在评价流程方面，不同于中国以同一化的绩效小组考评的模式，莱斯大学为了确保公平以及教师利益的最大化，在考评过程中允许教师自选一名可以对其进行内部评价的教师，而且在评价流程中也提出评价教师与其系主任之间可以就考评材料的准备进行相应讨论以有助于教师的评价。除此之外，为了与大学研究创新和培养优秀人才的使命和提供最好的教育以及服务社会的目标相适应，大学重视科研和服务评价的同时，对优秀教学给予特别奖励，这也是能够直接刺激和激发教师提高教学质量积极性的一种有效的激励方式，其评价和奖励的方式公平且新颖，值得我们思考和借鉴。莱斯大学通过其具有特色的教师绩效评价制度和实施策略，保证了教师队伍的质量，使其在美国众多研究型大学中脱颖而出，卓尔不群，形成了鲜明的特色。

三、英国研究型大学教师绩效评价案例

英国作为传统高等教育强国，有完善的高等教育体系和先进的教育理念，特别是在如何充分发挥教师潜力方面，进行了很多的探索和实践。20 世纪 70 年代起，英国开始重视对教师的评价问题。自 20 世纪 90 年代以来，英国政府积极探索更好的教师管理制度，以此提高教师的教学质量。英国大学教师评价多与教师的培训与发展需要相联系，逐渐形成发展性教师绩效评价体系。本书对英国大学教师绩效评价发展历史的梳理中强调英国高校教师绩效评价制度具有注重发展的特征，经过多年的发展，已经形成比较完整的、独具特色的发展型教师绩效评价制度。

由于评价的目的在于教师的发展，因此在评价中教师并不会感到有过多压力，而是将评价作为自身职业发展的重要组成部分。曼彻斯特大学在教师绩效评价的相关政策中明确规定，不将对教师的评价与教师的晋升和工资挂钩。对教师的评价主要用于教师发展，根据教师的实际需求，提供适当的培训和帮助。被评价的教师则从过去、现状和未来三个方面思考自己的成就、遇到的问题以及发展的需要。❶ 1989 年，牛津大学开始采用发展型教师绩效评价的方案，并于 1996 年和 1998 年分别对方案进行修订。总体来讲，牛津大学教师绩效评价有两个方面的目的。一是为教师提供反思正在从事的工作和未来的计划提供机会；二是为教师建议学校采取实施改进工作环境的机会。❷ 这一部分以英国著名的剑桥大学教师绩效评价为例，了解英国研究型大学教师绩效评价的具体实施情况。

英国剑桥大学创建于 1209 年，是世界上最古老的大学之一。剑桥大学是世界著名学府，至今已有 800 多年的历史。剑桥大学是罗素集团以及“G5 超级精英大学”成员之一。这所著名的大学培养出了

---

❶ 夏茂林：“美英两国高校教师绩效评价制度比较与思考”，载《湖南师范大学教育科学学报》2011 年第 1 期，第 76 页。

❷ University of Oxford. *Appraisal Scheme for Academic Staff*: *Notes and guidance*. Retrieved from http//www. admin. ox. ac. uk/ps/staff/academic/appraisal/index. shtml, 2014 - 05 - 29.

大批的政治家、经济学家和哲学家等。总共有92位诺贝尔奖获得者，4位菲尔兹奖得主曾为此校的师生、校友或研究人员。❶

剑桥大学是一所采用学院制的大学，是世界著名研究型大学之一。剑桥大学拥有31所独立自治学院（college）和150多个院（faculty/school）、系研究所等机构，以及137座图书馆。❷ 虽然大学本身为公立性质，但享有高度自治权的学院则属私立机构。它们有自己的管理框架、招生以及学生活动安排，工作有别于负责教研的大学中央管理核心。剑桥大学有教师职工近9000人，其中教师1000余名；有来自世界各地的留学生18000人。❸ 剑桥大学充分认识到大学教师发展的重要性，并指出大学教师发展是发挥教师团体的潜能，保证教师个人与大学取得成功的关键。2008年5月，剑桥大学颁布了《大学教师发展政策》，该政策是剑桥大学在汲取近十年大学教师发展的经验教训而形成，内容比较成熟，且在实践与管理方面的细则也比较具体。❹ 2009年，由于剑桥大学将该政策更名为《个人与专业发展政策》，大学教师发展部门同时也改名为个人与专业发展中心，其关注的四大领域为个人与职业发展、学术实践、学习与发展、领导与管理，该中心通过为全校所有员工提供不同类型的实践、相关培训和发展机会，从而实现剑桥大学的使命和目标。

（一）剑桥大学教师绩效评价总体状况

剑桥大学2004年提出了《教师评价和发展方案》❺，制定了教师

---

❶ “剑桥大学”，载百度百科，http://baike.baidu.com/link? url = 2BMad2lrjVCyCWjo3dpEj_Sc_5W7O_5um3n_R_tCuh_w6kRGaTweNJXV8TsHHvm6BTbIf_D3OoXnEYhm3H_E7a#reference-［5］-13714-wrap，2014-05-29.

❷ 苑韶峰、杨丽霞：《英国大学教育管理体制及对我国的启示——以剑桥大学为例》，浙江工商大学出版社2008年版，第226页。

❸ University of Cambridge. *How the University and Colleges Work*. Retrieved from: http://www.cam.ac.uk/about-the-university/how-the-university-and-colleges-work? ucam-ref=global-header，2016-10-11.

❹ 涂文记：“剑桥大学教师发展政策及其对我国的启示”，载《集美大学学报》2012年第1期，第1~2页。

❺ University of Cambridge. *Staff Review and Development* (*Appraisal*). Retrieved from: http://www.hr.admin.cam.ac.uk/policies-procedures/staff-review-and-development/staff-review-and-development-appraisal，2016-07-27.

的评价框架，该方案旨在提高教师工作效率，促进教师事业发展，帮助教师解决工作中的困难和障碍，这是剑桥大学促进教师职业发展和提供高质量服务的重要方式。该方案对教师绩效评价的目的、评审人员、评价内容、评价程序、评价周期和评价结果等方面进行了详细的规定（见表4.5），使整个教师绩效评价工作目标明确、程序清晰、职责分明、结果可靠。

表4.5　剑桥大学教师评估表

项目 要求	评估目的	评审人员	评估内容	评估程序	评估周期	评估结果
	（1）为积极、有建设性、双向的教师评估提供机会； （2）形成一致的行动方案； （3）对教师目前的角色和未来职业发展的培训需求提供讨论的机会； （4）明确和探讨影响教师工作效率的困难或障碍； （5）提供一种方法来平衡教师个人需求和与大学的整体目标	评审人员由学院指定，通常为学院负责人或他/她指定的代表	分析教师在该阶段工作中的成功经验和失败教训，总结其需要改进和提升的地方，并对其进行相应的教师培训，力争使教师克服弱项，发挥强项，在下一阶段工作中取得更大的成绩，并最终通过个人的成功带动组织更好的发展	包括准备、讨论和记录三个阶段： （1）准备：被评估者需要完成自评报告，对上一阶段的工作情况进行回顾，及展望未来； （2）讨论：通过正式的、定期的评价会议； （3）记录：记录已达成共识的行动方案和目标	新入职的教师在试用期结束后进行评估。此后，至少每两年一次进行教师评估，如果教师有意愿也可以每年度进行一次评估	将考评结果告知本人，及提交给个人与专业发展中心，以对其进行更好的职业发展培训

资料来源：整理自 University of Cambridge. *Staff Review and Development*（*Appraisal*）［EB/OL］. http：//www. hr. admin. cam. ac. uk/policies – procedures/staff – review – and – development/staff – review – and – development – appraisal，2016 – 07 – 27.

剑桥大学教师评估过程主要分为准备、讨论和记录三个阶段。首先，在教师评估准备阶段，学院负责人对学院全体教师的评估工作进行统筹安排，计划安排好整个评估过程的时间和具体流程，为所有参加评价的教师指定评审人员，并且组织所有评审人员参加针对教师评估工作的会议和专门培训，以让评审人员了解相关政策和规定，把握大学及学院未来的具体发展目标明确和熟悉评估的过程和工作细节。评审人员安排评估会议举行的时间、地点，决定并告知被评估者需要准备的评估材料，包括上一阶段的工作情况自评报告、简历、培训记录等。被评价者准备好以上评审人员指定的相关材料，同时也可以列出一份评价会议上想要讨论内容的清单，并把这些材料提前反馈给评审人员。评审人员在收到被评价者反馈后审阅自评报告和相关材料。

在讨论阶段，即正式会议中，评审人员和被评价者根据自评报告和其他相关材料，共同讨论被评估者上一阶段工作的完成情况、工作进展和难点，以及下一阶段的工作目标，明确其培训和发展需要，商定未来的行动计划。

在最后的记录阶段，确保协定的行动计划和培训需求被记录下来，以及被评价者和评审人员在记录表格上添加适当的意见和建议。双方确认记录内容无误后，共同签名，递交学院进行存档，评审人员与被评价者各自保留一份完整的文件复印件，可以作为下一次评估的辅助材料。学院负责人对学院工作和教师培训需要进行总结，形成一份“学院综合报告”，并提交给人力资源部门。教师们的培训需求同时也会被提交给个人和专业发展中心，以便中心规划未来的教师培训课程，更好地帮助教师。

整个教师评估的责任主体有明确的分工，相互进行协作。教师评估过程较为复杂，且严格遵守保密原则，评估会议的讨论细节对外保密，只限于评审人员和被评价者知悉；只有在被评价者同意的前提下，其培训需求的文件才能递交给学院的教师发展联络人员或个人和专业发展中心；评估会议的记录表格原件存档于学院中，只有学院负责人和评审人员可以查看。具体每一个阶段的目标、内容和过程请见表 4.6。

表 4.6　教师评价和发展三个阶段

阶段	内容	过程
阶段一：准备		
a）计划 为讨论做准备	上一阶段的保密评估和下一阶段的评价计划	被评价者完成自评报告。 评审人员完成一个类似的被评价者工作情况评价报告。此外，审查人员指定被评价者需要带到评价会议的文件材料，并了解有关大学和学院发展目标的信息
b）议程 为会议设定议程	被评价者和评审人员双方列出在评价会议上想要讨论的内容	被评价者列出想要在评价会议上讨论的内容。此列表可能会被递交给评审人员，以补充他们想要讨论的其他内容，并返还给被评价者
阶段二：讨论		
举行评价会议	评审人员和被评价者共同讨论评价期间被评价者的工作情况、培训和发展需求，并对未来的行动计划达成共识	（1）评价会议框架依据学院方案制定； （2）进行具有建设性的双向开放讨论； （3）双方就未来的行动计划达成共识，并在会后进行记录
阶段三：记录		
结果 记录会议的决定和结果	会议讨论过程或决定会被记录，包括行动计划和培训需求。这些对有关人员和评审人员仍然是保密的	（1）评审人员和被评价者双方在会议签字，该文件可以由任何一方来完成。如果该学院方案有明确规定，则可由学院负责人进行签署； （2）评审人员和被评价者各自保留一份完整的文件复印件； （3）一份经被评价者同意的培训和发展结果的个人声明复印件将会递交给个人和专业发展中心
以下是一些可能发生在机构层面的额外过程：		
a）总结 列出和分析学院综合的需求	由评审人员共同整合在个别评审中确定的问题	每一个评审人员对已完成的评审中确定的一般问题进行总结，并将其递交给学院负责人或其提名代表，并提出解决这些问题的建议。（此总结必须匿名，不得向任何员工显式或隐式地提及）

续表

阶段	内容	过程
b）学院回应形成学院综合报告	学院负责人确认评价过程的完成，并确定任何需要集中行动的培训需求	学院负责人或指定专人汇总所有评审人员的评价意见，并举行一次会议让所有评审人员对此进行讨论，并反馈给被评价者，让他们从整体上了解出现的问题，及解决问题的方式。 个人和专业发展中心会了解一些教师们的普遍的培训需求，以便更好地帮助教师，也可以帮助个人和专业发展中心更好地计划未来的大学培训活动

资料来源：University of Cambridge. Staff Review and Development Scheme Guidance Booklet. http：//www. hr. admin. cam. ac. uk/policies – procedures/staff – review – and – development/staff – review – and – development – appraisal，2016 –07 –27.

（二）剑桥大学教师绩效评价分析

1. 评价目标

剑桥大学明确规定其使命在于通过提供国际水准的最优教育、学习与研究服务于社会。为了实现大学的使命，剑桥大学将教师作为学校最重要的财富，对教师的工作给予充分认可并给予奖励，鼓励所有教师的职业发展。正是基于这一理念，剑桥大学，也包括英国其他高校的教师评价制度旨在服务于教师的专业化发展，并将评价制度作为教师学术发展的动力。[1] 2004 年，剑桥大学颁布的《教师评价和发展方案》[2] 制定了教师的评估框架。该方案以教师发展为核心，旨在提高教师工作效率，促进教师事业发展，帮助教师解决工作中的困难和障碍，将评价作为大学促进教师职业发展和提供高质量服务的重要方式。在教师绩效评价中，学校鼓励教师在“评价性面谈”时与系主任

[1] 夏茂林：“高校教师绩效评价制度比较与思考”，载《湖南师范大学教育科学学报》2011 年第 1 期，第 76 页。

[2] University of Cambridge. *Staff Review and Development* （*Appraisal*），Retrieved from http：//www. hr. admin. cam. ac. uk/policies – procedures/staff – review – and – development/staff – review – and – development – appraisal，2016 –07 –27.

沟通，在此基础上制定自我发展的目标，并在下一年度进行评议和修订。❶

2. 评价维度

剑桥大学的教师绩效评价从研究、教学和除教学与科研之外的其他贡献三个方面对教师绩效进行评价。《高级学术晋升流程与指导》❷手册详细阐述了剑桥大学晋升高级讲师、副教授和教授的评价要求和评价流程。该手册明确规定了剑桥大学教师晋升评价中研究、教学和其他贡献（对本学科除教学和研究之外的贡献）等三个方面的评审标准，其中，教学评价主要针对学生在每个学期教学周结束后的反馈进行评价。在对教师的绩效评价中，根据申请者提交材料情况分为五个等级：材料突出（Outstanding Evidence）、材料很好（Strong Evidence）、材料清晰（Clear Evidence）、材料不充分（Insufficient Evidence）、材料明显不令人满意（Clearly Unsatisfactory）（见表 4.7）。申请者在研究、教学和其他贡献任何一个评分中得到了材料不充分或材料明显不令人满意的评价，则被视为不符合晋升评审的最低标准。根据不同的职称等级，评价侧重点有所不同，体现在分数的分配上：晋升教授、副教授的评审主要以科研能力为主，考评总分为 50 分，研究占 30 分，教学和其他贡献分别为 10 分；晋升高级讲师的考评总分为 24 分，研究占 4 分，教学和其他贡献分别为 10 分。

3. 评价结果的应用

剑桥大学明确规定，教师绩效评价不与教师的奖惩、晋升、薪资直接挂钩，而是通过评价促进教师个体专业的发展，通过制订相应的教师发展计划，从而顺利地实现教师的晋升。英国高校教师的薪酬按统一的工资表配发，工资表分为十二级，剑桥的工资表相当复杂，统一工资表只注明大学需要向担任此职务的人支付的最低工资数额，没

---

❶ 王琳："国外大学教师绩效评价制度及借鉴意义"，载《太原师范学院学报》2011 年第 3 期，第 133～136 页。

❷ University of Cambridge. *Senior Academic Promotions Procedure and Guidance* 2016. Retrieved from http：//www. hr. admin. cam. ac. uk/files/sap _2016 _ procedures _ and _ guidance _ manual_ – _final_20_aug_15_updated_5_oct15. pdf，2016 – 07 – 27.

有上限，教师工资具体额度以工资表为参考，并依据教师聘任时签订的合同。当剑桥的教师晋升至一个较高级别时，工资会在同一级别增长两个绩点，或者是排在较高的一个级别里的第一个绩点。[1] 主要采用的薪酬体系是以职务等级、资历和工作绩效评价综合晋升薪级，以职务等级决定其基本工资部分，以资历积累决定其稳定增加工资部分，以工作绩效评价决定其奖励工资部分（约占工资总额的15%），[2] 并且在奖励工资部分，对不同的教师类别采取不同的贡献奖励方案，主要由课时量或者研究项目决定，但教师之间的工资差别都在等级工资的上限和下限之间浮动。

表4.7　研究领域考评等级及分数分配情况表（晋升教授、副教授的考评标准）

考评等级	分数
材料杰出（Outstanding Evidence）	24~30
材料很好（Strong Evidence）	15~23
材料清晰（Clear Evidence）	9~14
材料不充分（Insufficient Evidence）	4~8
材料明显不令人满意（Clearly Unsatisfactory）	1~3

资料来源：University of Cambridge. *Senior Academic Promotions Procedure and Guidance 2016*. Retrieved from：http：//www. hr. admin. cam. ac. uk/files/sap_2016_procedures_and_guidance_manual_－_final_20_aug_15_updated_5_oct15. pdf，2016－07－27.

4. 教师在绩效评价中的作用

教师委员会（All Faculty Board）对教师晋升委员会（Faculty Promotions Committee）的包括主席在内的全体成员进行委任，委员会成员通常为5~9名，成员必须为教授或教授级别的人员。[3] 对于一些从事跨学科研究教师的评价，教师晋升委员会可以邀请相关领域的专家

[1] 宁艳红："英国高校教师岗位招聘制度研究——以剑桥大学为个案"，东北师范大学2011年硕士学位论文，第25~27页。

[2] 可宗莉："高校教师岗位绩效薪酬制度实施相关问题研究"，北京交通大学2007年硕士学位论文，第28页。

[3] University of Cambridge. *Senior Academic Promotions Procedure and Guidance 2016*. Retrieved from：http：//www. hr. admin. cam. ac. uk/files/sap_2016_procedures_and_guidance_manual_－_final_20_aug_15_updated_5_oct15. pdf，2016－07－27.

参加会议，以协助跨学科内容的评价，但被邀请人员不具有表决权。申请者提交申请材料后，教师晋升委员会召开两次会议：第一次会议，委员会审查申请者的申请书和其他资料文件，以确定是否需要补充更多的参评文件；第二次会议，委员会对相关考评标准、考评等级、考评分数进行集体商定。教师晋升委员会，比如小组委员会，必须根据考评标准，在所有证据材料的基础上对申请的质量做出客观的评价。之后，确保所有申请者的材料准确无误，并提交给人力资源部门，由董事会（General Board）的五个小组委员会和主委员会召开会议进行再次审议，主委员会把相关建议提交给董事会。最终结果将反馈给申请者，如果对最终结果不满，申请者可对其进行申诉。

（三）总结

英国剑桥大学教师绩效评价着眼于教师的发展，被评价者与评审人员进行面对面的探讨是一种给予和接收信息、分析和解决问题的过程，也是一种交流价值和观念更新的过程。学校根据需要对教师提供适当培训和帮助，而且不与奖惩、晋升、薪资挂钩，被评教师可以从过去、现在和将来三个方面来思考自己取得的成就、遇到的问题及发展的需要，将个人发展与终身发展联系起来，促使个人发展与组织发展同步进行。[1] 整个教师评估过程程序复杂，责任主体间分工明确，相互协作，每个阶段的评价工作并不是相互孤立的，每一段评价工作都是建立在前一段的良好的评价工作基础之上，形成了一个相互关联、不断循环发展的过程。每一次循环在之前的基础上又拥有更高的起点，因此，不同时期的绩效评价过程之间是相互关联、循环上升的关系，这保证了评价工作的顺利进行。[2]

剑桥大学作为世界一流大学，其教师绩效评价制度对于世界各国的高校具有借鉴意义。从剑桥大学的教师绩效评价制度的实践可以看

---

[1] 夏茂林：“美英两国高校教师绩效评价制度比较与思考”，载《湖南师范大学教育科学学报》2011 年第 1 期，第 76 页。

[2] 徐鑫：“英国高校教师绩效评价制度的特点及其启示”，载《高教研究》2011 年第 5 期，第 221 页。

出，其制度包含了发展与奖惩两种价值取向，形成了具有自身特色的评价模式。教师绩效评价在促进教师能力发展和动机增强两个方面都不能有所偏颇。绩效评价的最终目的是为了将来取得更好的成绩，为了教师的未来职业发展。为此，有学者根据英国大学教师绩效评价的实践经验，认为只有吸收重发展和重奖惩两种模式评价制度的合理之处和优点，使发展性与奖惩性走向融合，使评价结果与教师自我反馈、专业培训、奖惩和人事决策等全面结合起来，才能建立真正完善的高校教师绩效评价制度。[1] 在教师绩效评价中，不能简单地将教师绩效评价的目的归结为对教师的奖惩，简单地与教师的绩效工作挂钩，而是应当充分考虑到教师职业特点，教师职业发展规律，实行真正能够促进教师职业发展的评价制度。

第二节　中国研究型大学教师绩效评价模式探讨

基于对我国研究型大学以及国外研究型大学教师绩效评价案例研究，可以发现，目前研究型大学教师绩效评价根据其评价目的可以分为发展性评价模式和奖惩性评价模式两种。这两种评价模式各有其优缺点，将两种评价模式相结合，制定适宜本院校特色的教师绩效评价制度，使评价制度既能够促进教师个体的发展，同时也能符合大学发展战略和大学特色，这才是研究型大学教师绩效评价制度设计与制定的理性选择。

一、发展型教师绩效评价模式越来越受到研究型大学的青睐

随着社会的多元化发展，学校对教师的综合素质也愈加重视。在当下的教育体制中，不仅需要教师能够有很强的学术水平和教学能力，同时其个人的综合素质及个人成长等都成为教育学界及各大高校愈加关注的问题。越来越多的研究者认为，教学评价不仅应该成为教

---

[1] 夏茂林："美英两国高校教师绩效评价制度比较与思考"，载《湖南师范大学教育科学学报》2011 年第 1 期，第 77 页。

师过去一段时间教学表现的正确反映，同时更应该通过与同辈及老辈教师的交流而促使教师主动思考自己还需要在哪方面提高？该往哪个方向发展？通过教学评价来为自己下一步的教学计划和个人成长规划提供正确的参考。因此，近年来国外对于教师绩效评价机制进行不断改进，一种与奖惩型绩效评价机不同的机制——发展型教师评价机制开始出现。斯塔弗尔比姆（Stuffebeam，D. L.）认为评价应“有助于更好地执行和改进我们的方案”，他强调：“评价最重要的意图不是为了证明（prove），而是为了改进（improve）。”❶ 发展型教师评价机制将教师自身素质和水平发展放到了首位，使教师在教学评价中的地位和作用被“重新认识和发现”。在这种评价机制中，教师可以充分发挥其主观能动性，主动以自身素质和成长为出发点进行评价，把教师视为独立的个体，关心教师的内在感受，消除了在奖惩性评价中教师的戒备和消极心理，使教师在自身能力和素质的提升过程中得到尊重。与奖惩性教师评价相比，以主体发展为导向的发展型教师评价是基于下述假设之上❷：第一，对于教师来说，内部动机比外部压力具有更大的激励作用；第二，当教师获得足够的信息与有用的建议后，他们就有可能达到预期的水平；第三，作为专业工作者，教师对其本身的专业具有高度热情。如果为其工作所必需的条件能够充分满足的话，在他们中就会爆发出极大的创造能力，以改进他们的教学、科研活动，提高他们的教学、科研水平。发展型教师评价更注重教师的长期目标，发展型教师评价引导教师不再被动地被外在的评价指标“牵着走”，而是积极思考自身的实际情况，并结合学校的教学目标，订立适合自己的发展目标和计划，不断通过主动学习来提升自身。发展型教师评价在实施评价过程中不是使用一种统一的标准，而是采取灵活的评价方法来适应不同教师的选择和需要。发展并重视教师个性差异和不同发展目标的评价模式必定会带来评价标准多元化，而这正是对传统学校不合理地用一把尺子来对所有教师进行评价的修正。

---

❶ 胡中锋：《教育评价学》，中国人民大学出版社 2008 年版。

❷ 陈玉琨：《教育评价学》，人民教育出版社 2001 年版，第 105 页。

二、两种教师绩效评价模式的比较

总体来说，两种教师评价模式各有利弊。首先，奖惩性评价过程以绩效静态指标，对教师过去的教学表现进行总结评价，但确实是一种便于实施操作的评价办法。发展型教师评价模式是一种面向教师未来的评价模式，评价指标非但不统一固定，而且还会因教师个人的成长和需求不同而改变。其次，两种评价模式的指导理念也存在差异。发展型教师评价模式是一种延续动态的过程，教师结合自己的实际情况制定适于当下目标的评价指标体系，并且，由于评价周期是循环进行的，前一阶段的评价可以作为后一阶段评价的起点，教师评价不再是像奖惩制评价那样拥有一成不变的评价指标，也不是“下定义式”地对教师进行评判，而是对上个阶段的发展和成长进行重新审视，提出不足，指导教师制订下个评价目标并激励教师不断提高。而这种模式与奖惩制评价模式相比，对教师的自律性要求更高，更需要教师对自己、对学校、对学生有高度的责任心。倘若教师缺乏自律和上进心，则这种评价模式带来的效果将不如奖惩制评价模式，发展性教师绩效评价模式的前提假设是教师都有较强的学术使命感，以学术为志业，具有较强的自我约束和自我激励能力，能够通过绩效评价结果的反馈，了解自己的优势和所存在的问题，并结合院校发展目标和自身学术生涯发展情况，不断改进和提高。最后，教师在这两种模式中所扮演的作用是不同的，因而导致教师对待两种模式的态度直接影响评价体制的效果。奖惩制评价的被动性使教师对待教学评价时态度被动消极，因此该评价体制在实践时的效果会大打折扣。发展型评价体制调动了教师参与教师评价的积极性，以一种发展和交流的心态去看待教师评价，教师会减少评价过程中的抵触心理情绪，正视自己的不足，在与老一辈教师和平辈教师的交流互动中逐渐认清自己的目标，并通过评价激励教师不断突破自己。而教师在主体意识提升的同时，更需要大学建立严格和科学有效的评价监督机制，以保证教师评价的公平和有效。可以说，发展型评价模式是奖惩制评价模式的改进与发展，同时对教师个人素质及学校管理也提出了更高的要求。

三、教师绩效评价模式的选择

对于我国研究型大学来说，“奖惩性评价”模式即使有很多的缺点和不足，但仍有存在的必要，在当前中国高校中，奖惩性评价机制由于直接与教师的绩效水平相联系，因此，这种评价模式对教师努力提高教学质量、激发学术热情等有直接的推动作用，而且是一种可以量化的绩效评价手段，方便绩效评价，因此奖惩性评价模式在中国高校势必长期存在。然而，基于事实判断的评价模式并不是评价的本质内涵，美国学者格朗兰德（Gronlund，N. E）用一种极为简洁的方式对评价加以表述：❶ 评价 = 测量（量的记述）或非测量（质的记述）+价值判断。因此，我们需要对两种评价模式进行各取其长来发展适合中国研究型大学的教师绩效模式。首先，我们需要将奖惩性评价模式融合发展性评价模式中的元素。传统的奖惩性评价模式以“成绩、科研贡献”等为评价的重要依据，但是这在方便量化评价指标和促进中国学术质量成果提升的同时带来了教师唯“成果”至上的问题。改进后的奖惩性评价模式应该适当减少在“成绩、科研贡献”方面的比重，同时适当引入发展型评价模式中的有关衡量元素共同构成新型的奖惩性评价模式。其次，对于评价过程中教师在其中的主体作用应在评价实践中得以实施。教师对于评估机制的看法以及个人提升计划不仅具有发言权，而且非常有利于绩效评估模式的改进。例如大学教师可以结合自身的兴趣和发展，向学校提出个人培养方案，并根据个人培养方案所涉及的要素和方面进行有针对性的评价，这样避免了“一刀切”的评价模式，而取而代之的是以学校目标为基准，以教师自身发展为方向，教师和学校共同制定的绩效评价模式。但是这一模式的最大难处在于该模式很难做到相对公平，而且针对教师个体做个性化的绩效评价也加大了评估体系的难度。但这一模式警示我们，应采取更为灵活的绩效评价模式，在教师绩效评价中应采用多元的评价模式，切忌以单一的评价模式来决定。

---

❶ 翟葆奎：《教育学文集：教育评价》，人民教育出版社 1989 年版，第 149 页。

第五章　教师绩效评价主体的角色和作用

参与教师绩效评价的主体一般包括被评价的教师、学生、系主任等管理人员、校外同行评议专家、评价机构等。不同的参与主体在教师绩效评价过程中都扮演着不同的角色，发挥着各自的作用。在评价过程中，教师的自我评价具有基础性地位，学生评价是评价中的一个重要方面。在美国研究型大学中，系主任的评价在评价过程中发挥着关键作用。同行评价是对被评价教师绩效进行衡量的重要途径，分为校内同行评价和校外专家同行评价，同行评价主要对教师的专业水准进行评判。无论是我国研究型大学，还是国外的研究型大学中，同行评价都被认为是教师绩效评价中必不可少的主体之一。在有些院校，还通过一些校外机构，进行教师绩效评价。

第一节　教师绩效评价主体的角色和作用

一、教师的角色和作用

在教师绩效评价中，教师是评价的对象，是整个教师绩效评价焦点。整个评价活动都是围绕教师进行的，而评价的最终目的也应该是提高教师队伍的总体质量，提升大学总体水平，实现大学的战略目标。教师绩效评价是一个教师必须参与其中而且教师必须发挥其主体性作用的活动。评价从本质上讲是一种同人应参与其中的社会行为，[1] 没有

[1] Larry A. Braskamp & John C. Ory (1994). *Assessing Faculty Work: Enhancing Individual and Institutional Performance.* San Francisco: Jossey – Bass Publishers. p. xiv.

教师的参与，教师绩效评价也就失去了其最根本的意义。穆莫（Moomaw，W. E.）认为，绝大多数教师绩效评价制度没能有效地激励和支持教师发展，究其原因，是评价体系的指标之间缺乏有机联系，而且没有教师的参与。[1] 因此，教师应在绩效评价制度的制定中发挥重要作用。唐纳德·肯尼迪认为，教师所从事的工作就是大学的核心工作，所以，在制定和执行对教师有影响的决策时，争取获得教师的同意和支持是十分必要的。[2] 高等教育质量关乎大学中每一个个体的利益，所有成员都应该对大学质量负有责任，大学教师理应对其自身的学术工作进行评价，成为教师绩效评价中的积极参与者。

通过对国外研究型大学教师绩效评价发展历史的审视，以及相关的案例研究，我们发现，在美国，由于院校发展受到某种程度的限制以及不断增长的对问责制度的呼吁，院校开始不断审视教师绩效评价制度与院校发展目标之间的切合度。由于过分重视院校发展目标，在制定教师绩效评价制度的过程中，管理人员从院校总体发展的角度设计和制定教师绩效评价制度，这致使管理人员在教师评价中的地位不断提升。随之而来的就是在教师绩效评价过程中管理人员的意志会不断渗透进教师绩效评价制度，使评价制度越来越偏离其应有的促进教师提高和发展的宗旨。因此，在教师绩效评价制度的改革过程中，始终都应坚持以促进教师的发展和提高教师的创造性能力为目的指导原则。由此可见，制定合理、毫无偏见的教师绩效评价政策，必须有教师的参与，管理人员应该积极主动地将教师纳入整个绩效评价体系之中，使教师在评价目标、评价范围、评价所需资源、参与人员、评价有效性等方面均享有发言权，使教师能够全方位地参与到教师评价之中。在教师绩效评价制度的形成过程中，管理人员必须让教师参与到评价制度的制定过程中，尤其是在确定绩效评价目的时，让教师参与

---

[1] Neal, John E (1988). *Faculty Evaluation: Its Purposes and Effectiveness.* ERIC Digest. ED308800. 1988. February 16th 2015, Retrieved from http://www.ericdigests.org/pre-9212/faculty.htm.

[2] ［美］唐纳德·肯尼迪：《学术责任》，阎凤桥等译，新华出版社 2002 年版，第 176 页。

决定评价的目的以及评价范围、数据来源，参与决定哪些人应该参与教师绩效评价，参与决定如何考察绩效评价效果。

此外，教师作为绩效评价的对象和主体，在绩效评价过程中也发挥着核心作用。教师的自我评价是教师绩效评价中最为重要的一部分。教师自我评价不仅是教师对自己教学、科研、服务等方面的成果和水平的自我评价，也是教师对自己学术工作的反思。教师自我评价不仅为评价提供相应的材料和信息，也是教师反思和提高的重要途径。

二、学生的角色和作用

学生在教师绩效评价中的作用一直非常受到教师绩效评价制度的青睐。尤其是在对教师教学进行评价时，以学生评价作为主要的评价材料来源。但以学生评价作为对教师教学评价的主要手段的评价方式仍需要进一步改革。美国教育研究协会认为，对教学的评价长期以来一直采用以学生评价为主的模式，在有些情况下会以一些顾问的建议作为补充建议，但这种评价方式的效果并不是很好。采用这一模式的原因主要是学生评价比较容易实施，而且没有学科限制，比较容易鉴别出那些教学效果不是很好的教师。但在实际的操作过程中，会造成不利于以学生学习为中心的教学模式的发展，而且也很难鉴别和奖励真正有效的教学。该协会建议采取以“实践为标准”的方式，关注学生的学，这种评价一般包括教学档案、以各种工具为手段的课堂观察和对学生和毕业生所学到知识情况的问卷调查。[1] 我国研究型大学也多采用学生评价的方式对教师的教学进行评价，一般是采用学生评教的方式进行的。主要是通过结构性或者非结构性的问卷调查或者访谈，进行学生评价。通常，学生评价是在学期末教学结束时进行，要求学生填写问卷对教师的教学状况进行评价，或者通过教学平台对教师教学状况进行评价，而没有在教学过程中对学生学习中所遇到的困

---

[1] American Educational Research Association. *Rethinking Faculty Evaluation*. Retrieved from: http://www.aera.net/Portals/38/docs/Education_Research_and_Research_Policy/RethinkingFacultyEval_R4.pdf. 2016-07-20.

难方面问题的评价。这种评价方式是在一种以学生作为消费者的理念下所进行的事后评价，教师很难在教学活动中了解具体的教学问题和学生的学习困难，无法在教学过程中、在与学生的互动中对教学及时进行调整，很难实现绩效评价促进教师教学发展的目的。为了对教师教学活动进行有效评价，目前在评价中采用档案袋法和课堂评估技术能够使评价结果得到很好的应用，能够使教师利用评价结果反思其教学工作。此外，还辅以同行评价、管理人员评价、学生座谈等不同的方式对教师的教学进行评价，克服了学生评价过于片面的问题。

三、管理人员的角色和作用

随着中国高等教育领域改革的不断推进，建立和完善现代大学制度成为高等教育改革的首要任务。目前，各高校纷纷制定大学章程，对大学的使命进行明确规定。在院校管理方面，不断赋予学术单位以更多的自主权，很多学术权力下放到学院和系，教师绩效评价的主体基本上是各个学院或者系。由各个学院和系组成教师绩效评价学术委员会，对教师进行评价，然后再交由校一级的学术委员会进行评价。原则上来说，学术委员会的组成要由各学院或者系的具有较高学术成就和声望的学者组成，以保证评价的学术性。从负责教师绩效评价的学术委员会的组成来看，各学院的院长和系主任在评价中发挥着重要的作用。

关于各学院的院长和系主任应该在评价中如何有效发挥其应用的作用，美国高校中的具体做法可以作为我国研究型大学管理人员在参与制定和实施教师绩效评价制度过程中的参照。在美国高校中，尽管系主任在不同的学校职责有可能不同，但在事关教师绩效评价的问题上，系主任一般都起着十分关键的作用。[1] 在美国研究型大学中，院长或系主任在教师绩效评价中同样发挥着重要作用。美国新英格兰高等教育资源中心（the New England Resource Center for Higher Educa-

---

[1] 李长华："美国高校教师绩效评价的方法综述"，载《国家教育行政学院学报》2005 年第 1 期，第 91 ~95 页。

tion，NERCHE）建议在教师绩效评价和发展中院长（系主任）应发挥以下作用。[1] 首先，院（系）在教师招聘中决策应发挥最为重要的作用。很多高校都非常强调教师招聘的关键作用，而不是靠漫长的终身教职评审来评价教师。因此，在招聘过程中院长（系主任）的作用就非常关键。院长（系主任）应该将所在院（系）的文化特点与应聘人员进行对比，提出具有针对性的问题，判断应聘者是否能够与院（系）的文化相适应，是否能够承担起机构的使命。其次，在制定教师绩效评价政策和程序时，院长（系主任）要组织制定符合本院（系）发展的政策，同时也要促进教师专注于自身的发展。良好的评价制度要能够反映出教师工作的复杂性，还要促进教师个人特性的发展，促进教师之间的合作，促进教师的职业发展。院长（系主任）要保证所有教师都明确了解在聘任之初和职业生涯的整个过程中的评价内容，以便让教师认识到努力的方向，并尽量为教师提供职业发展的机会。通过提供教师绩效评价指南等文件，使教师清楚了解评价内容。院长（系主任）应鼓励教师积极参与绩效评价活动，组成委员会，制定相关的衡量标准。传统的绩效评价可能会忽略教师修改课程等创新工作，这需要院长（系主任）在评价过程中关注教师的这些工作。可以为被聘为终身教职轨的教师提供职业发展指导，使他们的工作与院（系）发展目标相适应。建议在年度教师绩效评价中应指导终身教职轨的教师为终身教授评审做好准备。院长（系主任）还应该客观对待学生对教师的评价，进行全面分析，对于那些学生评价较低的教师，应允许其进行自我评价。再次，院长（系主任）应为教师发展创造各种机会。为了使教师能够达到评价标准，院长（系主任）应通过组织工作坊等途径，促进教师的发展。最后，院长（系主任）还应通过各种措施，重视终身教职后评审促进老教师的职业发展，尤其是通过各种途径使即将退休的老教师重新焕发活力。

---

[1] New England Resource Center for Higher Education（NERCHE）. *The Deans' Role in Faculty Evaluation and Development*（June 2005）. Retrieved from http：//www. nerche. org/briefs/briefs. htm. 2016 - 07 - 20.

管理人员参与教师绩效评价，有利于将对教师个体的评价与大学自身的发展目标相协调。大学管理人员在制定教师绩效评价制度时，一般都应将大学作为组织的发展战略与具体的教师绩效评价原则和标准联系起来统筹考虑，并将教师评价的过程与大学的战略规划密切联系在一起。谢利（Shelly）曾将这种将组织战略与个体绩效评价相联系的评价方法描述为雇员管理的战略途径。墨菲等（Murphy，et al.）则将评价视为一种建立在“对话”和“多视角”原则之上的目标指向的沟通过程，其目标旨在促进组织战略规划的实现。[1] 成功的教师绩效评价方案，体现在方案在真正的评价实践中是有效的，也体现在是否能真正促进院校发展。[2] 因此，从大学管理者的角度来看绩效评价问题，有利于将教师发展与大学发展相协调，从而避免其他主体对教师绩效评价观点的偏狭性，使教师成为组织中的一员，有利于教师将大学使命与自身发展相结合。

四、专家的角色和作用

专家在教师绩效评价中扮演着规则制定者和仲裁者两种角色。一是在教师绩效评价制度形成过程中参与制度的设计与制定。如在绩效评价指标的选取过程中，有些研究型大学会通过德尔非法征询专家意见，最终形成评价指标体系。在制定教师绩效评价相关政策过程中，都要吸纳专家的意见，形成由专家组成的专门委员会，建立教师绩效评价制度。二是在教师绩效评价实施过程中，校内专家和校外专家要对教师的教学、科研、服务等方面的业绩进行同行评议，尤其是对教师的学术成果和学术水平进行评价。这里重点讨论专家作为同行评议者，在教师绩效评价中发挥的作用进行讨论，即讨论专家是如何作为同行评议者在教师绩效评价中发挥作用的。

---

[1] Szeto，W. F. & Wright，P. C.（2003）. *Searching for an Ideal：A Cross－Disciplinary Study of University Faculty Performance Evaluation.* Equal Opportunities International. Vol. 22，No. 8，pp. 54－72.

[2] Rector，J. L.（2009）. *Faculty Perceptions of Faculty Evaluation Programs at Selected Private Colleges/Universities in the Southeast United States.* University of Tennessee，Chattanooga.

同行评议制度最早发端于17世纪的英国。[1] 作为学术活动的一种重要评价方式，同行评议目前在科学决策、分配学术资源、教师评聘中发挥着重要作用。[2] 在美国，研究型大学一般都在教师聘任、评价和晋升中采用同行评议的做法，尤其是在终身教授的聘任中，聘请校外知名专家进行评审，与校内专家组成的评审委员会的专家评价相互补充，以便对教师的学术水平等方面进行科学、合理、公正的评判。为了保证同行评议的公正性，有些研究型大学规定由校内专家组成的终身教授评审委员会成员必须具有终身教授职位，规定校外专家必须是本领域或相关领域的著名专家。终身教职评定中，对同行评议的程序的履行方式还有特殊要求。如必须有一套进行同行评议的标准和程序、保证所遴选的专家在学术上的权威性、有一定的对同行评议进行有效管理的机制等。正是由于这些严格的标准和程序，保证了校外专家的专业化水平和能力，使得这些校外专家的职业判断要比校内专家所组成的委员会的评判更为可信。

我国研究型大学也普遍采用同行评议的制度进行教师绩效评价，强调在评价中必须有校内外同行专家的评判，以保证评价的学术性和专业性。在教师绩效评价制度的改革中，案例中的C大学采取“代表性成果评价机制”，更有赖于国内外专家的同行评议。

五、评价机构的角色和作用

在有些情况下，有些大学还通过专门的校外评价机构，负责对本校教师进行绩效评价。这种由评价机构进行教师绩效评价的做法，在某种程度上克服了在学校内部组织的评审中可能会出现的偏见和刻板印象的现象，更为客观公正，但也会产生校外评价机构对大学本身的发展目标、院校使命没有深入了解，所进行的评价与大学发展目标不相切合的现象产生，不能将教师绩效评价与大学的文化特点相结合，

---

[1] 阎光才：“学术共同体内外的权利博弈与同行评议制度”，载《北京大学教育评论》2009年第1期，第125~138页。

[2] 耿益群：《美国研究型大学学术职业的制度环境研究》，北京出版社2007年版，第160页。

甚至出现与院校文化相悖的情况。评价机构通常也不关心评价结果的具体运用情况，不能有效、及时地通过对教师绩效评价结果的分析，帮助教师发现问题，并制订相应的教师发展计划。美国一些高校，尤其是专业化较强的院校，为了节省财政支出，提高管理效率，会邀请一些外部评价机构对教师绩效进行评价，但在研究型大学中则很少采用外部组织对教师进行评价。

第二节　教师绩效评价主体之间的关系及其协调

一、评价主体之间的关系

在教师绩效评价中，教师、学生、管理人员、专家以及外部评价机构这些主体之间的关系可以概括为：教师是评价对象与核心，学生是评价教师教学的关键，管理人员是评价的组织者和协调员，专家是绩效评价体系的构建者和行使学术判断权力的仲裁者，外部机构参与教师绩效评价则是评价主体多元化的体现。然而，在我国研究型大学教师绩效评价的实际操作中，这些评价主体之间的关系并没有得到很好的处理。

第一，教师作为评价主体的核心地位没有得到保证。在教师绩效评价制度的设计与制定过程中，没有能够很好地提供教师参与的渠道和机会，缺乏教师的声音。在对教师的访谈过程中，有些教师认为，虽然相关制度的制定和实施要通过教代会讨论，但只是走过场，而教师的声音没有真正得到倾听。

第二，学生作为教师绩效评价的主体对教师教学评价的作用和局限性没有得到充分认识。目前，我国研究型大学一般都采用学生评价的方式对教师的教学进行评价。采取单一的学生评价的方式对教师的教学进行评价，在某种程度上能够使那些教学优秀的教师脱颖而出，能够甄别出教学水平或者态度极差的教师，而对其他教学水平一般教师来说，则很难区分出其差异。有些大学虽然有同行对教师的教学进行评价，但一般都是走过场，而没能将这些评价结果真正用于教师的职业发展。因此，在教学评价中，应采用教师自我评价、同行评价和学生评价等多种形式，并辅以教师档案袋等手段，才能有效评价教师的教学能力和水平。

第三，管理人员的权力过分集中，缺乏与被评价教师之间的有效沟通。在教师绩效评价制度的设计与制定过程中，一般都是由大学的人事部门提出评价方案，交由教师讨论，形成学校关于教师绩效评价的政策和制度，然后各个学院或者系根据学校政策制定相应的部门评价政策和标准。虽然，从原则上来看，将制定具体评价标准的权力已下放到学院和系，但事实上，学院和系制定的政策和标准还要接受学校人事部门的审核。整个评价制度的形成和实施，还是以一种“由上而下”的形式进行的。此外，在评价过程中和评价结果产生之后，管理人员与被评价教师之间缺乏面对面的有效沟通。尤其是缺乏评价结果的反馈，管理人员很少能够根据评价结果，与教师进行探讨，制订相应的教师职业发展计划。

第四，在绩效评价制度的制定过程中没有有效地发挥专家的作用。专家作为教师绩效评价的主体，在评价制度的制定以及评价的实施过程中都应发挥其应有的作用。目前，我国各研究型大学在制定教师绩效评价政策时，虽然都形成了校级以及学院或系层次的学术委员会负责制定相应的政策，但学术委员会的成员一般都是校一级领导，或者学院层次的领导，这实际上是将行政权力引入到学术领域，并没有真正地组成由学术专家组成的学术委员会。有些研究型大学开始改革校一级的学术委员会的人员组成，有些大学的校长宣布退出校一级学术委员会，这是真正发挥学术专家作用的很好的开端。

第五，没有引入由校外机构进行评价的机制。目前，我国的研究型大学中一般都是由大学内部组织进行教师绩效评价，没有引入校外机构评价机制。如果能够在评价的某些环节，引入校外评价机构的评估，可能会使评价更为客观，使评价工作不仅局限于一所大学本身，还能够通过与其他大学的比较，改进本校的教师绩效评价工作，制定相应的教师发展政策和措施。

二、评价主体之间关系的协调

为了更好地发挥各主体在教师绩效评价中的作用，需要协调好各主体之间的关系。要围绕教师这个绩效评价中的核心，从一切有利于大学发展、有利于教师个体的发展出发，协调不同评价主体之间的关系。保证教师参与到教师绩效评价制度的设计与制定过程中，这是实施教师绩效评价制度的前提条件。在此基础上，应建立被评价的教师与管理人员之间的有效沟通机制，英国剑桥大学等研究型大学中的发展性教师绩效评价制度为我们提供了很好的经验。在英国教师绩效评价过程中一般采用的“评价面谈（appraisal interview）”的评价方式进行，使被评价教师与评价者之间能够一对一地进行面对面的交流与沟通，[1] 能够就教师的优势和存在的问题达成共识，有利于进一步对教师的职业发展提出建设性的建议，指导教师的进一步发展。应正确看待学生评价的作用，使学生评价既能够有利于促进学生的学，同时也能够及时为教师提供反馈，使教师能够及时了解自己在教学中存在的问题，了解学生的需求，改进教学。适当引入校外评价机构的评价，使评价更具客观性和全局性，更为专业化。

总之，在教师绩效评价的设计与制定以及制度的实施过程中，应充分发挥不同评价主体的作用，实现各主体之间的有效沟通和协作，使评价能够真正促进教师个体的发展，激发教师的工作热情和创造力，提高教师队伍的整体水平。

---

[1] 陈绍辉：“吉林省地方高校教师绩效评级体系研究”，东北师范大学 2012 年博士学位论文，第 38 页。

第六章　教师绩效评价各维度之间的权衡

在教师绩效评价中如何很好地平衡教学、科研和服务等方面，一直是一个争论不休的话题。南开大学校长龚克曾说："一所学校，特别像南开这样的研究型大学，到底是教学重要还是科研重要？到底应该怎样导向？怎样选教师？怎么评价教师？这些问题我们一直在思考。"❶ 如何避免无休止的争论，寻求一种能够平衡教师绩效评价的不同维度的解决方案？是研究型大学教师绩效评价中的一个关键问题。这一部分就各个评价维度的权衡问题进行探讨，并在此基础上，进一步对绩效评价指标的相关问题进行分析。

第一节　研究型大学教师绩效评价中的各维度审视

教师绩效评价一般包含教学、科研和服务几个维度。此外，在我国研究型大学教师绩效评价中，还包括师德等维度。这一部分就教学、科研和服务这三个维度进行分析，指出各个维度的特点及其存在的问题。如何在不同维度之间进行很好的平衡，则需要根据不同大学的特点及其发展战略，制订不同的教师绩效评价方案，合理设计指标和权重。

一、教学评价：学生评价的利弊

在教师绩效评价的几个维度中，教学评价一直列为首位，这说明

---

❶ 卢丽君："提升高校教学水平和创新能力——访全国人大代表、南开大学校长龚克"，载《中国高等教育》2016 年第 6 期，第 25 ~ 31 页。

教学在评价中占有非常重要地位。美国文理学院具有重视教学的传统，在教师绩效评价中，非常重视教学评价。在研究型大学中，虽然教学评价仍是首要的评价方面，但在具体的实施中却经常大打折扣。在对教师教学的评价中，存在主要依靠学生评价的现象。这主要由于在教师绩效评价中使用学生评价具有其内在的优势。由于学生每天在课堂与教师密切接触，倾听教师授课，对教师的课堂教学情况非常了解，可以说学生评价所提供的各种信息一般来说可靠、准确。教师通常也愿意根据学生评价的反馈及时调整自己的教学内容，改进教学方法，寻求提高教学质量的途径。研究显示，采用精心设计的具有专业化水准的学生评价问卷，能够很好地反映教师课堂教学质量和教学能力，其评价结果与同行教学评价和督导教学评价结果具有较高的相关性。[1] 但是，学生评价过程中如果评价问卷设计不合理，会受到教师教学以外的其他因素影响，比如班容量、上课时间等。对于学生评价的质疑已经有很多相关研究，如著名的“福克斯博士实验”成为很多了解该实验的教师认为学生评价不起作用的依据。这是一项由三名研究人员于20世纪70年代进行的研究，研究者聘请了一名演员扮演福克斯博士给一组教师上课，并伪造了一份福克斯博士的简历。要求该演员在讲授过程中要将课程讲得富有表现力和娱乐性，但要让讲话逻辑混乱，重复而又缺乏内容。之后又让另外两组教师收看该演员的授课录像，课后都要求教师匿名填答调查问卷，给教师打分。结果发现教师为讲演者打分很高。[2] 但肯·贝恩（Ken Bain）并不认为学生评价不起作用，他认为，该研究最重要的缺陷是研究者问错了问题，在所提出的8个问题中，没有一个问题是问听众学到了什么，贝恩认为这是识别优秀教学的关键因素。[3] 从这一角度来看，在对教师教学绩

---

[1] Arreola, R. A. (2000). *Developing a Comprehensive Faculty Evaluation System.* Second Edition. Bolton: Anker Publishing Company, Inc. p. 48.

[2] Donald H. Naftulin, John E. Ware, Jr., and Frank A. Donnelly (1973). *The Doctor Fox Lecture: A paradigm of Educational Seduction.* Journal of Medical Education, No. 48. pp. 630 – 635.

[3] ［美］肯·贝恩：《如何成为卓越的大学教师》，明廷雄、彭汉良译，北京大学出版社2007年版，第12～13页。

效进行评价的过程中，应该科学合理地设计问卷，并全面考虑应对哪些方面进行评价，具体来说，在教师绩效评价中如果采用学生评价，应关注以下几个方面的问题：

第一，通过制定教学标准，使对教师的教学评价建立在合理评价标准的基础上。

不论是采取学生评价，还是同行评价，还是督导评价，或者父母评价和校友评价，或者综合不同各方对教师的教学评价，都应该建立在清晰明确的教学评价标准之上。通过制定教学标准，对教师教学绩效进行评价，以促进大学教学水平的提高。很多国家都制定了相应的大学教学标准，旨在对教师教学进行有效评价，提高教学质量。2006年，英国高等教育学院（the Higher Education Academy）与其他一些机构联合发表了“英国高等教育教学专业标准框架”（the UK Professional Standards Framework for teaching and supporting learning in higher education，UKPSF），并于2011年对该框架进行了进一步修改。该框架分为活动领域、核心知识以及专业价值等三个维度。其中活动领域包括：（1）学习活动或研究方案的设计和规划；（2）教学和（或）支持学生学习；（3）进行评价并将评价结果反馈给学习者；（4）形成有效的学习环境并为学生提供支持和指导；（5）教师应在学科领域和教学方法上不断关注自身的职业发展并将研究、学术和专业实践评价等活动进行整合。核心知识主要包括：（1）课程内容；（2）在课程领域和学术计划中采用适宜的教学方法、学习策略和评估途径；（3）学生在课程或学科领域如何学习；（4）考虑适宜的学习技术的使用及其作用；（5）评价教学有效性的方法；（6）教学质量保证和提升专业实践能力的意义。专业价值方面包括：（1）尊重学习者和倡导多样性的学习环境；（2）促进高等教育参与，实现学习者机会平等；（3）使用以事实为依据的方法和应用来自研究、学术的结论，促进职业发展；（4）认识到更为广泛的高等教育背景下的职业实践及其意义。[1] 这些

[1] The Higher Education Academy (2011). *The UK Professional Standards Framework for Teaching and Supporting Learning in Higher Education*. Retrieved from: https://www.heacademy.ac.uk/sites/default/files/downloads/UKPSF_2011_English.pdf. 2016-07-20.

标准既可以作为教师职业发展的学习目标和效果定位，也可以作为教学评价的内容。英国各高等院校在该框架下开展教师教学评价。我国研究型大学在制定教师教学绩效评价时，也可以参考这一标准，制定相关的教学评价标准，指导教学评价活动的展开。

第二，采取学生评价与同行评价、督导评价、校友评价等相结合的多元化评价方式。

为了避免学生评价的片面性，可在采取学生评价的同时，采用学生评价与同行评价、督导评价、父母评价和校友评价等多主体对教学进行评价的方式，实现教学评价多元化。同行评价能够通过课堂观察，对教师的讲授材料、课程设计进行专业评价，同时，从学科领域的角度将课堂教学与学院或系的目标、首要任务、价值标准等密切联系，并通过与被评价教师之间的交流，为教师改进和提高提供建议，有助于被评价教师的职业发展。我国研究型大学经常会采用督导评价的方式对教师的教学进行评价。督导评价则从管理人员的角度，对教师的教学进行评价，通常是教务处等部门组织相关领域的退休人员进行评价。这些评价者可能是被评价教师所属学科领域的专家，也可能是其他领域的专家，会从学术角度对教师的教学情况进行判断，并通过与教师的沟通，帮助教师改进教学方法和教学内容。校友评价是邀请已经毕业的学生对教师的教学进行评价，这种评价方式会更为客观公正，而且克服了由在校学生进行评价的短期性问题，能够在较长的时间段内，对教师教学做出较为公正的判断。还有院校邀请学生的父母对教师的教学进行评价。在教学评价中，由院长或者系主任作出评价的方式也被一些院校采用。在美国的一些院校中，院长或系主任通过课堂观察、评审学生学习情况的材料、分析学生反馈情况等对教师教学进行评价。院长或系主任熟悉院校发展目标和基本工作重点，能够获得关于教师的其他方面的材料，并能够将被评价教师与学院或者系的其他教师进行比较，能够直接与被评价教师进行沟通，将评价结果直接反馈给教师，并与教师共同讨论教学情况和如何改进、提高等问题。但院长或系主任评价结果，会受个人喜好和其与被评价教师关系的影响。在美国的一些大学中，会组织由外部专家组成的小组通过课堂观察和分析学生学习的数据对教师的教学进行评价。这种评价方式中，由于评价者是外部专家，对学院或系内部的情况和所存在的问题不清楚，所持有的偏见会少一些，评价更具有客观性，但评价会受评价者个人价值观的影响，而且评价者作为局外人，对院校不负有任何学术上的责任，也会影响评价的有效性。总之，综合运用多种方法，而不是单纯地以学生评价方式对教师教学进行评价，才能更为准确地反映教师的教学水平。

第三，通过设立教学奖的方式，对优秀教学给予认可和奖励。

为了激发教师的教学热情，可以在大学外部和大学内部设立一些教学奖励奖项，保证对优秀教学给予认可和奖励。通过一些教学奖的获得情况，对学生评价、同行评价、督导评价和系主任评价等评价方式进行补充，对教师的教学进行科学合理评价。大学外部对教师优秀教学的奖励在我国有国家级名师和国家级精品课程等奖项，对优秀教学给予奖励。在英国也有相关对教师教学进行奖励的奖项，如英国高等教育领域的“教学与学习发展基金（Fund for the Development of Teachong and Learnong，FDTL）”“教学质量进步奖（Teaching Quality Enhancement Funds，TQEF）”“国家教学奖（the National Teaching Fellowship Scheme，NTFS）”等。[1] 在大学内部也会设立相关奖项，如我国大学中一般设立“校级名师”“校级精品课程”和“青年教师教学大赛奖”等奖项对优秀教师的教学进行奖励。美国研究型大学也设立各种类似项目，如莱斯大学的“卓越教学奖”等。通过这些奖项的设立，在某种程度上弥补了以单纯的学生评价等量化评价方式所造成的过于量化的现象，使对教师的课堂教学评价更为全面。

第四，通过制度建设，保证教师教学投入。

为了提高教学质量，大学通过制定相关政策，对教师的教学方面进行规范和评价，保证教师教学质量。以英国为例，英国高等教育质量保障署（QAA）从外部保证教师教学质量。该机构成立的主旨是对高等教育提供全面系统的服务，其主要目的在于提高高等教育质量，

---

[1] 李俐：“英国高校教师发展研究”，西南大学2013年博士学位论文，第104页。

对高等教育机构进行外部监测，其中包括对教师的教学水平进行评估。为提高高校教师的教学水平，英国还设立了高等教育资格课程，并规定新教师在试用期内取得“教学职业认证（Professional Recognition of Teaching)”，否则无法获得正式教师资格。英国政府规定，2006年后进入大学的新任教师，必须在最初的3～5年试用期内，利用业余时间，修完60个学分的PGCHE课程。[1] 我国研究型大学也越来越重视教学质量问题，尤其是关注本科生教学质量。如南开大学非常重视本科教学改革，曾提出了“教学神圣”的理念，强调教学是学校全部工作的中心，是每位教师的神圣职责，并通过制度保障教学中心地位。学校提出并落实“让南开最好的教授都给本科生上课”的要求，通过名师垂范、制度激励，确保优秀教师投入本科教学，发扬学校大师、名师为本科生讲课的优良传统。[2] 美国莱斯大学也明确在教师绩效评价政策中对教师的教学进行评价，并给予优秀教学以奖励。

此外，在对教师教学进行评价过程中，有些院校在学生评价方面还采取对教师教学结果进行评价的方法。这种方法更强调对教师教学中可观察的行为指标进行评价，可以避免过于主观的评价，也比较简单、易行。但局限性在于没有充分考虑教师教学工作的特点，教师所从事的教学工作是一种专业性非常强的工作，具有复杂性的特点，与企业员工的工作性质和属性有实质性的区别，不能以简单计件的方式对待教师的教学工作。不能简单地以学生的成绩作为评价教师教学的依据。这也是为什么教育部门在中小学教育领域明令禁止将升学率与教师绩效工资挂钩。2002年《教育部关于积极推进中小学评价与考试制度改革的通知》第11条明确指出：“不得以学生考试成绩作为评价教师的唯一标准。未经教育行政部门批准，任何社会团体、民间学术机构组织的教学评价结果不能作为教师晋升、提级、评优的

---

[1] 李俐：“英国高校教师发展研究”，西南大学2013年博士学位论文，第35～36页。

[2] 饶子和：“科学定位注重质量突出南开大学精神和办学特色”，载《国家教育行政学院学报》2009年第3期，第3～9页。

依据。”❶ 在高等教育领域，虽然不存在以升学评价教师绩效的问题，但过分强调学生评价教师教学会使得教师在教学中为了获得学生良好的评价，给学生打高分或者出现迁就学生的问题。教师绩效评价的一个基本假设是教师的教育教学活动是专业工作。在教学的过程中，教师为学生付出的不是能够以学生的成绩和分数可以衡量的热情、时间和精力。因此，教师的教学工作很难测量。教师对教学所投入的时间和精力，很难在短时间内看到收效的，由于教育成果在某种程度上存在滞后性的特点，教师的教学在学生身上所发挥的作用也许会在很长时间之后，乃至学生毕业多年之后才能够看到成效，因此，以量化的测量方式对教师教学绩效进行评价，不能全面体现教师的教学业绩，需要对一些类似学生成绩这样的显性指标所不能测量的因素和情况进行多方面、多维度的考察，才能真正衡量教师的教学绩效。

二、科研评价：质与量的选择

在教师绩效评价中，对教师科研绩效和水平评价中最为突出的问题是如何平衡科研的质与量的问题。在教师绩效评价实际操作中，科研评价主要是指对科研产出的评价，包括学术著作、学术论文、学术获奖情况、取得专利情况、科研项目、学术活动情况等指标。在我国研究型大学中，一般情况是更注重这些方面的数量的考察，在教师绩效评价标准中都明确规定教师评价或者晋升中对科研数量方面的要求，而对科研成果的质量方面的评价则没有得到相应的重视。这种注重科研成果数量的理念，已经渗透到教师科研绩效评价的方方面面。在教师绩效评价中通常采用同行评议的方式对教师科研绩效进行评价，应该说这种评价方式注重的是教师科研成果的质量，而非数量，但在实际的操作中，一般在年度评价中，由于时间和财力所限，很难

---

❶ 教育部：“教育部关于积极推进中小学评价与考试制度改革的通知（教基〔2002〕26 号）”，载 http：//www. moe. edu. cn/publicfiles/business/htmlfiles/moe/moe_32/201001/xxgk_78509. html，访问时间：2016 年 9 月 1 日。

采用同行评议的方式对每一位教师进行评价，更多的是在教师职称评定过程中采取同行评议的方式，对教师的代表作由校内外专家进行同行评议，但通常教师职称晋升的前提是要达到对科研成果数量的要求。这就造成了一些教师为了追求单纯的论文发表数量，而放弃耗时较长的研究项目，专注于一些短期项目和应用项目。这不仅影响了科研质量，而且还造成了教师的紧张、焦虑、浮躁的心态，不利于学术创新，更难以产生原创性的研究成果。

那么，到底是数量重要还是质量重要？如何看待数量与质量之间的关系？国内外一些研究型大学的做法和尝试，为更好地平衡这两个方面提供了有益的思路。案例中的 C 大学通过“代表性成果评价机制”突出了质的重要性，而不对一些有潜质和有创新性研究成果的教师做科研成果数量方面的要求。美国芝加哥大学在终身教职评价中不仅没有对教师研究成果方面的成果数量的要求，甚至规定不能以单纯的数量的多寡作为评价的标准，发表的学术研究成果数量再多，如果质量不行，也决不能作为聘任的依据。相反，对研究成果的质量方面则有非常严格的评价标准，规定教师的学术研究成果必须具有原创性。而且，芝加哥大学在教师聘任和评价中，将杰出的研究成果和研究能力作为最为重要的方面，明确指出在研究、教师、服务等评价领域中，研究方面的杰出能力和成果最为重要，即便聘任专门负责教学职位的教师，也要求教师具有研究方面的高质量成果和高水平的研究经历。[1]

在教师科研绩效的评价中，要正确看待数量与质量之间的关系，在实际制定教师绩效评价制度、设计评价指标时，应该根据不同大学具体情况，根据不同院系和不同学科的特色，分配针对数量方面的评价和针对质量方面的评价的权重，使评价更为科学。美国教育协会认为，应该改变以教师发表文章和出版专著为手段的评价方式，采用更

---

[1] University of Chicargo (1972). *A Report of the University of Chicago Committee on the Criteria of Academic Appointment*. Retrieved from: http: //provost. uchicago. edu/pdfs/shilsrpt. pdf. 2016 - 07 - 20.

为多样化的评价手段。[1] 在评价中，应综合运用同行评议、定量分析、文献计量法和科学计量法等多种绩效评价方法，[2] 有利于避免单一的方法所造成的局限性。

三、服务评价：职能的拓展与责任感

研究型大学服务的理念和职能源于美国高等教育领域的“威斯康星理念”。当威斯康星大学将大学的边界拓展到州的范围时，大学的使命和责任也从象牙塔中的知识传承与学术探究拓展为将学术探究与人类社会相联系的范畴。服务的职能赋予大学教师一种使命感和责任感，大学教师必须与广泛的社会相联系，关心大学的发展、关心社会的发展与人类进步。在中外研究型大学教师绩效评价的维度中，都包括服务这一维度，与教学和科研并列，成为最重要的三个维度之一。芝加哥大学教师聘任规定中明确规定，教师要参与大学内部服务工作和大学之外的服务工作。大学内部的服务种类主要包括：（1）提供医学以外的综合研究和培训。这类服务种类繁多，但必须与大学的主要研究和培训职能相关。比如物理科学领域的教师需要与工程师合作进行研究，这些教师经常会在工程学部或者工业界担任职务。（2）健康护理和医学院的服务。医学院中临床系的教师必须从事这类服务工作，但规定从事单纯临床工作但不从事研究或者教学的外科医生，在任何情况下都不能被授予教师头衔。（3）与研究和教学职能无关的纯服务。这类服务主要指大学的医学院中的人员的临床医疗服务。从事此类服务的人员由于不参与大学的教学和科研工作，所以一般不能被聘任为大学的正式教师。关于大学外部服务主要包括：（1）公共服务。主要指参加联邦政府、州政府和市政府的服务，以及各类第三部门和自愿组织的服务。为了提高教师公共服务的质量，并使之与大学

---

[1] American Educational Research Association. *Rethinking Faculty Evaluation*. Retrieved from: http://www.aera.net/Portals/38/docs/Education_Research_and_Research_Policy/RethinkingFacultyEval_R4.pdf. 2016-07-20.

[2] 陈长喜、卢秉福：“高校教师科研绩效评价机制探索”，载《黑龙江教育（高教研究与评估）》2013年第1期，第59~61页。

发展目标相适应，教师的公共服务必须经过教师晋升委员会的评价，这些活动必须是经委员会认可的具有重要的智力贡献或者重要的研究意义的活动。(2) 学术服务。包括教师属于聘任委员会指定的学术和科学学会的成员。教师在这些学会中任职分为三个等级：荣誉性服务（如做学会的主席)、智力服务（如做学术或科学期刊的主编)、管理服务（如做学会的秘书)。(3) 个人服务。为私人企业提供顾问咨询。这类服务必须有助于提高提供服务的教师的科研成果，委员会才予以认可。[1] 芝加哥大学对教师服务方面的规定，是与大学的发展战略和大学的使命密切联系的，所有教师相关的服务工作都必须是围绕大学的科研和教学活动。相反，与大学的科研和教学无关的服务活动不能成为教师聘任和晋升的资本。可见，服务是教师聘任和晋升的必不可少的方面，但必须是围绕大学的教学与科研活动展开的。剑桥大学对教师绩效评价包括研究/学术、教学和一般贡献（general contribution）三个维度。一般贡献相当于我们通常所说的服务，在教授、高级讲师等高级学术聘任中，都要求教师在一般贡献方面的业绩。关于一般贡献这部分主要指教学和研究之外有效贡献。包括管理，更确切地说是管理研究组织、创建和管理多机构/全国/国际研究。也可以包括扩展项目、参与或设计校外项目、主编工作、临床工作等。我国大学中教师绩效评价维度也均包括服务，对服务范围的界定会有一些区别，比如有些院校规定服务包括学校党政兼职、学术委员会任职、辅导员或班主任等工作，参加学校学科建设工作情况，全国性或国际性学术组织成员或任职，社区服务，各类咨询顾问等。通过对大学教师服务业绩的评价，使大学教师围绕所从事的教学和科研活动，更多关注校内外服务工作，增强自身的使命感和责任感，更好地做好教学和科研工作。

大学教师在教学、科研和服务三个方面的工作体现了现代大学的三个方面的重要职能。在考虑三个方面的权重时，应根据大学的发展

[1] University of Chicargo (1972). *A Report of the University of Chicago Committee on the Criteria of Academic Appointment*. Retrieved from: http: //provost. uchicago. edu/pdfs/shilsrpt. pdf. 2016 - 07 - 20.

战略以及大学的实际情况，合理分配权重。美国莱斯大学作为世界一流的研究型大学，以为学生提供一流的教学著称，也是大学最为突出的特色之一。因此，在教师绩效评价中非常注重教师教学方面的业绩。而芝加哥大学为保持自身在研究领域的卓越地位，尤其注重对教师的研究方面的业绩的评价，要求教师在研究、教学和服务方面都表现出卓越的成绩，甚至在教师服务方面都规定教师必须从事与教学和研究相关的服务活动。原教育部长袁贵仁在2016年全国教育工作会上的讲话中强调，要大力推进教师考核评价制度改革，更加重视对教学水平的评价，更加重视教师科研成果的创新和实际贡献，促进教研相长、教学相长。[1] 只有教学、科研和社会服务各方面共同发展，才能真正促进教师的发展，促进教师队伍质量的提高。

第二节　教师绩效评价中的指标设计与指标体系的构建

教师绩效评价是一个复杂的系统工程，而指标的设计与应用则是最具操作性的环节。由于教师所从事的教学、科研和服务工作是一个非常复杂的学术工作，对教师绩效评价也是一个复杂的认知过程。在指标设计中，要充分认识到质量与数量之间的关系。有学者建议采用层次分析法，认为这种方法是一种实用的多维决策方法。可以将不能数量化的内容进行相应的量化，使纷繁复杂的评价过程成为一个有序递阶的层次结构。能将定性分析与定量分析结合起来。[2] 在教学方面既要有数量的计算，也要有质量方面的规定。通常情况下，科研方面更加关注量化指标，这需要通过校内外专家评价等同行评议的方式对科研质量予以关注。在设计指标及确定不同指标权重时，也要重视专

[1] 袁贵仁："以新的发展理念为引领全面提高教育质量加快教育现代化——在2016年全国教育工作会议上的讲话"，载 http：//paper. jyb. cn/zgjyb/html/2016 - 02/05/content_449171. htm？ div = -1，访问时间：2016年9月1日。

[2] 任永维、卢逢春、陈首钢："如何建立和完善高校教师绩效评价体系"，载《价值工程》2010年第36期，第319页。

家的作用。如果教师绩效评价的目的在于选拔优秀拔尖人才和有潜力的人才，那就更应该关注专家评价的作用。还应关注不同指标的性质和层次，充分考虑教师的学科差异，根据高校的特点、课程类别等选取不同的指标体系。比如在艺术类教师的绩效评价中，就不能过分强调科研，而创造性的活动和作品则应得到认可。因此，一般大学都在评价指标的设定中，倾向于采用较为宽泛的评价指标体系。但在具体的运作中，研究型大学尚存在过于强调科研、重视科研产出的数量而忽视质量的情况。此外，在评价中，普遍存在着对于教学方面的评价不够重视的问题。

一、教师绩效评价中的指标设计

在研究型大学教师绩效评价过程中，哪些指标应纳入其中，一直是备受争议的话题。美国大学教授协会（AAUP）通过对通过认证的四年制文理学院中院长的问卷调查发现，在认为哪些应该成为教师绩效评价标准中重要内容的教师比例在2000年和2010年间，尽管随着高等教育的变迁和院校的发展，院长们的看法发生了一些改变（见表6.1），但却一致认为教学是最重要的教师绩效评价指标。[1] 与四年制文理学院相比较，研究型大学一般更加强调科研的重要性。

表6.1　美国四年制文理学院院长认为应作为教师绩效评价指标的比率（%）

标准年度（样本数）	2000（n=506）	2010（n=401）
课堂教学	97.5	99.3
学校委员会工作	58.5	70.5
指导学生	64.2	69.1
研究工作	40.5	51.8
出版	30.6	39.6
服务情况	43.8	38.1

[1] J. Elizabeth Miller & Peter Seldin.（2014）. *Changing Practices in Faculty Evaluation: Can better evaluation make a difference*? Retrieved from: http://www.ericdigests.org/pre-9212/faculty.htm. 2016-07-20.

续表

标准年度（样本数）	2000（n=506）	2010（n=401）
公共服务	23.6	23
专业协会工作	19.9	20.1
个人态度	28.4	18
研究生指导	3.0	3.6
指导荣誉项目	3.0	3.6
咨询	2.0	3.6
各类竞争性工作	3.0	0.7

资料来源：整理自 J. Elizabeth Miller & Peter Seldin. *Changing Practices in Faculty Evaluation: Can better evaluation make a difference*? Retrieved from: http://www.ericdigests.org/pre-9212/faculty.htm.

（一）我国研究型大学教师绩效评价指标体系现状

我国研究型大学在教师绩效评价指标体系中，普遍采用教学、科研和服务三个维度的指标，并在这三个维度的指标的基础上进一步进行分层，下设二级、三级，甚至更多层级的指标。除了这三个维度的指标外，研究型大学非常重视对教师师德的评价，在评价中都将师德作为考核的指标之一。但由于师德很难进行量化，一般都采用一票否决制，或者对获得师德方面奖励的教师予以认可。有些大学教师绩效评价指标设计上会出现重复交叉现象，比如，在指标体系中通常会包含科研、成果获奖、论文数、著作等指标，但成果获奖和科研往往都是以学术论文或者著作的形式表现出来的，这样会对教师科研业绩进行重复计算，影响教师评价结果的公正性和公平性。[1] 在指标选取方面，可以采用德尔斐法（Delphi Method）。[2] 这种方法能够通过向各类专家征求意见集中各方的智慧，最终确定评价指标，能够在一定程度上保证指标选取的科学、合理和公正。在评价指标设计过程中，不同

[1] 刘洋："高校教师绩效评价指标体系的研究与实践"，哈尔滨工程大学2008年硕士学位论文，第31页。

[2] 姚丰桥："高校教师绩效评价指标体系研究"，天津大学管理学院2007年硕士学位论文，第17页。

指标的权重问题是指标体系设计中的关键，但各研究型大学在设计指标的权重时，缺乏一定的依据，进而影响评价结果的可靠性和有效性。如何科学合理设计指标的权重，是指标体系科学与否、合理与否的关键。

（二）教师绩效评价指标设计中存在的问题

教师绩效评价指标体系是关乎整个评价效果的关键，对于研究型大学教师绩效评价制度的建设来说至关重要。有研究者在综观我国高校教师绩效评价指标设计和发展现状的基础上，归纳出评价指标设计存在评价指标不全面、评价指标内涵有交叉、评价指标缺乏科学分析、评价指标缺乏可操作性、评价指标与学校的发展目标不统一、评价指标没有体现差异性、评价指标没有考虑教师工作的特点等7个维度的问题。[1] 具体到研究型大学教师绩效评价指标来说，更为突出的是以下几个方面的问题：

1. 评价指标过分重视科研绩效的衡量，导向不合理

通过全面考察我国研究型大学教师绩效评价体系，可以发现，在评价体系中突出对教师的科学研究和业绩的衡量，而忽视了对教师其他方面的能力和业绩的考察。大学教师评价体系的主要指标包括教师的科研成果、教学工作量两项指标。在这两项指标中，教学工作只有“量”的指标规定，而较少有“质”的指标规定。事实上，在研究型大学对教师绩效的评价中，对教师科研绩效的评价成为最重要的部分。而研究型大学的职能包括教学、科研和服务等多项职能，科研只是研究型大学职能之一。研究型大学除了具有科学研究和创新的职能外，还肩负着人才培养的重要职能。培养具有创新意识和创新能力的人才，是研究型大学责无旁贷的使命。通过对美国莱斯大学的案例分析，我们可以看到，莱斯大学之所以在美国众多大学中脱颖而出，发展成为世界一流的著名的研究型大学，其最为重要的经验就是该校以提供卓越的本科生教育作为大学最为重要的使命，并在教师绩效评价

---

[1] 刘洋：“高校教师绩效评价指标体系的研究与实践”，哈尔滨工程大学2008年硕士学位论文，第30～32页。

过程中将衡量教师的教学水平是否卓越作为评价教师的重要维度。大学的任务是知识传承和知识创新，教师的任务是培养创新人才和知识创新。研究型大学教师既要从事科研工作，又要从事教学工作，科研只是教师工作的一部分，教师在从事科研工作的同时应该考虑如何教好书，如何培养创新人才。然而，在现行研究型大学教师评价体系的导向下，大学教师一心只追求科学研究成果，不仅忽视了提高自身教学能力和教学水平，也忽视了对自身其他方面的能力和素质的提升，如道德修养、身心健康等。在这种指导思想下设计出的教师绩效评价指标，使研究型大学越来越重视对教师科研业绩的评价，而忽视了对教师的教学和其他方面的工作的认可，形成了研究型大学中普遍存在的重科研、轻教学的现状。

2. 评价指标与大学的发展目标不相符

教师绩效评价指标设计应该与评价的目的相统一，而研究型大学制定教师绩效评价政策时，没有能够确定清晰的评价目的，也不可能与大学发展目标相协调。这就需要大学根据自身发展战略和具体的发展目标，设计相应的教师绩效评价指标，而不是简单地形成一套绩效评价指标体系，应用于教师绩效评价实践。

3. 评价指标不能体现学科差异性

在教师绩效评价指标设计过程中，多数情况没有考虑到不同学科领域的差异性。如对艺术类教师的评价中，要充分考虑到其特殊性，不能简单地以论文发表数量、科研课题承担和完成情况对艺术类教师进行评价。要将艺术类教师的创造性成果、艺术作品和艺术创作、演出剧目等作为重要的衡量内容，并基于此设计评价指标。此外，对于人文社会科学和自然科学之间的差别、基础学科和应用学科之间的差别等，都要给予充分而全面的考虑，使评价指标更为科学、合理、公正。

4. 评价指标设计过程缺乏教师的参与

教师个体是绩效评价的对象，因此，在绩效评价指标的设计过程中，必须有教师的参与。必须全面征集教师的意见，倾听教师的呼声。教师个体的发展与大学总体的发展是息息相关的，教师评价指标的设计必须以大学发展战略为指针，以实现大学发展目标为指南，并在此基础上与教师个体发展相统一。评价指标要符合大学教师的工作性质，真正从教师个体的发展出发，以促进教师职业发展为目的。研究型大学不同于企业，作为学术组织，大学是由教师和学生组成的学术共同体。因此，不能简单地将企业界的绩效管理理念和相关理论应用于教师绩效评价指标的设计过程中，而应充分考虑大学教师的工作性质，从发展和提高的角度进行指标体系的设计，而不是把评价指标作为管理的手段和途径。

5. 评价指标没有关注教师个体职业发展

教师作为个体，其学术生涯的发展呈现出阶段性的特点。在教师绩效评价指标的设计过程中，要充分考虑教师职业发展不同阶段的特点，制定合理的绩效评价指标。对年轻教师的评价中，要考虑其职业生涯初期所呈现出的特点，要给年轻教师一定的发展空间，而不能简单地以年度评价标准去衡量教师的业绩。如果单纯地追求数量上的指标，而忽视年轻教师的发展潜质，会造成年轻教师浮躁的心态，很难潜心于学术研究。如此功利性的评价指标体系设计，不仅不能起到激励和促进作用，反而会影响教师队伍整体的发展。

二、研究型大学教师绩效评价指标体系的建构

（一）建构原则

研究型大学是指具有较强的学科优势，以培养高层次精英人才为目标，将教学与科研紧密结合，以知识创新为核心，集知识传播、生产和应用于一体，产出大量高水平的科研成果，对社会经济、文化等方面的发展具有重要作用的大学。这也就决定了研究型大学教师评价指标体系建构应尊重科学研究和人才培养的客观规律，最大限度地对教师的业绩和发展潜力做出准确、客观和建设性的评价。一般来说，研究型大学的教师都高度重视自我价值的实现，注重他人、组织及社会的评价，属于典型的知识型员工，期待自己的工作更有意义并对学校、社会有所贡献。学校应着眼于在成就、能力、环境和物质等方面对教师进行激励。研究型大学教师看重的是工作是否富有成就感，科

学研究工作是否带有挑战性，科研成果能否得到社会、学校的认可。学校应该根据激励因素理论，对于教师评价制度进行质和量的分析与划分，最大程度地激发教师工作的积极主动性。

对研究型大学教师的教学、科研水平以及社会贡献的评价是一个相当复杂的问题，由于学科的差异、专业的差异、研究成果形式的差异、时代的差异、认识水平的差异等，很难找到一个普遍适用的评价标准来对教师的绩效进行科学的评价，教师绩效评价具有相对性。另外，评价也要充分考虑到教师自身的职业道德和人格等方面，确保教师绩效评价的全面性。在制定研究型大学教师绩效评价指标体系的过程中，要充分考虑教师绩效的相对性、多维性，避免绝对化和片面性，否则就会影响绩效评价结果的公平性和科学性，最终影响教师个人的发展和整体师资队伍的建设。既要处理好学校长远的发展和当前的需要之间的关系，也要处理好教师师德与才能、教学与科研、实验教学与课堂教学、基础研究与应用研究之间的关系；还要充分考虑学科的差别，注意文理、理工以及传统学科与新兴学科之间的差异性，同时还要充分考虑教师发展阶段的差异、考虑年龄的差别、处理好老年与中青年的关系等。研究型大学学科门类繁多、覆盖面广，这要求评价指标体系要充分考虑不同学科教师的工作特点，能够较好地体现对研究型大学教师绩效科学合理的评价，同时还应具有一定的灵活性等特征。教师绩效评价指标设计的理念应从以下几个方面进行思考：关注教师成长和职业发展、提高办学效率和质量、回应社会问责、形成良性学术生态、发挥管理部门在院校决策中的作用等。在对研究型大学教师绩效评价指标进行建构时需要遵循以下原则。

1. 以人为本

教师评价指标体系的评价考核对象是教师，因此在制定时应该从促进教师的成长与事业发展的角度出发，考虑其学术成长的规律性和个体差异性。评价指标体系要求评价者以支持的方式，帮助教师，同时强调双方共同设定长久目标和解决问题。通过对评价结果的反馈，使被评价者充分认识到他们工作中的不足，了解学校、院系、同行、学生对他们工作的评价信息，从而在以后不断加以改善。

2. 可操作性

评价指标体系要符合国情、校情并具有国际间的可比性。为了实现评价指标的可衡量性，可采用数学方法对部分指标进行量化分析。高校教师绩效评价指标体系是学校发展目标在教师个体上的分解，绩效评价是实现学校发展目标、提升教师素质的一个重要手段，因此绩效评价指标的确定一定要保证其在具体评价过程中的可应用性，有据可查，指标不能过空或过高。各项指标要力求做到简单、规范、易于操作。一方面便于管理者使用，另一方面也有利于教师按照指标要求不断修正自己的努力方向，促使教师的个体目标与学校的总体目标保持一致。

3. 科学性和系统性

绩效评价指标体系要建立在科学的基础上，按照研究型大学教师的工作特点，体现教师工作业绩的主要内容及内在联系，把教师日常工作中重复的、零碎的、共同或不同的因素进行有机的整体优化。指标体系不仅要考核教师的业务知识水平、科研能力和教学工作实绩，还要考核教师的职业道德、组织纪律、团结协作精神等。指标体系的科学性是确保评估结果准确合理的基础，因此，在设计评价指标体系时要充分考虑指标元素及指标结构整体的合理性。在绩效评价指标体系的设计过程中要充分考虑到教师学科、专业以及发展阶段的差异，只有这样才能最大限度地保证绩效评价指标体系的科学性，使绩效评价结果更为公正、公平。

4. 适度性和发展性

教师绩效评价的适度性原则，就是要根据教师所属学科的特点，适当调节体系中指标的分布和权重，并根据学科发展的需要，科学合理地设计评价指标，使评价指标体系与学科发展相协调。在指标设计过程中，应遵循动态性和发展性原则，根据科学技术、科技政策、社会与经济的发展以及学校自身发展战略目标的调整而做出相应的调整和改变，以利于教师绩效评价效果的最优化。高校在设计教师绩效评价指标体系的过程中必须充分考虑到学校自身的客观条件和发展目标，绝不能盲目地照搬照抄，应该因地制宜，制定适合学校自身发展的教师绩效评价指标体系，更好地引导教师的工作。评价指标体系的确定要具有一定的前瞻性，在一定的时期（一般为一个聘期），评价指标的内容以及各项指标的权重、计分方法等一般不宜再作调整，否则会使教师无所适从，也不利于教师的职业发展。

（二）指标体系的建构

绩效评价指标是绩效评价的根本和依据，无论是评价一个阅历很深的高校教师，还是评价一个年轻的教师；无论是对教师科学研究方面的评价，还是对教师教学方面的评价，首先都是考虑建立一套评价标准，从而确定应从哪些方面来对大学教师的水平和能力等方面进行评价。在研究型大学中，对于大学教师来说，由于教师所处的职业发展阶段不同，岗位的类型、评价的阶段和评价的角度不同，评价指标将是繁多和复杂的。研究型大学肩负着教学、科研、社会服务三大任务，其活动的主体是教师。大学的社会服务主要通过知识、技术创新来实现，大学学科要发展，人才培养水平要提高，主体还是高校教师。教师是学科发展的主体，人才培养的主力军，更是高等教育质量提升的重要力量。一所学校的发展水平如何，社会地位怎样，主要取决于该校教师队伍的数量、质量、素质和社会影响。[1] 美国教育测试服务中心曾对 134 所大学和学院的 453 个系主任就教师的聘任、晋升以及薪水增加等方面采用的评价指标进行调查，调查表的内容包括课堂教学、出版物的质量、出版物的数量、个人资历（学位、专业、经历）、研究和创造性活动（与出版物无联系的）、指导学生的科学研究（包括参加硕士或博士答辩委员会）、校内委员会和服务工作、在专业团体的工作（主持办公室工作、编辑刊物等）、对学生的咨询提供指导、个性因素、公共或社会服务、竞赛性工作机会、顾问工作（政府、企业等）等 13 项评价指标。因此，必须制定一个科学、全面的教师绩效评价指标体系，对教师进行有效的评价。教师绩效评价指标

---

[1] 朱新涛："学科壁垒、学术堡垒与高等学校学科建设"，载《江苏高教》2003 年第 2 期，第 81 ~ 83 页。

体系的制定应依据学校的发展目标、人才培养的客观要求而定，根据评价对象的不同而具体设定。❶ 有研究者根据高校的职能和教师的工作特点提出了师德、教学、科研、学科建设、人才培养、社会服务6个方面的绩效评价指标，❷ 但对具体的权重等问题则没有详细说明。田国双等通过问卷调查法和AHP分析法建构了类似的高校教师绩效评价指标体系。通过问卷调查，确定了6个一级指标和24个二级指标，并利用AHP分析法计算一级指标和二级指标的权重，并提出具有可操作性的考评体系。❸ 李宁针对高校教师绩效评价指标体系的建构问题，提出了高校教师绩效评价指标体系设计原则，即教学与科研相统一的原则、程序理性原则、可操作性原则。在此基础上，提出了教师绩效评价的五个指标，即教师职业道德、科研情况、教学情况、学科建设和社会服务工作情况。其中，学科建设方面的内容包括：学科发展（学科点申报、学科规划），学术交流（如参加国际和国内的学术会议、承办国际会议、指导国内访学等），人才队伍建设（梯队建设、引进人才工作等）。❹ 复旦大学从思想品德、工作能力（包括教学工作，科研工作，学科建设工作，管理、服务、支持工作）、考勤方面、绩效方面来进行考核。❺ 王光彦等通过对教育部所属院校的问卷调查研究发现，教师绩效评价一般都包括教学、科研、社会服务三个方面。关于教学绩效评价指标方面，高校选择的数量指标分别是本科生授课、研究生授课、指导实验、指导课程设计、指导毕业实习、指导毕业设计、出版教材7个指标中的1个或多个。此外，有四所高校补充的教学绩效评价数量指标内容还包括优秀教师教学

---

❶ 刘柏清：“浅谈高校师资队伍建设的几个问题”，载《黑龙江高教研究》2004年第4期，第55～56页。

❷ 庞鹤峰：“我国高校教师绩效评价指标研究”，载《中国高校师资研究》2008年第2期，第29～32页。

❸ 田国双、尚航标、全良：“高等学校教师绩效评价指标体系的建构”，载《黑龙江高教研究》2013年第10期，第91～94页。

❹ 李宁：“论高校教师绩效评价指标体系的建构”，载《教育学术月刊》2009年第3期，第90～91页。

❺ 陆慧、张瑜：“高校教师考核评价现状调查与问题分析”，载《中国电力教育》2013年28期，第184～186页。

奖、授课方式手段、教学成果奖和精品课程。在科研绩效数量指标的选择上，大多数院校选择4个以上指标，包括科研经费、发表论文、申请获得专利、科研专著。此外，还有参加会议、举办讲座、科研获奖次数、科研项目级别、项目来源及成果转化。社会服务包括，学校或学院的公益工作、为同行企业服务、作为本学科相关杂志编委及兼任本专业委员会相关职务中的一个或多个指标。此外，还有高级职称教师指导青年教师、送科技下乡、援疆援藏、科研成果转化获奖等，并提出了高等学校教师绩效管理整合模型。[1] 综合已有的关于教师绩效评价指标的设计原则、目标预计具体设计的情况，我们可以发现，在确定教师绩效评价指标时应考虑院校的办学目标和教师队伍建设目标，以教师职业发展为宗旨，制定科学合理的评价指标。依据研究型大学的发展目标、人才培养的客观要求以及教师工作的具体特点，研究型大学教师的绩效评价一般从以下五个方面进行，即品德与素质、科研情况、教学情况、学科建设和社会服务情况。

1. 品德与素质

高校是培养各类高级专门人才、发展科技和推动社会全面发展的主要阵地，高校的教师则是承担和完成上述任务的主要力量。高校教师队伍建设中最基础、最根本的建设是思想道德建设，其在高校的建设中起着决定性的作用，不仅直接关系到教学质量的高低，也对学生世界观、价值观、人生观的形成有着直接的影响，是高校发展的重要精神动力和思想保证，是一所高校的灵魂所在。[2] 当前，在我国研究型大学教师队伍中，绝大多数教师具有良好的职业道德，他们忠于职守、勤勤恳恳、辛勤耕耘，为培育国家的栋梁之材呕心沥血。当然也有部分教师安于现状，不思进取，导致知识贫乏、观念陈旧、教学手段呆板，严重影响到了教学质量。还有不少教师仅仅就是给学生传授

---

[1] 王光彦、李元元、丘学青等："高校教师绩效评价指标体系的实证研究与思考"，载《中国高教研究》2008年第2期，第46～49页。

[2] 王福泉："新时期高校师德建设的现状与对策"，载《教育与职业》2004年第27期，第61～62页。

专业技术知识，因此只满足于课堂教学，而忽视了育人工作；还有一部分教师缺乏事业心，过于重视物质价值，出现了“身在讲台心在外”的现象。另外，有些教师处理问题时往往也从本位主义出发，以自我为中心，缺乏团队协作精神。还有部分教师的师表意识淡薄，自尊、自重、自爱精神缺乏，表率作用缺乏，自身素质有待提高。因此，应加强研究型大学的师德建设，全面提高教师的思想道德、学术道德和职业道德。[1] 在研究型大学的具体管理工作中也应切实加强此方面的工作，在教师绩效评价中将师德纳入指标体系，在评价过程对教师的行为进行引导，这在当前具有重要的意义。鉴于师德作为绩效指标的重要性，在评价过程中一般只分合格与不合格，采取一票否决制。师德指标评价不合格，则综合评价不合格。

2. 科研情况

科研工作是提升教学质量和促进理论联系实际的一个重要手段，也是研究型大学与其他类型大学的区别之一。研究型大学在充当“科学中心”的角色时，也起着不断培育新的研究者的作用。从研究型大学的教学方面来看，科研仍然是培养创新性高级人才的重要手段，科研和教学难以分离；从科研角度看，科研比教学更受青睐，已处于超越教学的优先地位；从教学角度看，它似乎更加倚重科研的力量，和科研结合更加紧密。研究型大学是以高水平的科研成果和培养高层次精英人才为目标的，所以科研工作成果的多少和质量高低是检验研究型大学教师科研工作能力和理论基础、知识丰富与否的一个重要标准，也是一个研究型大学整体水平高低的体现，加强研究型大学的科学研究工作具有重要的现实意义。[2] 科学研究情况主要包括以下五个方面的内容，即科研项目、发表学术论文和出版专著、科研成果奖和知识产权、学术交流、科研经费数。科研项目为主持或参与的项目类型、项目数量、在项目中的贡献情况等，项目分类可为国际合作项

---

[1] 刘小戈：“师资队伍建设是高校可持续发展的基础”，载《中国高教研究》2003 年第 8 期，第 68～69 页。

[2] 刘献君、张应强、沈红等：“新世纪的高校发展战略规划”，载《高等教育研究》2001 年第 3 期，第 39～47 页。

目、国家级项目、部委、省级项目、市级项目、委托及开发项目、学校基金项目等。[1] 科研经费指教师本人承担项目的经费情况，按经费来源可以分为校外经费、学校经费等。科研成果是指在评价周期内教师所取得的科研方面的成果，包括著作、专利、论文、科技奖励等。为了鼓励教师进行科研成果的专利申请，在指标体系的设计中还对专利申请情况进行评价。由于研究型大学自身的需要，评价一所研究型大学的水准，有越来越注重该校科研实力的趋势，这会促使科研从教学中分离和科研职能的强化。一所大学要获得杰出的学术声望，需要取得大量的高水平科学研究成果。要获得崇高的社会地位也同样离不开科研，因此，在研究型大学的教师绩效评价指标中，科研方面的指标权重一般会偏高。

3. 教学情况

教学是高校教师工作的根本，是高校各项工作的基础，教学质量的好坏会直接影响到高校人才培养的质量，因此，在高校中切实加强教学工作具有重要的基础作用。[2] 对研究型大学而言，应将教学作为主要指标之一，并赋予与科研同等或更多的权重。对高校来说，不管是以本科教学为主的大学还是研究型大学，首要任务都是培养学生。但是，由于教学成果的体现是一个相当缓慢的过程，具有长期性，且不容易量化表现，而科研成果的显示度高，无论是在评职称、聘岗还是晋升的过程中都能发挥显著的作用，因此，在当前这种重量轻质的绩效评价体系的引导下，一些教师不去进行课堂教学方面的创新和探索，而只重视自身的科研工作情况，极大地影响了高校的人才培养。目前，由于一些教师对科研工作的重视程度远高于对教学的重视程度，致使很多大学的人才培养特别是本科生的教育工作受到极大的冲

[1] 陈翁翔："研究型大学人事管理现状及发展趋势"，载《中国人力资源开发》2004年第12期，第80～82页。

[2] 李建超、尚慧君："试论重点高校师资队伍建设问题"，载《中山大学学报（社会科学版）》，1998年第6期，第52～57页、第74页。

击。[1] 人才培养是高等学校工作中心任务，因此，切实做好高校师资队伍的建设以为社会培养出优秀的毕业生、输送优质的人力资源是高校教师所应担负的历史使命之一。没有一流的教学，也就无法建设世界一流的大学。因此，建设世界一流大学要对人才培养，特别是作为高等教育基础的教学给予充分重视。教学工作作为学校中心工作之一，它涉及的范围相对科研工作比较广泛，通常包含教学工作量（如授课门数和学时数）、教学质量（督导评价和学生网上评教）、教学创新与改革情况、教学成果奖励和人才培养五个方面的内容。[2] 教学评价是对教师教学工作现实的或潜在的价值做出判断的活动。研究型大学应该将课堂教学作为评价教师的关键因素，把主要重点放在教师的教学质量上。在研究型大学中，虽然倾向于科研与创新，强调各项指标的均衡发展，但教学指标仍然在评价教师方面占有重要地位。

4. 学科建设

学科是高校科研发展的基本单位，也是高校科研实力提高的一个重要窗口，只有学科发展才能带动学校整体学术水平和科研实力的提升。[3] 学科建设主要包括学科定位（学科方向，发展层次），学科队伍（学科带头人，学科梯队），科学研究，人才培养，学科基地（实验室，重点学科，设备等），学科管理这 6 个要素。而当前，高校优秀教师、学科带头人忙于自己的科研工作，而不去关心整个学科的长远发展和规划，这势必会影响学校的长远发展。因此，必须进一步在师资管理工作中引导教师往这方面发展。此外，长期以来学科和专业的概念经常被混淆，专业被等同于二级学科。在这种观念的指导下，高校中必然出现学科过于分化的局面，造成学科之间各自独立分割，

---

[1] 朱振林、王司瑜：“探索新形势下地方院校师资队伍建设的有效途径”，载《黑龙江高教研究》2003 年第 3 期，第 66～67 页。

[2] 李佑颐：“高等学校教师绩效评估系统设计”，载《扬州大学学报（高教研究版）》2000 年第 4 期，第 14～16 页。

[3] 杨潮、胡方茜、邢以群：“试论高校学科梯队建设的科学评估与管理”，载《科研管理》1998 年第 3 期，第 69～75 页。

资源不能共享；在人才培养方面表现出过于专门化，知识面不宽；在科研方面也表现出研究方向狭窄和整体效益低下等。故而一些研究型大学不得不采取精简、合并专业的措施，并强化大学科和学科群的意识。学科建设状态及指标是体现一个学校在国内外发展水平的重要标志，也是国内外大学排名的主要依据。它主要包含构成科学学术体系的各个分支，在一定研究领域生成的专门知识，具有从事科学研究工作的专门的人员队伍和设施等3个要素。学科建设方面的内容主要包括：学科发展（如学科点申报、学科规划）、学术交流（如参加国际和国内的学术会议、承办国际会议、指导国内访问等）、人才队伍建设（梯队建设、引进人才工作等）。这些都应涵盖在研究型大学教师绩效评价指标体系中。

5. 社会服务情况

社会服务工作是高校教师在完成教学和科研任务的基础上所担负的社会服务工作，是自身知识、技能的具体应用，更是提高自身素质的一个重要手段。[1] 研究型大学教师的社会服务工作主要属于生产性服务工作，可以分为校内服务工作和校外服务工作。在我国研究型大学中，社会服务主要包含担任党政兼职、学生班主任、学生导师、社会兼职、省级以上学会、学术团体兼职、学术期刊编委等，还应该参与学校管理，如教学活动的管理、科研活动的管理及组织学生工作，开展的义务辅导和教学科普知识宣传等几个方面的内容。一般来说，研究型大学教师的社会服务工作的评价标准以参加校内外各级委员会的数量、贡献以及在校外各团体中的贡献为主。在以往的教师考评中，对教师的社会服务工作的考评非常薄弱，忽视了社会服务工作对教师发展的重要性。而社会服务工作作为研究型大学的一项重要职能，理应得到相应的重视，成为教师绩效评价中一个重要的组成部分。

在现有的教师绩效评价研究的基础上，通过对有关教师、专家的

---

[1] 朱振林、王司瑜："探索新形势下地方院校师资队伍建设的有效途径"，载《黑龙江高教研究》2003年第3期，第66~67页。

调查，反复筛选、讨论，最后形成了高校教师绩效评价指标结构。这个指标体系共包含了5个一级指标、17个二级指标，涵盖了品德与素质、教学、科研、学科建设、社会服务工作等方面的内容，可供院校制定教师绩效评价指标时参考（见表6.2）。

表6.2　研究型大学教师绩效评价指标体系

一级指标	二级指标	内容
品德与素质	品德	思想道德，职业道德和学术道德等
	素质	信息素养，创新能力等
科研	科研项目	项目水平，项目等级，项目数量，项目排名等
	论文、著作	论文等级，论文数量，排名情况，出版单位与字数等
	科研成果奖	成果级别，数量，排名情况等
	获取专利	专利数量，专利等级，专利排名等
	科技创新	创新等级，创新排名，创新效益
教学	教学工作量	授课门数，授课学时，指导毕业论文与社会实践等
	教学质量	学生网上评教，督导课堂评价，毕业生评价
	教学创新	教学理念创新，教学模式和方法改革
	教学成果奖励	获奖等级，排名，数量
	人才培养	指导学生社会实践，竞赛获奖情况
学科建设	学科发展	学科点申报，学科规划
	学术交流	参加学术会议，承办国际会议，访问学者
	人才队伍建设	学科梯队建设，引进人才情况
社会服务	校内服务	学生班主任，学术委员会
	校外兼职	社会兼职，省级以上学会，学术期刊编委等

第七章 教师绩效评价专题研究

本章主要从艺术类教师绩效评价、在线课程教师绩效评价和跨学科研究教师绩效评价三个专题研究，探讨教师绩效评价中的特殊问题，以为研究型大学教师绩效评价的发展和制度创新提供丰富的视角。

第一节 艺术类教师绩效评价研究

绩效评价的理念源于企业管理，因此，将企业运作中的管理学的理论应用于高校教师绩效评价过程中，应充分关注高等教育机构的特殊性以及高校教师工作性质的特殊性，尤其是在对艺术类教师的评定中，更应该关注教师在艺术创作和艺术教学实践中的特殊性，制定切实可行的评价制度，进行科学有效的教师绩效评定工作，以充分发挥教师的创造性和积极性，提高教师的教学和科研水平，培养具有创造性的学生。事实上，高校艺术类教师绩效评价问题一直是教师评价中的一个难题，而科学合理地评价教师绩效，不仅能够激发艺术类教师的工作热情，也是保证艺术人才培养质量的前提。通过研究国内外艺术院校教师绩效评价的原则及实际运作，对此类院校的教师绩效评价状况及其特点进行具体分析，以便发现此类院校教师绩效评价的主要特点，有助于我们认识高等艺术教育领域教师绩效评价的发展现状和存在的问题，为我国艺术院校教师绩效评价以及各类高校中的艺术类教师绩效评价提供参考，提高我国艺术教育水平。

一、国外艺术类教师绩效评价概览

（一）美国艺术类教师绩效评价状况

1. 美国高等艺术教育现状

美国文化产业非常发达，高等艺术教育也保持国际较高水平，这与其高效科学的绩效评价体系和采取积极的教师发展机制密切相关。通过对美国综合性大学和艺术院校的教师绩效评价制度的案例分析，可以对美国艺术院校教师评价的具体途径、方法和特点有更为清晰的了解。美国高等艺术教育水平较高，在音乐、设计、影视等领域都有世界顶尖的院校，培养了大量优秀的艺术人才，成为美国文化产业的中坚力量。美国高等艺术教育历史渊源可以追溯到1807年美国第一所艺术学院即宾夕法尼亚美术学院（Pennsylvania Academy of Fine Arts）的建立，乃至更早一些时候在美国一些高等院校中的艺术教育，目前美国已发展成为世界上艺术教育比较发达的国家之一。美国高等艺术教育形式主要分为两类：一类是在综合性大学中下属的艺术研究机构或者系、学院中进行。如哈佛大学设计研究所；耶鲁大学的艺术学院、音乐学院、戏剧学院；新墨西哥大学艺术学院；纽约大学提斯克艺术学院等。另一类是专门设置的专业学院，这些专业学院强调对学生从事某一行业的能力的培养，专攻艺术、音乐、设计等领域的学习。这类艺术院校的数量繁多，学科设置种类多样，专业化程度都比较高。学校都非常有特色，能为学生提供很好的专业课程，学生也能够获得很好的人文教育。如罗德岛艺术设计学院、芝加哥艺术学院、美国电影学院和茱莉亚音乐学院等。

美国完善有序的高等艺术教育体系得益于艺术院校教职人员的服务与贡献，而高素质的教师队伍则有赖于科学合理的教师绩效评价体系。美国高校对艺术类教师绩效评价所遵循的原则、采用的方法和途径，对形成高水平教师队伍具有积极意义。

2. 美国高校艺术类教师绩效评价体系发展情况概述

教师绩效评价旨在通过建立科学合理的评价体系，对教师进行评判，确定教师的优势和所存在的问题，作为其进一步提高的基础，为教师的职业发展提供明确的目标。此外，评价结果也经常被作为教师续聘、晋升和加薪的依据。[1] 教师评价作为一种教育活动自苏格拉底时代就有，但在美国20世纪60年代后才形成体系。[2] 早在20世纪20年代由杜威最先开始倡导进行教师评价活动，这与当时占主导地位的进步主义教育运动密切联系在一起，主要关注对教师教学方法的评价。随着教师评价的逐步系统化，评价活动更多地关注教师的个人素质，强调教师教学水平和个人素质的提高，强调教师的教学效能。目前，美国高校主要从教师的教学、研究和服务等方面对教师绩效进行综合评价。

美国高校类型繁多，但以综合性大学为主，相对来说综合性大学的教师绩效评价体系比较规范和全面，具有代表性。以美国加州大学的教师绩效评价体系为例，该校教师绩效评价中的教授系列主要分为讲师、助理教授、副教授和教授四个等级。这些头衔授予在大学各分校进行教学、研究、为大学和公共机构服务的学术人员。除了教授系列外，大学还有很多针对其他系列的教师进行绩效评价的评价程序和标准，如临床教授、住院教授、兼职教授、代理教授（acting professor）、专职研究人员、专家等系列。负责教师绩效评价的机构主要有特别评审委员会（ad hoc review committee）和学校人事委员会（Committee on Academic Personnel，CAP）。前者通常是由后者因绩效评价需要临时成立的，CAP是学校的常设机构。从具体的评价程序来看，教师的绩效评价首先从系开始。系主任与候选人沟通、收集用于评价的文件，并通过全系范围的讨论和投票，将结果送至院长或其他相关行政人员。随后，这些评价文件将被送至特别评审委员会，该委员会由学校人事委员会成立。特别评审委员会的大多数成员是系以外的教职人

---

[1] Richard I. Miller, Charles Finley and Candace Shedd Vancko. (2000). *Evaluation, Improving, and Judging Faculty Performance in Two – Year Colleges.* Bergin & Garvey: Greenwood Publishing Group, Inc.. p. 46.

[2] Charlotte Danielson & Thomas L. McGreal (2000). *Teacher Evaluation to Enhance Professional Practice.* Association for Supervision & Curriculum Development. p. 15.

员，其成员名单是保密的。然后，特别评审委员会将推荐意见提交给学校人事委员会，该机构根据全校范围内使用的标准对候选人的评价做全面的评估和审核。最后的推荐意见将呈递给校长或副校长做最后决定。[1] 从评价标准来看，共有教学、研究与创造性工作、专业能力与活动、大学与公共服务四个方面。其中，教学在这四个方面中占有较重要的地位。

美国不同院系教师绩效评价的原则、程序和标准会根据各自院校的使命和特点有所差异，但基本上都具有以下一些特点：第一，各高校均有较为完备科学的教师绩效评价制度，有明确的评价原则、程序和标准。强调学术自由的理念，维护评价程序的公正，具有明晰的评价标准。第二，教师绩效评价的目的在于保障教师质量和促进教师职业发展，为教师的聘任、薪酬、晋升和终身教职评审等提供公正合理的程序和依据。为了保障教师的学术自由，保障教师质量，很多高校都实行终身教职制度，这是美国高校教师聘任和评价制度的突出特色。第三，教师绩效评价的评审程序公正，并确保教师有申诉权利。一般来说评审程序从教师自我评价开始，经过系、院、校三级，通过多层评价和评审方能生效。第四，从评价标准上看，虽然各院校存在办学差异，但一般都包括教学、研究、服务等几个方面的评价。第五，各高校都建有固定机构负责教师绩效评价工作，并通过建立各种特别委员会，对教师进行科学合理评价。

一般来说，综合性大学中艺术类教师绩效评价的原则、程序和标准基本上与其他学术领域的教师评价相同，但具体到艺术类教师有些区别，主要在研究和创造性工作这一方面评价中对艺术类教师绩效评价有特殊规定。在加州大学的教师手册中明确规定：在诸如艺术、建筑、舞蹈、音乐、文学和戏剧等领域的教师绩效评价中，要关注教师杰出的创造性成果，这些创造性成果应该与教师的科研成果获得相同

---

[1] University of California (1995). *Appointment and Advancement*. Retrieved from: http://www.ucop.edu/academic-personnel/programs-and-initiatives/faculty-resources-advancement/faculty-handbook.html. 2013-08-26.

的评价。在评价教师的艺术创造成果时，应从作品的原创性、视野、丰富性、表现深度等方面进行评价。应对教师在音乐、戏剧、舞蹈、杰出的表演、指挥和导演等方面的创造力给予应有的认可。❶ 为了实现对艺术类教师公正客观的评价，各大学一般都通过成立由一些特殊领域专家组成的特别评审委员会进行评审工作，避免产生由外行评价内行的现象。

美国各类著名的艺术院校为美国文化产业的发展培养了大量优秀人才，并对艺术学科发展做出了巨大的贡献，这与艺术院校的师资管理和评价制度息息相关。具体到这些艺术院校的教师绩效评价，与综合性大学的艺术类教师绩效评价相比，还有一些特殊之处。为此，本节通过分析美国电影学院（the American Film Institute，AFI）和芝加哥艺术学院（the School of Art Institute of Chicago，SAIC）等艺术类院校的教师绩效评价的案例分析，可以对美国艺术院校的教师绩效评价有一个较为全面的了解。

（1）美国电影学院教师绩效评价的案例分析。

美国电影学院（the American Film Institute，AFI）建于 1967 年，以美国国家艺术基金（National Endowment for the Arts）在美国加州好莱坞设立的，其目的在于培养优秀的电影工作者，并保存正处于危机的美国电影文化，被誉为“电影人的摇篮”，为电影业培养了众多优秀人才。美国电影学院一年有 3000 个不计算学分的表演课程供人选读，相当强调“做中学”，要学生不仅理解知识，还得亲自实际体验，并了解团结合作的重要性。该校的教师绩效评价制度具有其独特性，下面主要从评价类别、评价标准、评价流程、评价机构等方面进行分析。学院主要提供两年的研究生教育，共有 60 多名教师，还聘用了大量的优秀电影人作为兼职教师。学校规模不大，但强调精英教育，每年仅有约 140 名毕业生。学校非常强调教师的水平，通过教师绩效评价，保障教师的质量。负责教师绩效评价的重要评价机构包括课程

❶ University of California (1995). *Academic Personnel Manual*. Retrieved from: http://www.ucop.edu/academic-personnel/_files/apm/apm-210.pdf. 2013-08-26.

计划与评审委员会（Curriculum Planning and Review Committee, CPRC）和同行评价委员会（Peer Review Committee）。前者主要负责每月开会评价课程事宜，教师和学生的问题及学位证书的相关事项，是学校的固定机构；后者是一个在续聘、晋升的评价过程中由院长和学科负责人组建的由相关教师参加的临时性的评价组织，执行信息收集、评价和审核工作。教师绩效评审由学院人力资源部主持进行，每年由院长对每位全职教师进行绩效评价。

AFI 教师绩效评价中遵循艺术自由和学术自由的原则。教师与学校签订年度合同，学校对每位教师进行年度评审，并根据年度评审的情况，决定下一年是否对该教师进行续聘。教师分为全职教师和兼职教师两类。全职教师是院校的核心，分为住院电影人（Filmmaker - in - Residence）、高级住院电影人（Senior Filmmaker - in - Residence）、大师住院电影人（Master Filmmaker - in - Residence）和杰出住院电影人（Distinguished Filmmaker - in - Residence）四个等级，通过举办高水平的研讨班和工作坊，进行课程讲授、指导和咨询等方面的教学工作和艺术实践活动；一般来说兼职教师每学期至少教授一门课程或主持一次研讨班或者工作坊，有些兼职教师每月教授一定量的课程。兼职教师也参加招生、课程开发、委员会服务等相关活动，包括高级讲师和杰出讲师两个等级。院长通过收集教师的相关资料，对教师绩效进行评价。主要材料有：学生对教师教学效果的评价和教师的年度评审结果；教师所展现出的职业能力；教师的职业发展状况和未来发展前景；教师对所进行的项目的突出贡献以及对学院的突出贡献；教师对学院和学生水平的提高所做的贡献；院校的需求和资源状况；院长本人对教师教学的课堂访问和其他活动的观察；学生学业成绩；教师的学院和社区服务情况；创造性的职业贡献等。此外，在有些情况下还考虑一些特殊因素。针对兼职教师的评价，院长要与学科负责人和住院电影人一起讨论学生对教师评价的结果，学科负责人评价其所属学科兼职教师，但评审结果的书面材料一般不会交给兼职教师本人，而会通过会议的形式与兼职教师交流，并讨论如何改进的问题。然后收集好评价数据交由系主任或学科负责人，他们会对评价结果进行讨论和总结。其后，结果需要交由同行评审委员会进行审核，同行委员会将对评价结果进行独立的、客观的审核，以确保评价是公正合理的，根据评价结果，决定教师的聘任和晋升。

评价方式主要通过教师自我评价、同行评价、学生评价、同行评审委员会评价、系主任或负责人评价、外部评价等方式进行。具体有教学评价、参与和贡献等方面的评价标准。1997 年美国学者博耶（Ernest Boyer）首次对“教学的学术”概念进行了界定，教学成为教师学术工作的重要组成部分。美国电影学院鉴于其“保护美国电影传统，促进其艺术发展”的办学宗旨，非常重视对教师教学效果的评价。AFI 的学生一般被称为“学员”（fellow）。在学校的教师手册中，针对教师的教学评价有非常详细的要求。主要包括评价教师的专业知识和教学技巧，以及与学生有效交流的能力；正确且公平使用评价手段来评估学生对知识的理解程度；关注学生的表现以及学生工作的质量；挑战和激发学生能力；能接受不同观点；评价和反思合适的、有效的教学方法和技术的能力；关注并帮助学生获得提升的能力；课程教学大纲目标、任务安排以及对课程项目目标的贡献；有效的组织计划，合理利用课堂时间；在教室和工作间等场所鼓舞学生的精神状态和士气；关心学生的工作进展；学生对教师的态度等方面。学校重视学生对教师的教学评价。每门课程结束后，学生对教学评价的结果都会直接交给教师，并进行存档。院长、执行副院长、学生事务管理院长和相关学科负责人分别对学生评价结果进行分析评价。[1] 针对教师的参与和贡献的评价，学校非常重视教师在学校活动与学科建设中的参与和表现，并鼓励教师积极为学校做贡献。具体评价内容主要包括：是否与其他教职人员为实现目标而积极合作并努力；参与学科建设和学院的各项活动；在岗位上保持工作热情并不断努力；遵守学校的政策和制度；具备解决问题的能力。

---

[1] American Film Institute（AFI）Conservatory. *AFI Conservatory Faculty Handbook*（2012 – 2013）. Retrieved from：http：//www. afintranet. org/gallery/display. sd？ iid =1336. 2013 –08 –26.

（2）芝加哥艺术学院教师绩效评价的案例分析。

芝加哥艺术学院（the School of Art Institute of Chicago）建校于1866年，是美国顶尖艺术学院之一，被《美国新闻》和《世界报道》评为全美最佳美术类研究生学院。目前，该艺术学院创建了16个新学科项目，包括建筑硕士、建筑硕士（室内设计专业）、设计硕士（产品设计专业）、历史修复科学硕士、美术写作、美术写作本科等，共有3个系，学校生师比为12∶1，提供本科生和研究生教育。教师绩效评价机构为教师合同与终身任期评审委员会（Faculty Contract and Tenure Review Board）。该机构由9名正规全日制教师与两名候补教师组成，任期为3年。其职责是帮助学校在教师的晋升、续聘、终止合同以及终身教职评审等方面进行评价。芝加哥艺术学院的教师绩效评价分为全职教师评价和兼职教师评价两种。

对全职教师的绩效评价主要分为助理教授、副教授、教授等。具体评价程序由各系或部门评价开始，参与者包括评审委员会、本学科主席、研究生部主席、系兼职和全职教师等。系主任会写一封推荐信，这封信应同时反映评审的决定和评审时的投票情况。这封信将被呈递给教师合同与任期评审委员会和学院院长。学科负责人各自写一些推荐信，这些信的副本将呈递给教师合同与任期评审委员会、学院院长和相关教师。教师合同与终身教职评审委员会对这些推荐信进行审核，并给予候选人面试的机会。该委员会将面试的情况反馈给系主任。在审查所有关于评价和晋升教师的材料后，系主任将写出推荐信并呈递给学校校长，校长把建议转达给董事会执行。评价考察教师在教学效果、专业参与、院校服务、外部认可度，以及教学内容与课程、系或部门需求和学校教学理念切合度等相关方面。其中，外部认可的证据，在终身教职评审中尤为重要。

由于该校聘用大量的兼职教师，为了保障教师队伍的质量，学校非常重视对兼职教师的评价。对兼职教师的评价程序是，兼职教师被续聘后，可以申请晋升为高一级的兼职教授，该系或项目负责人可以组织相关全职教师、兼职教师讨论和评价候选人。经过部门评价，该系主任或项目负责人决定候选人名单并推荐给院长。院长要和兼职评审委员会和其他学院管理者进行审议，最终做出晋升与否的决定。对于兼职正教授身份提名须来自系主任或项目负责人，并经由正教授委员会和（Full Professor Committee）教师合同与终身教职评审委员会审查。兼职教师的绩效评价包括新兼职教师、兼职助理教授（工作三年或同等经历）、兼职副教授（工作五年或同等经历）、兼职正教授（受到相关部门提名）等级别。评价标准包括教学效果和专业参与。其中，教学效果是重点参考要素。对于兼职副教授，标准是教学效能、专业参与、课程的灵活性以及满足学科发展需求；对于兼职教授，除了副教授的评价标准，还需要有效的能证明其在专业和教学上优秀的相关材料。[1]

3. 美国艺术类院校教师绩效评价制度分析

由于各个艺术高校的实际情况和办学理念有所不同，不同的院校教师绩效评价标准和程序势必存在差异。但从整体的评价制度上看，大部分美国艺术院校所遵循的教师绩效评价原则都存在着内在的一致性，强调学术自由和艺术自由，强调追求卓越。

第一，关于教师绩效评价目的。教师绩效评价体系的建立是为了让教师职业生涯的发展建立在客观的评价体系的基础上，即在聘任、晋升、加薪等人事方面有科学合理的程序和依据，以保证教师的质量。AFI 在教师手册上明确提出了教师绩效评价的目的在于师资的改善和发展，以确保师资的质量和教学的卓越。

第二，关于教师绩效评价主体。高校的教师绩效评价一般包括教师自我评价、同行评价、评审委员会评价、系主任评价、学生评价等。AFI 在其教师手册中除了出现以上主体，非常重视外界评价在整个评价过程中的作用，以保证评价的科学合理。各艺术院校一般非常重视评审委员会的建设，以保证此类机构充分发挥其作用。

第三，关于教师绩效评价形式。教师绩效评价形式具有多样化的特点。综合各艺术院校的各种评价形式，主要有年度评价、续任评价

---

[1] School of the Art Institute of Chicago (2012). *Faculty Handbook*: 2012 - 2013. http://www.saic.edu/media/saic/pdfs/lifesaic/newstudentorientation/studenthandbook.pdf. 2013 - 08 - 26.

以及晋升和终身教职评价等，在有些院校这三种评价方式都同时存在，一般来说在没有实行终身教职制度的院校会实施年度评价、续任和晋升评价。年度评价是对教师年度学术工作的总结性的评价，通常由自我评价、同行评价、学生评价构成，最后由系主任做出总体评议存为评价档案，作为以后的人事依据。续任与晋升评价是美国绩效评价的重要一环，因为美国高校一般实行教师聘任制或合同制，任期或者合同期满后教员的去留依赖于对其表现的评价与审核，续聘的教职员工一般也会得到晋升待遇。此外，美国很多院校实行终身教职制度，终身教职评审更为全面严格，是保证教师质量的重要评价制度。

第四，关于绩效评价内容。艺术类院校的绩效评价内容与其他高校的相比有其特殊性。大部分美国高校的绩效评价内容包括三个方面：教学、科研与服务。然而艺术类院校的教职人员大部分并不从事科研工作，而是从事艺术制作、创作等工作。SAIC 的教师手册就明确提出了以下绩效评价的内容：教学效果、专业实践、服务与贡献、外界认可等。一般来说，重视对教师教学的绩效评价。艺术类的院校强调的是教师的教学与艺术创作与办学理念相关，积极参与专业化的实践活动，能促进学校学科发展和声誉。艺术院校注重艺术人才的培养，非常重视对教师教学的评价，对教师的教学绩效都有明确规定。马里兰艺术学院（Maryland Institute College of Art）的全职教师要从事本科生和研究生的教学工作，必须教授一到两门课程，将优秀教学业绩作为教师对院校的最重要的贡献，强调教学的有效性。[1]

第五，关于教师绩效评价程序及标准。绩效评价的程序依据绩效评价形式而定，年度评价和续任、晋升评价的程序有所不同。年度评价通常以系为单位，教师先上交包括本年度的授课情况和相关活动的证明的年度报告，然后评审委员会根据教师上交的材料综合各方面的情况给出总体评价，最后交由系主任审核确定。续聘与晋升的程序则

---

[1] Maryland Institute College of Art（2010）. *Faculty Handbook AY*11. http：//www.mica.edu/Documents/Handbookaug10（1）. pdf. 2013 - 08 - 26.

要经过系、院、校三级。首先，从系的甄选开始，申请人提交申请材料，系主任结合学科成员的意见选出推荐人选，上报给院级；其次，院长组织学院一级的审查委员会讨论投票并提出推荐建议报请学校审核批准；最后，校级委员会审核申请者的材料、系和院级评价委员会的评价结果、报告等，提出评价意见提交校长，校长签署意见后由董事会作出最后决策。评价标准根据不同类型的教师会有所不同，由于有些艺术院校的兼职教师所占比例比较大，对兼职教师的评价非常重视，SAIC 的评价标准就是按照兼职教师和全职教师来进行划分的。

通过对美国综合性大学中艺术类教师绩效评价的总体状况考察，以及对美国艺术类院校教师绩效评价的案例研究，可以发现，美国艺术类院校教师绩效评价体系具有以下特点：

第一，教师绩效评价与院校发展战略相契合。艺术院校和综合性大学中的艺术学院或者系都以本校使命为前提，根据院校发展战略规划，制定具有本院校特色的教师绩效评价制度。在艺术类教师绩效评价中体现了注重学术自由的原则，遵守严格的教师绩效评价程序和标准。通过科学客观的评价体系，保障师资质量，激发教师的积极性，实现院校的战略。

第二，教师绩效评价制度具有灵活性的特点。美国高等教育具有多样性的特点，不同类型院校有不同的历史传统和办学理念，教师绩效评价的内容也根据学校办学性质和理念而有所侧重，就像研究型大学侧重对教师科研能力及成果的评价一样，艺术类院校比较重视教师的应用能力和创新能力，鼓励教师能参与到专业实践当中。同时，由于教师的社会实践参与度较高，评价内容并不局限于在校内的表现，也包括校外的实践经历及获得的荣誉与认可，外界评价也成为艺术院校重要的评价方式之一。这要求具体的评价标准要具有灵活性。由于艺术院校教学偏重实践和应用，校方会从社会上聘任有工作经验的艺术工作者和艺术家授课。因此，在艺术类教师中兼职教师的比重较大，教师的社会背景和经历比较多元化，且不同专业的教师的本身就各具特质，造成评价标准难以统一，要根据需求灵活地制定评价标准。可以按兼职教师和全职教师划分，也可按照不同专业教师特点进行划分，或者按照年度评价或晋升评价等不同形式划分。

第三，将教师绩效评价作为教师职业发展的基础。任何形式的教师绩效评价都应以教师发展为目的，以评价促发展。美国艺术院校的教师绩效评价体系也是积极地走发展性评价的道路。首先，艺术院校在评价过程中注重教师的未来发展，强调了教师发展的可持续性。其次，评价体系注重教师的个人价值和专业价值，尊重教师的艺术自由和个性发展。再次，评价过程以启发和引导为主，并不是一味地规范和约束，是一种激励的机制，而非惩罚性机制。最后，整个评价体系都是双向的，参与度高，评价者和被评价者地位平等，且能实现有效沟通。

第四，强调外部专家评价在教师绩效评价中的重要作用。外部评价也是美国艺术院校教师绩效评价的一种重要方式。艺术类院校的外部评价基本有两种方式：一种方式是系主任委托校外的相关评估机构对其学校教师进行评价，生成的评估报告作为校内教师绩效评价的依据之一。另一种方式是对教师的绩效评价会采纳一些外部专家和权威人士的意见，将其作为评价教师的一项参考依据。这样就形成了以内部评价为主，以外部评价为辅的一种评价模式，相比单一依靠内部评价的评价模式更为客观和公正，这也是高校教师绩效评价的趋势之一。

（二）日本高校艺术类教师绩效评价

1. 日本高校艺术类教师绩效评价发展概况

日本有很多著名的艺术类院校，还有很多国立短期艺术类大学，进行专门的艺术教育。这些艺术类院校都有良好的教师绩效评价体系，通过严格的教师筛选和评价，保障教师的质量，以提高教师的创造性，从而保障院校教育的质量。日本大学评价主要始于20世纪80年代，日本大学为了顺应政府规制缓和与自我规制、强化大学对社会的使命与责任、大学的国际化等高等教育发展趋势，引进了大学评价制度。1991年，当时的日本文部省修改了大学设置基准，为确保高等教育研究质量，各大学自主实施了自我检查与评价，它标志着日本大学正式引入评价机制。为了提高大学个性化和改善教育与研究、进一步强化大学自我检查与评价，1999 年文部省设立大学评价机构，确立了由第三者评价机构实施的评价体系。2002 年修改了学校教育法，确立了认证评价制度。从 2004 年开始，日本的大学相继开展了由大学评价与学位授予机构、大学基准协会、日本高等教育评价机构等第三者评价机构实施的认证评价。大学评价政策有自主实施大学自我评价、必须履行自我评价、自主实施第三者评价、必须履行第三者评价机构实施的外部评价这样的几个过程演变。各个大学结合各自的办学目标，积极引入自我评价和第三者评价机制，形成了各具特色的大学评价制度。作为大学评价制度的一个重要环节的大学教师评价制度也就应运而生。特别是在 2004 年以后，伴随着国立大学向大学独立法人化转变和学校教育法的修改，以教师聘任制和年薪制为代表的大学教师人事制度也在发生变化。大学教师评价的根本目的就是要按照“以人为本”的促进教学与学术发展的理念，通过科学地遵循绩效评价原则，有效运用评价模式、技术、方法、手段，使教师的评价过程与结果和教师聘用聘任、薪酬分配、培养培训等人事管理环节有效衔接起来，实现教师人才资源的合理配置，从而在保障大学组织目标实现的同时，促进大学教师的专业发展、自主发展、全面发展。由于大学教师职业的属性与劳动特点，决定了大学教师评价是一项十分复杂的系统工程，特别是基于激励理论原理和促进教师自主发展的需求，迫切需要建立一个符合现代大学教学科研规律和教师成长规律，体现大学办学特色与管理实际的教师绩效评价制度。在这里，以武藏野美术大学和东京艺术大学为例进行分析。

2. 日本艺术类教师绩效评价案例分析

（1）武藏野美术大学的教师绩效评价状况及特色。

日本武藏野美术大学是一所私立大学。其前身为帝国美术学校，建于 1929 年。1948 年该校改名为武藏野美术学校，1962 年升格为武藏野美术大学，是日本屈指可数的私立美术单科大学之一。该校设有美术专业、设计专业（平面设计、工业设计、空间设计）、生活设计专业。招收 4 年制大学本科生和研究生。本科生学习课程有：日本画、油画、雕塑、视觉传达设计、工业设计、空间设计、摄影、基础设计。该大学有明确的教师绩效评价制度，对保障大学的师资质量具有重要意义。

武藏野美术大学有明确的教师绩效评价目标。大学根据“武藏野美术大学任教学校法人所使用的标准”和“促进教职工发展标准”，规定院校所需教师员工的数量，一般应适应教育和研究的要求。在招聘教师、晋升、辞退等方面，根据教师的评价记录和大学的评价标准，采取公平和适当的方式对教师进行绩效评价。根据大学教师聘用标准，任何人大学毕业后一年或者有更长工作年限的人员都有资格应聘该校教师。对于有五年以上工作经验、对教育的专业知识领域有丰富经验者，在教学、科研等方面表现优异者，需要推荐人推荐给大学人力资源委员会，需要有推荐人的推荐信和候选人的工作记录和出版物，通过一定的程序，由委员会进行评定，决定是否聘用。在教师晋升评价过程中，也需要根据教师的上述业绩进行评价。

武藏野美术大学建立之初，就非常关注艺术教育的性质，确定基本教育理念，认为艺术教育的目的就是要培养学生具有创造性，“从而成为真正的自由人”。这一目标也是培养具有创造力的作家、艺术家和设计师的重要目标。教师应遵循这一目标进行教学和研究工作，这同时也是发展文化的重要途径。因此，该大学的一个重要特点是聘用了很多兼职教师从事教学和创造性活动。对这些兼职教师，大学专门进行评价，评价办法与对专职教师的评价方法有所区别。

教师绩效评价主要是根据教师完成课程讲授和艺术创作的数量和质量而定。主要关注教师教授专业课程的难度，对全职教师进行绩效评价时，还应关注教师教学的基本思路，是否具有创造性。也就是说，在对教师的教学进行评价时，除了授课数量外，还应关注教师教授课程的理念和宗旨，关注不同的学生和院系状况，如本科生还是研究生等。在专任教师的绩效评价中，还应考察教师完成大型节目的状况。此外，还应考虑教师所开设的函授课程的数量和质量。

（2）东京艺术大学教师绩效评价状况及特色。

东京艺术大学（Tokyo National University of Fine Arts and Music）

是位于东京都台东区上野公园的日本国立大学。主要目的是培养美术和音乐领域的艺术家，也多被简称为“艺大”。东京艺大培养了许多日本当代著名艺术家，其中美术学部是日本绝大多数著名画家、艺术家的摇篮。在日本国内被一致公认为日本最高的艺术家培养机构。东京艺术大学的良好声望，得益于该校优秀的师资队伍。下面简要地审视一下该校的教师绩效评价制度，在东京艺术大学的教师评价中，教师职位主要分为讲师、助理教授和教授三个等级。

该校在教师绩效评价中有明确的评价标准。教师在教育和研究领域取得一定的成绩，根据教师的学位，所学和教授的课程，研究项目、教育活动和社会的研究成果等，由教师提交记录，根据教师所提交的材料，对教师进行绩效评价，记录中还应包括明确的课程讲授情况记录，如讲座、演示的实践、教学创造和教学材料、教科书、教师的教学思路和理念等，也应该属于评价文件。担任多年大学全日制讲师，并在教学和科研等专业领域具有突出表现，工作年限超过 11 年的教师，可以晋升为大学助理教授。担任大学助理教授 2 年以上，并在职业教育和专业艺术教育领域具有出色的科研和教学方面的成绩，从业 18 年以上的教师，可以晋升为教授。此外，在教师评价过程中，还可通过访谈等方式，对教师绩效进行更为全面的评价，而不仅仅是通过教师简单地提供一些教学和科研成绩记录作为评价标准。评价中，除了考察教师在大学内部的表现外，还非常关注教师在行业、公共服务部门、学术界的总体表现。在此基础上，对教师进行全面评价。

（三）英国艺术类院校教师绩效评价状况

教师评价就是依据学校的培养目标和教师的根本任务，运用现代教育评价的理论和方法对教师个体的工作质量进行价值判断。[1] 教师评价本身并不是目的，而是一种手段，以求在促进教师专业发展的同时提高学校教育水平。一套好的教师评价体系的形成，不仅能够充分

---

[1] 王汉澜：《教育评价学》，河南大学出版社 1995 年版，第 354 页。

调动教师的积极性，而且能够提高全校的专业水准。考察英国艺术类院校的教师评价体系，对改革我国现行的以奖惩为目的的传统模式有重要参考价值。

1. 英国艺术类院校教师绩效评价发展背景

在20世纪西方现代艺术史上，英国艺术具有重要地位，英国拥有世界一流的博物馆与画廊，并有发达的艺术教育。[1] 事实上，自20世纪90年代起，随着社会技术的不断进步，人们对艺术教育有了新的认识。大家都开始注重师资培训，也有了教学的质量监控，纯粹艺术教育的想法被严格的质量监控取代。学校的教学管理也就要求更加有效、更加保证质量。[2] 在了解英国教师绩效评价体系的基础上，可以全面地透析英国艺术教育背后的教师绩效评价体系。英国的教师评价改革主要是围绕着奖惩性评价和发展性评价两种基本的教师评价模式展开的。[3] 长久以来，围绕奖惩性评价和发展性评价孰优孰劣的纷争一直存在，绩效管理评价制度作为前两种制度的有效整合，既强调教师的专业发展，又重视奖惩在评价过程中的作用，从而为教师个人的专业成长和学校教师队伍的可持续发展提供了强有力的制度保障。本节以下内容将结合两个具体案例，概括一下英国艺术类院校教师评价制度及其代表的评价体系的特点。

2. 英国艺术类院校教师评价体系及其特点

对于大多数艺术类院校来说，在贯彻整个绩效管理评价制度的过程中，发展性评价比奖惩性评价的地位显得更为突出。事实上，英国政府并没有制定统一的教师评价标准，但是为了给教师评价提供客观依据，英国政府在2001年从八个方面提出标准作为基本依据，对教师的知识和理解、教师的教学与评价、教师的专业特征以及学生的进

---

[1] 陈平："《20世纪英国艺术》简介"，载《美术之友》2000年第5期，第47～48页。

[2] 周密、顾星凯："英国艺术设计与教学管理探究"，载《新视觉艺术》2010年第5期，第55～56页。

[3] 王凯、张文华："英国基础教育教师评价制度改革评鉴"，载《外国教育研究》2006年第12期，第68～72页。

步等指标进行全面考核。[1] 所以，不同的学校会根据其学校、学生和教师的实际情况来制定自身的评价体系。这里以爱丁堡艺术学院（ECA）和伦敦艺术大学（UAL）为例，概括英国艺术类院校的教师专业发展评价体系及其特点。爱丁堡艺术学院和伦敦艺术大学是英国两所具有悠久历史的艺术类院校，这两所院校对于专业前沿的要求和对于艺术卓越的要求是同步的。通过教师绩效评价保障教师队伍的质量，也是这两所院校以及其他艺术类院校的共同追求。如何提高教师的整体素质，是绩效评价的总体目标。

（1）艺术类院校的教师专业发展评价体系。

从发展性评价的目标、要求、内容和运作过程来看，英国艺术类院校教师绩效评价主要从教师发展的角度，通过采用具体的教师绩效评价原则和途径，对教师进行评价，提供适合全体员工角色和职责的发展机会，以求实现学院的目标和使员工发挥他们的全部潜能。比如，伦敦艺术大学的使命在于在学习、创造力和艺术、传播和设计实践中保持最前列。而为了实现这个使命，它致力于发展员工的专业知识和技能以应对这种变化。在这个过程中，学校和员工的责任是双向的，一方面学校通过支持创造性的学术活动、研究和持续的专业发展，确保作为教师、技术员和从业人员的员工在他们的学科或专业方面保持前沿的位置；另一方面每个员工要负责他或她自己的发展，推进教学、学习和课程设计的质量，不断提高学生的经验。

（2）英国艺术类院校教师发展性评价体系特点。

在评价着眼点上，重视目标规划，也强调评价的可测量性和可操作性。英国艺术类院校教师的发展性评价活动，是以学校总体发展为前提的。所以，在制订整个评价目标时，在具体的要求和操作方面进行了严格的规定。比如，在申请发展性培训财政支持方面，爱丁堡艺术学院规定会优先考虑那些能证明爱丁堡艺术学院、学校/系也可以从中得到好处的员工以及满足员工培训与发展政策条件的员工。伦敦

[1] 车伟艳：“英国中小学教师绩效管理评价制度的经验与启示”，西北师范大学2009年硕士学位论文，第6页。

艺术大学也有相关规定，称任何与学校直接或长远利益相关的员工发展形式都可能会吸引支持（例如费用、购买书籍、材料或设备，和/或在工作时间的支付）。

在评价功能上，重视评价的鉴定和选拔功能，但更强调激励、改进功能。人力资源会发起或协调校普及性的活动，提供建议并支持大学员工发展。生产线管理人员也会创造利于学习的条件，在与工作人员讨论的过程中确认需求，同意和计划合适的活动，竞购资源，监控实施和进展，评估在操作优先和个人工作的背景下产生的影响。

在评价方法上，重视员工和学校/系/人力资源的双向沟通，追求客观公平性。也就是说，努力达到学校各个相关机构和员工发展需求的一致性，尽量为每个有资格的员工提供相应的财政和资源支持。同样，员工的学习和发展需求被记录和反馈给人力资源部门，然后该信息用于协助设计学习和发展计划，采购培训资源和支持全年的外部课程。这是一个循环式的评价考核和制定体系。

（3）发展性绩效评价体系对艺术类院校教师绩效评价制度发展的意义。

尽管英国艺术类院校教师专业性评价体系传达给我们的更多是一种理念，它在具体的实施过程中，有些相关规定还有待细化和标准化，申请资金的人数也依然很有限，但不难看出，教师专业发展本身是一种动态发展的过程，学校提供的支持会随着教师发展需求的变化而变化，也就是说，教师的专业发展才是整个体系的立足点，它需要自身动力来提升，并且最终体现在其个体的专业性上。或者说，只有在不停的自我培训和成长中，教师的信念、专业知识和技能才能得到不断的完善，这是个人风貌的表现，也会是整个学校展示其前沿发展的基础。通过相关评价体系的建立，教师不断明确自身的需求，确立自身的主体意识和创新精神。

在以追求卓越和创新精神为本的艺术类院校中，重视评价对教师专业发展的促进作用显得越来越重要。教师的专业性发展从传统上来说，是通过其在课堂教学中表现出来的专业知识和技能提升来衡量的，不过随着时代的发展，它越来越表现在更多自我促进的学习方式的多重选择和消化上。而这些选择不仅包括参加培训课程，也包括参与指导、借调、参观、讲座、工作见习、在线学习、远程教育、使用参考书和视频等其他方式。一个重要的原则是，选择一个适当的培训方法，教师个体必须清楚自身的学习和发展目标，以使它更有可能帮助自身达到成功。在这个基础上，发展性评价方法的选择、评价信息的收集和评价结果的分析才能体现"一以贯之"的以人为本理念，从而最终促进教师的专业发展和学校与时俱进双赢的诉求。

二、我国高校艺术类教师绩效评价状况与案例分析

（一）我国高校艺术类教师绩效评价概况

长期以来，我国高校对艺术类教师绩效评价都与其他专业的教师评价没有明显区分，艺术类院校对教师的评价也都与其他类型院校的评价原则和方法没有太大区别，忽视了艺术类教师工作的特殊性，评价原则和标准难以真正衡量教师的具体工作状况，也起不到对教师激励的作用。在综合性大学中，针对艺术类教师的评价原则和途径，缺乏明确的文件进行规范。我国高校艺术类教师绩效评价的研究远远落后于高校现实的需求，迫切需要从理论和实践层面进行深入研究。

在艺术类教师绩效评价实践中，艺术类教师的评价标准经常与文科类教师的评价标准一致，没有特殊的要求和相关的实施细则。这就造成了艺术类教师实际教学、科研与服务方面工作的困境。艺术类教师需要花大量的时间和精力进行教学，指导学生创作文艺作品，同时教师本身也要从事艺术创造和创作。这样，许多艺术类教师就没有时间和精力从事学术著作和论文的写作工作，也没有精力从事课题的研究工作。他们的学术活动在很大程度上是与艺术实践联系在一起的，需要在艺术实践中进行教学等学术活动。因此，很多教师的艺术活动本身就是其工作。比如教师指挥音乐会、编辑创作影视作品、举办个人演唱会等，都属于教师的学术工作范围。在对教师绩效进行评价时，这些方面的内容都应该纳入其中。目前，我国高校和部分艺术院校开始针对艺术类教师教学和科研工作的特点，在进行教师绩效评价

过程中，已经尝试制定符合艺术类教师工作性质的评价原则和途径，对激励教师工作、促进教师发展，提升教师队伍的总体质量起到了促进作用。通过对北京舞蹈学院和中央戏剧学院艺术类教师绩效评价的案例分析，我们可以对我国艺术类教师绩效评价状况有一个比较深入的了解。

（二）我国艺术类院校教师绩效评价案例分析

1. 北京舞蹈学院教师绩效评价现状及特色

北京舞蹈学院创办于 1954 年，初名北京舞蹈学校，是新中国成立后建立的第一所专业舞蹈院校。1978 年经文化部正式批准成立北京舞蹈学院；1999 年获得舞蹈学硕士学位授予权；2005 年获得艺术硕士（MFA）学位授予权；2010 年与北京大学联合培养博士研究生。目前北京舞蹈学院是中国舞蹈教育的最高学府，也是当今世界规模最大，专业设置最为齐全的舞蹈知名院校。北京舞蹈学院在编教职员工近 600 人。全日制在校学生 2500 余人、继续教育学院在校生 5303 人。舞蹈考级教育管理中心每年在海内外培训考级师资近 3 万余人，有近 30 万学生参加舞蹈等级考试。学院下设中国古典舞系、中国民族民间舞系、芭蕾舞系、国际标准舞系、音乐剧系、创意学院（下设编导系、艺术设计系、现代舞系）、人文学院（下设舞蹈学系、艺术传播系、公共基础部、思想政治理论教研部）、教育学院、研究生部、青年舞团、继续教育学院、舞蹈考级院、附属中等舞蹈学校等教学机构，涵盖舞蹈表演、舞蹈教育、舞蹈编导、舞蹈理论以及舞台设计、艺术管理、媒体科技与舞蹈人体科学等相关学科，学院历经 60 多年的发展，形成具有中国特色的舞蹈教育体系。学校非常重视师资队伍建设，通过制定科学的教师绩效评价制度，充分发挥教师的积极性和创造性。

教师绩效评定的依据：北京舞蹈学院在教师绩效评定中贯彻规范化、科学化的原则，参照国家《高等学校教师职务试行条例》和北京市《高等学校教师职务试行条例》实施细则等文件，制定适宜本院校发展的教师绩效评定制度。

评审程序：教师绩效评价在教师自我评价的基础上，将教学、科研等方面的工作成果和业绩等书面材料提交，经所在教研室、系、部审核。然后，由系（部、室）领导对申报者的材料进行审阅，对教师进行绩效评价。

评价原则：教师绩效评价过程中，必须认真贯彻“坚持标准，保证质量，全面考核，择优评聘”的原则。

评价标准：北京舞蹈学院教师评价分为教授、副教授或高级讲师、讲师三个等级。

对教学工作量的要求主要有：(1) 教授、副教授授课时数：专业课教师五年内应完成 2520（14 课时 ×36 周 ×5 年）课时，每年完成 504 学时（每年授课 36 周，每周 14 学时）。文化课教师五年内应完成 8×36×5=1440（课时）其中，每年完成 288（课时）。其中，教授的要求是系统地承担 2 门以上课程的讲授工作（其中一门应是主干基础课），教学效果好，教书育人的成绩显著，历年教学评估成绩优良。副教授要求系统地担任过一门主干基础课或两门以上课程的讲授工作（其中一门应是主干基础课），教学效果好，教书育人成绩显著，历年教学评估成绩优良。高级讲师的基本条件和学术水平与副教授相同，在教学实践中应具有较高水平，在理论研究和论著方面可适当放宽要求。(2) 讲师授课状况，要求系统地担任一门或一门以上课程的讲授工作，组织课堂讨论，指导实习和社会调查，指导毕业论文。

对科研工作量的要求主要有：对教授的要求：担任副教授职务以来，在国内外有影响的学术刊物上发表论文 3 篇；出版高水平教材 1 部或学术论著 1 部；主持省、市级科研课题一项；获市级以上教学成果奖、教材奖、教书育人奖或科研奖一项。具有领导本学科教学、科研工作的能力；根据需要指导研究生，指导教师进修。对副教授的要求：担任讲师职务以来，在公开刊物上发表过 3 篇以上有较高学术水平的论文或调查报告。参加已出版教材的编写工作或出版学术著作 1 部。主持校级以上科研课题一项或参加省、部级课题一项。获校级以上的教学成果奖、教材奖、教书育人奖或科研成果奖一项。对讲师的要求：任助教以来公开发表或参加过 2 篇（次）以上的学术论文、社会调查报告或艺术实践（包括编创和演出），参加编写教材、讲义等。

由于北京舞蹈学院的特色，在教师绩效评价过程中，重视教师国内外大型比赛或者活动中的表现和业绩，通常会以教师指导演出节目、舞蹈设计等作为评价的重要成果。

2. 中央戏剧学院教师绩效评价现状及特色

中央戏剧学院的历史可以溯源至1938年4月10日成立的延安鲁迅艺术学院。1950年4月2日，学院正式成立。中央戏剧学院教学科研机构设有表演系、导演系、舞台美术系、戏剧文学系、音乐戏剧系、京剧系、歌剧系、舞剧系、戏剧管理系、电影电视系。本专科专业设置有表演专业、戏剧影视导演专业、戏剧影视美术设计专业、戏剧影视文学专业、戏剧学专业、公共事业管理专业、播音与主持艺术专业。研究生专业设置有戏剧戏曲学、电影学、广播电视艺术学。学院设博士后科研流动站。学院具有戏剧与影视学和艺术学理论的博士、硕士学位授权一级学科点，并设有博士后流动站。截至2014年年底，学院共有正高级职称人员67人，其中教授55人；副高级职称人员86人，其中副教授71人。该校通过具有本院特色的教师绩效评价制度，保障教师质量。

教师等级：教师评价分为助教、讲师、副教授、教授四个等级。

评价标准：助教的评价标准：承担课程的辅导、答疑、批改作业，组织辅导课、实习课、课堂讨论等教学工作；经批准，担任某些课程的部分或全部讲课工作，协助主讲教师指导毕业论文、毕业设计；参加组织和指导学生社会调查等方面的工作；担任学生的思想政治或教学、科研等方面的管理工作；参加教学法或科学研究、技术开发、社会服务及其他科学技术工作。

讲师的评价标准：系统地担任一门或一门以上课程的讲授工作，组织课题讨论，指导实习、社会调查，指导毕业论文、毕业设计；参加组织和指导社会调查等方面的工作；参加科学研究、技术开发、社会服务及其他科学技术工作，参加教学法研究，参加编写、审议教材和教学参考书；根据工作需要协助教授、副教授指导研究生、进修教师等；担任学生的思想政治工作或教学、科研等方面的管理工作；根据工作需要担任辅导、答疑、批改作业，组织辅导课、实验课、实习课和指导学生进行科学技术工作等教学工作。

副教授的评价标准：担任一门基础课或者两门或两门以上课程的讲授工作，组织课堂讨论，指导实习、社会调查，指导毕业论文、毕业设计；掌握本学科范围内的学术发展动态，参加学术活动并提交学术报告，参加科学研究、技术开发、社会服务及其他科学技术工作，根据需要，担任科学研究课题负责人，负责或参加审议学术论文；主持或参加编写、审议新教材和教学参考书，主持或参加教学法研究；根据需要，指导硕士研究生，协助教授指导博士研究生，指导进修教师；担任学术的思想政治工作或教学科研等方面的管理工作；根据工作需要，担任辅导、答疑、批改作业，组织辅导课、实验课、实习课和指导学术进行科学技术工作等教学工作。

教授的评价标准：除担任副教授职责范围内的工作外，应当承担比副教授职责要求更高的工作；领导本学科教学、科研工作，根据需要并通过评审确认后指导博士研究生。

绩效评价的目的是为了正确评价教师，激发教师的创造性，并为教师晋升、聘任、奖惩、培训及调整工资待遇等提供依据。由此可见，中央戏剧学院的教师绩效评价制度既具有发展性的特点，也兼具终结性评价的特征。在教师绩效评价中，坚持客观公正、民主公开、注重实际的原则。尤其是作为一所艺术类的院校，院校对教师的绩效评价更多的是从教师的实际教学、科研和社会活动出发，根据教师的实际业绩对其进行评价。学院严格主讲教师资格认定，严格执行教授、副教授为本科生授课制度，并将其作为专业技术职务晋升、绩效考核、岗位聘任的重要条件，逐渐形成了教学水平、理论研究和创作实践协调并重的教师质量建设体系。2014 年，学院主讲本科课程的教授占教授总数的 83.64%。各专业教师坚持将高质量的学术成果融入教学、将深厚的专业创造经验回馈教学、将国际戏剧研究新成果和新动向引入教学，突出了该院的特色。

三、艺术类教师绩效评价制度对教师和院校发展的影响及未来发展趋势

（一）艺术类院校教师绩效评价制度对教师和院校发展的影响

通过上述分析，可以发现艺术类院校教师绩效评价制度对艺术类教师和院校的发展具有重要意义。综合考察国内外艺术类教师绩效评价制度，美国艺术类教师绩效评价制度比较完备，本书主要从美国院校中艺术类教师绩效评价制度对教师和院校发展的影响角度进行分析。这主要体现在以下一些方面：

1. 关注在艺术类教师绩效评价体系下教师的权利与义务如何平衡的问题

在这种绩效评价体系下的教师享有充分的权利，同时也承担责任与义务。发展性评价体系为美国艺术类教师提供了具有前景性的职业描述和全面客观的职业评价，这是一种建议式的评价。在这种评价体系下，艺术教师不但能够看清自身发展缺陷，还能认识到自身的发展潜力并明确自己的发展方向。因此这种评价体系赋予他们根据评价正确认识自己、科学自主规划更好的职业生涯的权利。同时，评价内容和标准也像一把标尺，教师通过每次的评价衡量自己是否履行了应尽的责任和义务。AFI 教师手册的评价标准中提到若干个细则，比如是否用合理的方式向学生展示和解释问题？是否激发和启发学生的能力？是否有效地计划、组织和利用课堂教学？是否在学生困惑时给予帮助和指导？等等。这些评价准则非常细致，从学生和教师共同发展的角度出发，让教师明确了作为一个称职的教育者、研究者乃至艺术家，该具备怎样的能力、经验及态度。

2. 关注艺术类教师绩效评价体系对教师职业生涯的影响程度

美国教师绩效评价体系对教师职业生涯的影响应该是巨大的，因为这些评价直接影响到教职人员的聘任、晋升与终身教职的评定，并间接反映在其薪资水平和福利待遇上。教师职业的定位与发展与绩效

评价结果息息相关。教师绩效评价体系是一套记录系统，能体现和反映教师的发展轨迹，并为教师的前景指明方向，为良好的职业生涯铺路；教师绩效评价系统还是一套规范系统，有效地规范教师的行为和态度，让教师掌握科学的教学方法，端正工作态度；教师绩效评价系统还是一套激励系统，续聘、晋升的压力会激励教师们不断完善自我、发展自我，实现职业生涯的不断进步。

3. 关注艺术类教师绩效评价体系对院校战略发展的影响

首先，教师绩效评价体系保证了高校良好的师资质量。因为完善的教师绩效评价体系为教师的聘任、续聘、晋升等都提供了规范的标准和程序，学校对待人才的甄选和提拔都严格按制度进行，以保证其雄厚的师资来源。其次，先进的教师绩效评价体系会促进师资水平不断提高。由于教师绩效评价体系的理念在不断更新，侧重发展性评价与综合性评价成为评价教师主导思想，这促使美国高校教师不断完善和提高自己各方面的能力，以谋求更高的职业发展。良好的教师绩效评价体系将教师的职业发展与学科专业的发展、学校的整体发展结合起来，促进了学校运作的良性循环。通过对师资质量的保证和师资水平的提高两条途径，美国高校实现了在教学、科研和社会声誉上的多重丰收，可见建立科学的教师绩效评价体系是实现一所高校长远发展的重要保证。

（二）艺术类教师绩效评价的未来发展趋势

通过对国内外艺术类院校教师绩效评价状况的分析，可以发现艺术类教师绩效评价的未来发展将呈现以下特点。

1. 艺术类教师绩效评价将充分体现公开性、公平性与公正性的原则

艺术类教师绩效评价的公开、公平、公正已成为国外各高校教学评价指标中不可缺少的重要部分。国外艺术类教师评价指标的确立都充分考虑到教师绩效评价制度的公开、公平和公正。评价制度的制定都考虑到对教师的激励和约束作用，以保障对教师队伍优秀人才的吸引和留用。评价结果必须明确反馈给教师，并允许教师有申诉的机会。

2. 艺术类教师绩效评价将更具多样性的特点

在艺术类教师绩效评价中，各国高校都非常重视采取多种不同的

形式和途径，对教师进行科学合理的评价。在评价过程中，从各高等院校的实际状况和院校特点出发，科学合理地制订评价方案，尊重教师的个性差异，能够从多个途径评价教师。大学教师应该是一名学者型教师，教学与科研的双高水准是对大学教师的基本要求，但事实上教师很难做到教学和科研兼顾。包括哈佛大学在内，国外很多高校在作绩效评价时都将教师的科研能力放到了首位，占较大的比重。但是为了保障评价结果的全面性与公正性，考评指标在制定时也考虑到学院类型的差异，针对艺术类专业和院校的特点，不同的学校也设置了多种评价途径，有些院校非常重视学生对教师授课的评价，有些院校则更加依赖于外部专家的同行评价。

3. 在艺术类教师绩效评价中将不断加强教师的参与性

在国外各高校的艺术类教师绩效评价过程中，均非常重视教师的参与。通常情况下，参与整个考评过程让教师认识到绩效考评不仅仅是学生或学院领导的事，评价结果关系到教师个人职业的发展。学校以人性化的态度强调教师在评价中的主体地位，给教师充分的自主权。如英国高校有学年“评价性面谈”，创造教师与院长或系主任之间进行沟通的机会。不仅如此，对于新教师，学校还会要求院长或系主任按照评价方式指导其制订教师发展计划和目标等。

第二节　在线课程教师绩效评价研究

随着在线课程在高等教育领域的不断发展，越来越多的研究型大学开始开设在线课程。在线课程数量急剧增加的同时，其质量问题也日益受到重视。教授在线课程教师的教学实践直接影响在线课程的质量，如何科学地评价在线课程的教师绩效也成为高校教师绩效评价的重要方面。本节基于美国高校对在线课程教师绩效评价情况的介绍和分析，为我国研究型大学在线课程的发展和在线课程教师绩效评价提供可资借鉴的参考。

在线课程（online course）在美国高等教育领域发展迅速，成为多数高校发展的长期战略规划的重点。为了保证在线教育的质量，美国相关教育研究机构和各高等院校非常重视对在线课程教师的评价，并通过建立合理的绩效评价机制，关注教师的培训和发展问题，使绩效评价成为教师发展的依据和指南，通过绩效评价保证在线教育的质量。本节通过审视美国高等教育领域在线课程的发展对教师绩效评价的影响，分析各高校在线课程教师绩效评价的具体做法和特点，反思我国研究型大学在线课程教师绩效评价问题。[1]

一、美国高校在线课程的发展对教师绩效评价的影响

美国网络教育起源于20世纪90年代，2003年就有将近190万名高校学生参加网络课程的学习。在2011年贝伯森调查研究组（Babson Survey Research Group）对美国2500所高校的调查研究中发现，65%的院校将在线学习作为院校发展的长期战略，而营利型院校更是将在线学习作为院校发展战略的重要组成部分。在美国各类高等院校中，营利型院校在线学习课程增长最快，从2009年的51%增长到2010年的69%。注册在线课程学习的学生占在校生比例不断攀升，2010年，美国高校有31%的学生学习一门以上的在线课程（见图7.1）。[2] 2013年，贝伯森调查研究组对2800所高校的调查显示，注册学习一门以上在线课程的学生人数达670万，在线课程注册学生人数年增长率为9.3%。[3] 在线课程在美国高校的快速发展，不仅成为各高等院校关注的焦点，也促使很多高校教师投身于在线课程的开发和讲授，申请开设在线课程的教师人数不断增加，在线课程教师绩效的评价也成为各院校学术管理人员所关注的焦点。

由于在线课程快速发展，改变了传统的教与学的方式，在线课程

---

[1] 耿益群：“美国高校在线课程教师绩效评价”，载《比较教育研究》2013年第11期，第61～65页。

[2] Allen, I. Elaine & Seaman, Jeff (2011). *Going the Distance: Online Education in the United States*, 2011. Retrieved from: http://www.onlinelearningsurvey.com/reports/goingthedistance.pdf. 2012-07-06.

[3] Allen, I. Elaine & Seaman, Jeff (2013). *Changing Course: Ten Years of Tracking Online Education in the United States*. Retrieved from: http://www.onlinelearningsurvey.com/reports/changingcourse.pdf. 2013-02-15.

教学所采用的途径和技术也与传统的课堂教学不同，因此对教师教学绩效评价也应发生变化，才能适应教学方法和途径的变革，并通过对在线课程教师绩效科学合理的评价，激发教师工作热情，提高教师教学质量，促进在线课程的发展。但目前在美国各高等院校中，仅有31%的学术管理人员认为，教师能够认识到在线教育的内在价值及其合理性，不同类型院校的学术管理人员对在线教育的认识也存在很大的差异，这直接导致了各高等院校对教授在线课程教师绩效评价及教师发展等方面的差异。一些做得较好的高校为了促进在线教育的发展，提高教授在线课程教师水平，都形成适应在线教学特点的教师绩效评价原则和机制，对教师绩效进行评价，并根据评价结果，实施相应的教师发展项目。目前，在开设在线课程的院校中，仅有6%的院校尚未给教师提供培训和课程指导。72%的院校在校内为教师提供培训课程，58%的院校为教师提供在线课程教学指导。[1] 一些规模较小的院校一般在校外为教师寻找课程培训机会，通过采取将教师绩效评价和教师发展相结合的做法，保证在线教育的质量（见图7.1）。

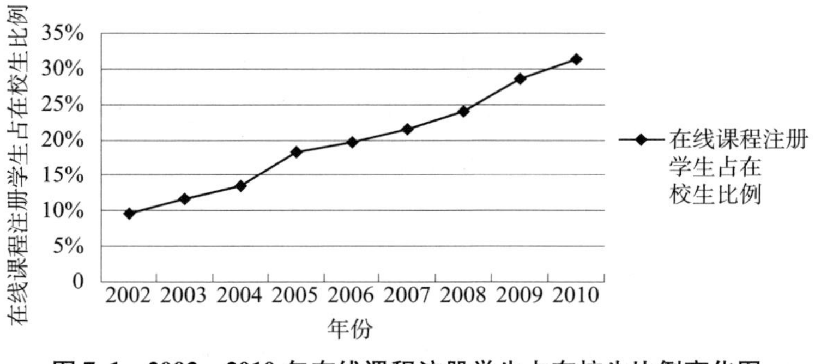

图7.1　2002～2010年在线课程注册学生占在校生比例变化图

资料来源：Allen，I. Elaine & Seaman，Jeff（2011）. *Going the Distance*：*Online Education in the United States*，2011. Retrieved from：http：//www. onlinelearningsurvey. com/reports/goingthedistance. pdf. 2012 –07 –06.

[1] Alle，I. Elaine & Seama，Jeff（2013）. *Going the Distance*：*Online Education in the United Seates*，2011. Retriered from：http：//www. online learning suney. com/neports/going the distance. pdf. 2012 –07 –6.

在线课程的发展，要求对教师绩效评价的原则、内容和方法进行改革，以适应在线课程发展的要求。

二、在线课程教师绩效评价原则

教师评价是衡量教师的职业发展和学生的学业成绩的重要途径。无论是对教授在线课程教师的评价还是对进行传统的课堂教学的教师的评价，其目的都在于实现最佳教学和使学生取得最优成绩。对教授在线课程教师的绩效评价应在这一目标前提下，制定相应的评价原则。

美国高等教育政策研究院在 2000 年就提出了成功的高质量在线教学的 24 个基准，包括院校支持基准、课程开发基准、教/学基准、课程结构基准、学生支持基准、教师支持基准、评价和评估基准等几大类。[1] 其中，教师支持基准包括：为教师提供课程开发所需的相应的技术支持，并鼓励教师应用这些技术；帮助教师从传统的课堂教学转向在线教学，并对教师的教学过程进行必要的评价；在课程讲授的全程为教师提供必要的培训和帮助；为教师提供书面资料，以解决学生应用电子数据中出现的各种问题。教师应该对在线课程讲授有充分的知识储备，以提供最佳教学。同时，也应制定适应在线课程发展的课程标准和教师评价标准，使教师能够非常清晰地了解教授在线课程所需要达到的目标。在线课程的特点决定了对在线课程教师绩效评价应遵循其独特的原则。在审视在线课程教师绩效评价的原则时，应首先认识到在线课程教学的独特性。在线课程学习与传统课堂学习有很多不同，第一，这种学习方式是在高等教育从精英教育到大众化教育转变的背景下出现的；第二，在线课程的学习，需要具有精心的安排和设计；第三，课程开发在某种程度上已经实现了产业化，需要各类专家之间的分工协作；第四，在线课程的关键是应自始至终保持对话

---

[1] The Institute for Higher Education Policy (2000). *Quality on the line: Benchmarks for Success in Internet－based Distance Education*. Retrieved from: http://www.nea.org/assets/docs/HE/QualityOnTheLine.pdf. 2012－07－06.

的特点；第五，在线课程导致了诸如在社会情境中学习等这类非正式学习机会的丧失。❶ 在线课程的这些特点决定了对教师的绩效评价应该符合在线课程教学特点。一般的课程评价中都重视学生的态度和学生在课程结束时对课程的反应，关注学生对教师的喜爱程度，而针对在线课程的评价则应关注所应用的技术以及在增进教师和学生交互的教学策略等方面的评价，关注课程是否为学习者提供了充分的交互机会。

对教师的教学绩效评价，应该注重在线课程本身的特点，关注课程教学的交互性。一个非常重要的原则是要使在线课程教学充满生机、充满师生之间的互动。同时，院校在进行评价和改进课程质量上，一定要强调学生的学。❷ 本着这一指导原则，对教师的教学评价应该围绕学生的学这个中心，并结合在线课程教学的特点，形成对教师教学评价的原则。格雷海姆等（Graham，C. et al.）将柴克林（Chickering，A. W.）和盖姆森（Gamson，Z. F.）提出的“卓越本科生教学实践七原则”作为在线课程教师评价的原则：鼓励师生之间的互动、鼓励学生之间的互动、鼓励主动性学习、及时反馈、强调任务的时间性、对学生提出较高的期望、尊重学生的多样化才智和不同的学习方式。❸ 很多高校都将这七个原则作为对在线课程教师教学评价的基本原则。

在线课程教学具有很强的动态特点，是一个不断发展的过程。因此，在对教师的评价中，应重点采用形成性评价，使评价结果直接指导教师的教学实践，不断对教学进行改进。采用形成性的评价，能够

---

❶ Oliver，Martin（2000）. *Evaluating Online Teaching and Learning*. Information Services & Use，Vol. 20. pp. 83 – 94.

❷ Eaton，Judith S（2002）. *Maintaining the Delicate Balance：Distance Learning，Higher Education Accreditation，and the Politics of Self – Regulation*. Washington：American Council on Education. Retrieved from：http：//www. acenet. edu/bookstore/pdf/distributed – learning/distributed – learning – 02. pdf. 2012 – 07 – 09.

❸ Graham，Charles，et. al（2001）. *Seven Principles of Effective Teaching：A Practical Lens for Evaluating Online Courses*. Retrieved form：http：//www. technologysource. org/article/274/. 2012 – 07 – 06.

保证授课教师在课程进行的过程中不断得到反馈，对课程进行适时调整，避免在课程结束时再进行评价，可使问题解决在萌芽阶段。当然，也需要在课程结束时进行终结性评价，以便对课程进行总体把握，这对于开设具有交互性、针对学习者个体的在线学习课程非常重要。阿尔伯（Arbaugh，J. B.）认为，有四类因素影响在线学习，应将这四类因素融入在线课程评价之中：课程预期的效果以及易获得性、对于学生和教师来说具有灵活性、强调师生互动并能够实现便捷互动、获得积极参与课程的体验。❶ 因此，在教师绩效评价中应将上述因素考虑在内，制订相应的评价策略和方法。在教师绩效评价中，学生对教师教学的态度和看法只是评价的一部分，此外，采用的技术、课程所需材料是否容易获得、与其他学习者是否能够很容易地相互沟通等，都是要考虑的因素。对于教师个体来讲，最重要的两种能力是课程设计能力和促进教学过程中师生互动的能力。但在实际操作过程中，有些情况下教师本身并不参与其所教授课程的设计工作，这样的话评价就必须集中在课程的讲授和提高课程效果上。在线课程评价包括两个方面：一是对课程内容进行评价；二是对教师如何激发学生的学习进行评价。一般来说，一旦课程内容确定下来，经过课程评审和系主任同意，教师就可以进行教学。由于在线课程具有标准化的特点，因此对课程内容的评价相对简单，评价的重点在于教师如何激发学生的学习兴趣，使学生达到预期的学习目标。

高校教师绩效评价主要是指根据学校使命，制定相应的评价指标体系，对教师的工作过程、工作行为和工作结果进行评价，通过对评价结果的反馈，提高教师的教学和科研水平的过程，其目的在于教师的发展。因此，对在线课程教师绩效评价，也应遵循发展的原则，结合上述对在线课程教师评价的原则，从学生评价、同行评价、教师自我评价、管理人员评价、校外专家评价等几个方面，对教师绩效进行综合评价。

---

❶ Palloff，Rena M. & Pratt，Keith（2008）. *Effective Course*，*Faculty*，*and Program Evaluation*. 24th Annual Conference on Distance Teaching & Learning.

三、在线课程教师绩效评价的途径及特点

传统的教师评价包括学生评价、教师自我评价、同行评价、管理人员评价、校外专家评价等方面，在对教授在线课程教师的绩效评价中也包括这些方面，但需要结合在线课程的特点，制定相应的评价程序和标准。

（一）学生评价

学生对教学的评价已经成为高校活动中具有合法性地位的一项既定工作。[1] 学生评价的结果被很多高校用来作为教师个人教学提高依据的同时也作为保证教学质量的重要手段。此外，还作为教师晋升和是否获得资助的依据。在线课程的教学评价中，学生评价如何，学生是否对课程教学表示满意，经常是通过课程设计和组织实现的。在线课程的设计和组织都充分关注学生的学习特点和学习需求，并据此设计课程，通过反馈机制，及时地将学生对教师的教学效果和课程的看法和态度传递给教师和技术人员，发现课程设计和讲授中的问题，为教师的进一步提高提供依据。

（二）教师自我评价

教师的自我评价对根据学生的特点和学生的反馈，及时调整课程内容、进度和教学策略，改进在线课程和提高在线教育水平具有重要意义。在线课程的自评中教师应自问这样一些问题：要教授哪些知识和技能？如何知晓学生正在掌握这些知识和技能？如何帮助学生学习得更好？因此，在对教师的评价中，对教育技术的掌握应成为评价的关键因素之一。芝加哥的加利福尼亚州立大学的诺尔（Knolle，J.）建立了一套专门供教授在线课程的教师进行自我评价的体系。该系统以网络课程平台为基础（WebCT），将在线教学原则总结为“强调任务的即时性”以及“提出开放性问题”。针对强调即时性任务的原则，诺

---

[1] Nuemann，R（2000）. *Communicating Student Evaluation of Teaching Results：rating interpretation guides*. Assessment and Evaluation in Higher Education，25（2），pp. 121－134.

尔向教师提出了这样的问题，即“你是如何通过采用现有技术在课堂中实现任务的即时特点的”？这套评价体系包括以下方面：

（1）课程目标：将课程目标和学习目标列出来，让学生确定哪些对其来说更有意义，并说明理由。

（2）日历：在课程的开始阶段确定学生预期完成作业的要求及时间。

（3）追踪：在内容网页监控学生的活动，并根据学生的活动进行反馈。

（4）讨论：限定讨论人数和每个学生上传内容的形式，限定每条信息的长度。

（5）电子邮件：信息要简洁，围绕主题并意义明确，避免对附件的过分依赖，规定附件的文件格式，要求对所有附件进行病毒检查、要求学生定期提交学习报告。

（6）书签：外部地址链接要精确并实时更新。[1]

通过这一评价体系，教师与学生能够进行良好的沟通，并能及时发现教学中存在的问题，对课程教学进行有效的自我评价。诺瓦克（Novak，J.）提出通过应用概念图式工具（CmapTools）将在线课程的教学、学习和评价融为一体。所谓概念图式是指通过将一组概念通过图式的形式显现出来，概念图式建立在奥苏贝尔等（Ausubel et. al.）的同化学习理论之上。在对具体在线课程内容分析研究的基础上，根据概念图式理论设计了概念图式工具这一软件，使在线课程教学中的教与学以及评价联系为一体。这一工具也包括专门针对在线课程教师进行评价。通过应用这一软件，促进了教师的教和学生的学，并将教与学和课程评价和教师绩效评价联系在一起，对在线课程质量

[1] Torbin，T.（2004）. *Best practices for administrative evaluation of online faculty*. Online Journal of Distance Learning Administration，7（2），State University of West Georgia Distance Education Center. Retrieved from：http：//www. westga. edu/ ~ distance/ijdla/summer72/tobin72. html. 2012 – 07 – 06.

的提高具有促进作用。❶ 目前，这一评价工具已经在美国很多高校中应用，在科学评价教授在线课程教师的教学绩效，提升在线教育的质量方面发挥着重要作用。

（三）同行评价

在线教育背景下的同行评价具有与传统教育环境中的教师评价不同的意义。通过同行评价，旨在促进同行之间的互动，形成一种共同协商的院校氛围和策略，形成一种良性的在线教育文化。瓦尔登大学（Walden University）是一所以在线教学为主的大学，该大学通过采用课程导向的教师绩效评价方式，使教师之间形成一个促进在线教学和学术发展的共同体。❷ 教师之间通过同行评价，分享各自的在线课程教学经验，相互切磋各种教学技术，通过建设性的同行评价途径，形成一个不断发展的教师网络，在积极、友好的氛围下，促进教师发展。有些院校还通过采用导师制度和同行评价相结合的方式，对教师教学绩效进行科学评价，并同时对评价及时反馈，帮助进行在线课程教学的教师提高教学水平，并将绩效评价结果作为教师发展的规范和指导，根据绩效评价结果制订相应的教师发展计划，提高在线课程教师的教学和科研水平。

（四）管理人员评价

管理人员评价对于保证卓越的在线课程教学和提高教师整体水平以及教师的发展都有重要意义。在实际的教师绩效评价过程中，谁来进行教师绩效评价也是一个关键要素。值得关注的问题是，很多对教授在线课程的教师进行绩效评价的管理人员本身没有任何教授在线课

---

❶ Daley, Barbara J., Canas, Alberto J., Stark – Schwetzer, Tracy (2007). *CmapTools: Integrating Teaching, Learning, and Evaluation in Online Courses*. New Directions for Adult and Continuing Education. No. 113, Spring. pp. 37 – 47.

❷ Walden University. *History*. Retrieved from: http://www.waldenu.edu/about/who – we – are/history. 2012 – 07 – 06.

程的经验，[1] 因此评价标准经常是延续传统课程评价的标准，并不能真正评价在线课程教师的真正教学水平。管理人员的评价在整个绩效评价体系中具有举足轻重的地位，是能否科学有效地对教师进行绩效评价，以及能否根据绩效评价结果制订相应的教师发展计划的关键。桑耐尔等（Sunal，D. W. et al.）设计的“在线交互学习清单”（Checklist for Online Interactive Learning，COIL）中将评价的关注点聚焦于在线课程讲授结果，主要关注师生交互、技术支持、学习环境的完整性等方面。[2] 这一评价方式具有高度的目标性，衡量方式可依据课程结果和内容进行调整变化，并且与实际教学质量有高度的相关性。其评价理念和具体方法已经被一些院校采用。此外，管理人员在教师绩效评价中还应关注一些具体的评价细节。比如，对教学中的交互性程度的评价问题。通常来说，对在线课程交流情况的评价，不是由教师和学生之间的互动频率所决定的，而是由教师和学生之间的互动质量决定的。在线课程教学中的互动，不仅要强调师生之间的互动，同时也关注教师通过何种途径促进学生之间的互动。在线教育环境下，学生的特点也发生了变化，学生具有非常强的独立解决问题的能力，是具有终身学习能力的学习者。这要求教师根据学生学习的特点，通过与学生之间的互动，鼓励学生之间的交流，鼓励学生对各种问题作出及时反馈，鼓励学生认识到任务的即时性，对学生有较高的期望值，尊重学生多样性的才能。对教师的绩效评价也需要关注高校内部结构问题，随着技术的发展，各高校也发生了结构性变革，产生了不同于以往的新文化特征，这些具有一定的消费特性的文化，对教师和学生都有深刻的影响，教师的教学应顺应学生在虚拟环境中的文

---

[1] Torbin, T. (2004). *Best practices for administrative evaluation of online faculty*. Online Journal of Distance Learning Administration, 7 (2), State University of West Georgia Distance Education Center. Retrieved from: http://www.westga.edu/~distance/ijdla/summer72/tobin72.html. 2012-07-06.

[2] Sunal, Dennis W., Cynthia S. Sunal, Michael R. Odell, and Cheryl A. Sundberg (2003). *Research-Supported Best Practices for Developing Online Learning*. The Journal of Interactive Online Learning 2.1 Summer, 2003. Retrieved from: http://web.ffos.hr/oziz/tam/e-learning/Sunal_2003.pdf. 2012-07-06.

化特点的变化，改变传统的教学方式和途径，相应地，教师绩效评价也应随之发生变化。教师应该了解在网络环境下的新教学理论，了解与建设网络社区相关的新的教与学理念，这些都是学术管理人员在教师绩效评价过程中应关注的问题。

目前，很多高校已经将对教授在线课程教师的绩效评价结果直接应用于教师的薪水、年度评审、晋升和终身教职的评定中。在一些院校的终身教职评审和晋升中，对教授在线课程教师评价问题进行了详细规定。西南学院（Southwestern College）是加利福尼亚 112 所公立社区学院之一，该校非常注重在线课程教学质量，关注教授在线课程教师评价。在该校的《终身教职评审和教师评价手册》❶ 中专门列有章节，说明教师评价的原则，规定教授在线课程的教师要接受特殊的课程培训、获得西南学院在线教学证书，要求教师具有教授在线课程的方法和经验。评价包括学生在线评价、教师填写在线评价表和达到标准状况、教师对在线课程内容和材料的设计及应用、教师总结性评价。对在线课程教师的评价除了要遵循一般教师绩效评价的程序和原则外，还要遵循在线课程教学教师绩效评价程序和原则。评价分为试用期教师和合同制教师评价、终身教职教师评价以及兼职教师评价三个序列。虽然不同的序列之间有所差异，但总体来说有以下几个特点：第一，教师应提供西南学院在线教学证书等能证明自己在线教学能力的证明；第二，对教师进行在线课程教学的课时具有明确规定；第三，对在线课程教师的评价应该与对进行传统课堂教学的教师的评价一视同仁；第四，在线课程教师评价委员会的结构和职能，应该与其他教师评价委员会类似；第五，评价应包括学生评价、教师自我评价和同行评价等。该校对教授在线课程教师的评价目的在于通过为学生提供可供选择的途径，使学生获得高质量的教育经历，实现在线教育创新。该校实施的在线课程教师绩效评价方法对提高在线教学质量具有重要意义，激发了教师从事在线课程教

❶ Southwestern College. *Tenure Review & Faculty Evaluation Manual*. Retrieved from: www. swccd. edu/Pdfs/EvalProcFacOnlineHybridTRManl. pdf. 2012 - 07 - 16.

学的积极性。

管理人员应该清醒地认识到，教师绩效评价的主要目的在于教师发展和教师总体质量的提升。因此，很多高校都明确将教师绩效评价的目的定位于促进教师发展。瓦尔登大学通过学生课程评价、教师自我评价、活动评价、达到标准情况评价等，促进大学教师的发展。该校一直采用由该校院校研究和评估办公室开发的评价工具，对学生的学习进行评价，这些评价结果一方面用于课程评价，另一方面用于教师绩效评价和发展。[1] 具体做法是，由院校研究和评估办公室将所收集的关于课程评价的数据和信息汇总，进行详细分析，并提交“学生学业成绩报告”和“授课质量报告”两份分析报告，根据分析报告提出课程和教学改进建议，同时提出教师发展建议和制订教师发展计划。对该校教师的调查显示，教师对评价结果表示满意，认为评价是实现其职业发展的重要途径，有90%的教师在评价后访问教师发展网站。该校通过这一评价机制，形成了以提高教学质量为核心的文化氛围，无论是教师还是管理人员都认为，评价的目的在于解决问题，经验丰富的高质量教师队伍是大学发展的关键。大学还通过“教师卓越中心”提供具有交互性的在线教师发展工作坊，为教师提供发展机会。有些教师在“职业发展计划”中表明需要提高某些技能，学术管理人员就安排教师参加由教师委员会开发的培训项目，并对培训结果进行评价。教师发展不仅局限于教师发展工作坊，通过电话联系、邮件往来、教师同人之间的交流讨论等方式，教师改进教学技能，为学生提供最优课程教学。通过实施对教授在线课程教师的评价，教师表示有改进技术的愿望，并希望与其他教师分享在线课程教学的最佳做法，经常会与同事探讨在线课程教学相关问题，有助于形成一个良性的在线课程教学的学术环境。

---

[1] Weschke, Barbara & Canipe, Stephen (2010). *The Faculty Evaluation Process: The First Step in Fostering Professional Development in An Online University*. Journal of College Teaching & Learning, January, Vol. 7, No. 1. pp. 45 – 58.

（五）校外专家评价

除了上述几种评价外，有些院校还通过专家评价对在线课程教师进行绩效评价，从专业化的角度对教师进行系统评价，将教学平台评价、学生评价、教师评价、学习资源评价等方面联系在一起，旨在促进在线教育总体质量的提高。

通过对在线课程教师绩效评价内容的分析，可以归纳出在线课程教师绩效评价具有以下一些特点：第一，在线课程教师绩效评价是一种以学生的学习为核心的评价。评价强调课程设计和实施应以学生为中心，注重在线课程教学的交互性。第二，在线课程教师绩效评价是联系教师和学生的纽带。通过有效的、具有针对性的教师评价，将学生和教师联系在一起。通过评价提供学生的反馈，使教师认识到课程教学中所存在的问题。同时也为教师提供教师发展指导，帮助教师制订适应自身职业发展的计划。第三，在线课程教师绩效评价是一系列管理活动不断连续的循环过程。管理人员应充分认识到自身在评价中的地位和作用，认识到评价是一个沟通和协调的过程，目的在于使全体教师参与到整个绩效评价过程之中，以评价促发展，实现提高在线课程教师的教学科研水平，提高在线课程质量的目的。

四、对我国在线课程教师绩效评价的启示

随着网络技术和资源的不断发展，我国在线课程发展较为迅速，截至 2007 年，我国有 68 所试点高校开办网络教育学院，[1] 提供在线课程。与美国在线课程发展相比较，目前我国尚没有完备的全国性的在线课程标准对在线课程进行规范，仅有少数高校制定了针对在线课程教师绩效进行评价的标准。美国高校在线课程教师绩效评价的具体做法及其特点，对我国高校在线课程教师绩效评价具有一定的启示作用。

第一，在全国性的在线课程标准的指导下，从在线课程的特点出

[1] 邹范林："远程教育试点高校网络教育学院管理运行机制对电大的启示"，载《河北广播电视大学学报》2008 年第 6 期，第 9～12 页。

发，制定教师评价原则，根据评价原则和各高校实际状况对在线课程教师进行绩效评价。

第二，对教师进行绩效评价的目的在于保证在线课程教育的质量，促进教师发展。因此，教师绩效评价应该与教师发展相结合，以绩效评价结果为基础，形成相应的教师发展制度，培训教师适应在线课程的教学。需要提供完善的教师培训计划，为教师提供进行教学设计和应用各种教学策略的资料和模板，以及便于教师组织教学活动和进行师生交互的技术支持。威廉姆斯（Williams，P. E.）认为，[1] 需要对教师在课程讲授中的作用和所需能力进行深入研究，以便提供适当的培训，提高教师的水平，并根据研究结果制定相应的评价标准，对教师进行评价，以确定教师需要提高的方面。

第三，对教师教学的评价应以院校的使命为前提，应首先考虑院校的使命和目标是什么？院校要培养什么样的人才？在这一前提下，制定适应院校发展和人才培养的教师绩效评价原则和具体评价标准，才能真正促进在线教育的发展。

第四，要全方位对教师进行绩效评价，避免评价的片面性。对教师在线课程教学的评价应包括师生交互程度、作业与答疑情况、教学活动的组织、学习材料的提供和学生的考试情况五个方面。学术管理人员必须充分地认识到，单纯依靠学生课程评价对教师进行评价的话，可能会产生误导，需要将学生评价标准和其他评价相结合，对教师的教学进行评价。例如，正式的课堂访问、教师自我评价等。管理人员还须认识到，一定要面对问题，与教师共同提出提高教师水平的方法和途径。这需要管理人员与教师保持密切联系，需要通过邮件、电视会议、非正式的课程聊天室、面对面的谈话等方式对教师有深入了解，才能对教师作出合理的评价。

第五，任何形式的教师绩效评价都必须是建设性的，评价的目的在于改进和提高，无论是评价者还是被评价的教师。在评价过程中，

---

[1] Williams，P. E.（2003）. *Roles and competencies fordistance education programs in higher educationinstitutions*. The American Journal of Distance Education，17（1），pp. 45－57.

教师、管理人员、学生和专家要有充分的交流。在线环境下，这种交流可以通过电子邮件、电视会议、视频反馈、非正式课程聊天室和面对面交流等形式得以实现。

第三节　跨学科研究与教师绩效评价

随着现代科学的发展和社会问题的日益复杂化，很多自然科学领域和社会科学领域的问题都需要从跨学科的视野进行探讨，进行团队合作以解决人类发展所面临的深层次问题。这要求研究型大学中来自不同学科领域的学者进行全校范围、全国范围乃至世界范围的通力合作，以解决某一现实问题。莫尔曼等认为，在当今世界顶尖的研究型大学中，教师作为新知识的生产者已经具有新的作用，已经从传统的独立探究者转变为具有跨学科特点的国际化合作团队的一分子，与之前的研究工作相比，他们的研究更多以现实问题为导向。[1] 庄琛等对2011年管理学顶尖杂志《美国管理》（Academy of Management Journal）上发表的文章进行的统计发现，当年54篇论文中，每篇论文平均作者为2.93人。进一步的研究显示，研究型大学教师更多的是采用合作的方式进行科学研究。[2] 研究型大学也开始为从事跨学科科研工作的教师提供设备、人员等支持，鼓励教师开展重大的跨学科研究项目工作。跨学科研究发展的现实要求，促使研究型大学的教师必须走出狭小的个人研究天地，与其他学科领域的学者共同协商努力，以解决目前整个社会乃至人类所面临的重大的现实问题。随着跨学科研究的不断发展，大量的资金和人员从传统院系流向研究型大学中新出现的跨学科研究中心、跨学科研究平台等跨学科研究集群、组织或者机构，这要求相关的教师绩效评价制度也随之发生变革，不能再局限于从单一的学科视角对教师个体独立工作进行评价，而应关注教师的

---

[1] Kathryn Mohrman, Wanhua Ma and David Baker. *The Research University in Transition: The Emerging Global Model*. Higher Education Policy, 2008, 21, pp. 5–27.

[2] 庄琛、唐宁玉、郑兴山：“研究型大学教师绩效评估探析”，载《教育发展研究》2013年第7期，第81~84页。

团队合作和跨学科研究情况，包括对跨学科研究群体、组织或者机构中的教师的评价问题给予必要的关注，以便对教师进行合理的评价。跨学科研究的发展现状要求研究型大学做出相应的制度变革，以激发教师的创造性的发挥。美国国家科学基金会（National Science Foundation，NSF）指出，参与跨学科研究（interdisciplinary research，IDR）的教师需要一个能够使他们在多学科和不同系工作的支持环境，更为关键的是要有一个能够对教师跨学科工作以及在学科领域内的工作进行合理评价的机制，保证教师能够在两个或者两个以上的学科接受训练、能够有与其他教师和学生在每个学术领域进行融洽合作的机会。这些文化和智力氛围是保证高质量跨学科研究的前提条件。[1] 美国高等教育协会（American Association for Higher Education，AAHE））在《为美国新学者提供空间》（Making a Place for the New American Scholar）的报告中也强调，改革教师评价制度为教师跨学科研究活动提供支持。应积极探索有利于大学教师进行合作、促进跨学科教育与研究的教师绩效评价制度，[2] 这已经成为研究型大学的人事聘任与评价中的重要方面。因此，迫切需要在教师绩效评价中对教师的跨学科研究和在跨学科团队中所从事的研究工作进行合理、科学的评价。因此，对教师的跨学科研究绩效的评估，成为教师绩效评价中的一个非常重要的议题。

随着我国“高等学校创新能力提升计划”（简称“2011 计划”）的逐步推进，跨学科研究或者交叉学科研究不断得到重视，很多大学开展各类的跨学科研究项目，而从事这类跨学科研究的教师绩效评价问题也日益凸显。在这一背景下，我国研究型大学也开始关注从事跨学科研究教师绩效评价问题，进行相应的教师绩效评价制度的改革与创新。2002 年，南开大学推出复聘制，打破学院之间的人才所有制，

---

[1] National Science Foundation［NAF］（2011）. *Fostering Interdisciplinary Research on Education.* April 29. Retrieved from. http：//www. nsf. gov/pubs/2011/nsf11526/nsf11526. pdf.

[2] 杨海燕：“美国研究生阶段交叉学科的发展及其对我国的启示”，载《中国高教研究》2008 年第 8 期，第 40～44 页。

一名教师可以被多个院系同时聘任，实现人才资源共享。❶ 这种复聘制也有助于组建跨学科研究团队以及鼓励教师从事跨学科研究工作，为研究型大学进行从事跨学科研究工作的教师绩效评价制度改革提供了有益的思考。本节就美国研究型大学跨学科研究与教师绩效评价问题从评价中存在的问题、评价原则、途径与方法等方面进行分析。

一、跨学科研究特点与教师绩效评价的问题

现代跨学科制度在美国高等教育领域的大发展始于20世纪20年代。20世纪三四十年代，地区研究和美国研究这两个领域被认为是跨学科研究（interdisciplinary research，IDR）出现的标志。克莱恩（Klein，J. T.）认为，跨学科一词是指学科间互借互换、合作解决问题和保持独立分割的学科之间的沟通桥梁等一系列活动。❷ 对于贝彻（Becher，T.）来说，跨学科的策略可谓是跨越传统学科的边界，打破学科分割状况，实现知识统一的途径。❸ 我国学者刘仲林对跨学科研究进行了很好的总结，将其概括为一种独特的协作研究方式，指代表不同学科和部门的研究人员聚集在一起，进行共同课题的研究，他们的工作汇集成一个密切结合的整体。跨学科研究是一种密切联系实际的研究活动，为促进科学合作和技术服务提供各种机会。❹ 由此可见，跨学科研究本身的特点决定了对跨学科研究教师绩效评价必然面临一系列问题。

（一）跨学科研究自身特点的复杂性

跨学科研究本身具有复杂性的特点。首先，从学科的维度来看，跨学科研究涉及多学科的交叉与融合，需要综合多学科的理论、方法

---

❶ 王树强、李新玲："一教师可被多院系聘任　南开大学推出复聘制"，载 http：//www. edu. cn/shi_fan_news_409/20060323/t20060323_60697. shtml，访问时间：2016年5月5日。

❷ ［美］朱丽·汤普森·克莱恩著：《跨越边界：知识、学科、学科互涉》，姜智芹译，南京大学出版社2005年版，第31~32页。

❸ Tony Becher. *Interdisciplinarity and Community*. In Ronald Barnett（1994）. Eds. *Discourse or Discord*? London & Bristol：Jessica Kingsley Publishers. p. 55.

❹ 刘仲林：《跨学科导论》，浙江教育出版社1990年版，第126页。

和途径；其次，从跨学科的研究问题来看，跨学科研究议题一般都是社会问题导向的，而社会问题经常是错综复杂的，受多种因素影响，与不同学科的视角相结合，从而形成网状交叉的研究视角；再次，从知识创新的角度来看，跨学科研究需要通过打破学科壁垒，跨越不同学科的边界，实现知识的统一，从而取得具有突破性的创新；最后，从跨学科研究的参与者来看，来自不同学科、不同部门的学者围绕共同的研究问题，共同攻关，形成一个多学科的共同体。跨学科研究的这些特点，决定了跨学科研究成果学科边界不固定，其价值作用难以用单学科标准评判；许多跨学科研究的长期效果和产出不能在研究伊始预期或者不能在完成研究之后短时间内检测到；跨学科研究涉及两个或两个以上学科的知识，面对的是复杂、多样化的研究语境和棘手的社会现实问题；跨学科研究评价过程中涉及研究人员个人或团队的评价、研究项目的评价、跨学科研究组织和机构的评价以及跨学科研究投入和产出的评价等多个方面。上述这些跨学科研究的复杂性，都增加了对跨学科研究进行评价的难度。因此，对参与跨学科研究工作的教师绩效评价也面临诸多问题。

（二）跨学科研究教师绩效评价中存在的问题

现行的教师绩效评价体系已经不适用于对跨学科教师的评价，需要一种全新的方式对教师的跨学科研究和跨学科研究成果进行评价。目前，在研究型大学中对从事跨学科研究的教师绩效评价还存在一些问题。

1. 同行评议与跨学科研究教师绩效评价

同行评议是教师进行绩效评价中通常采用的方法，但显然这种评价方法与跨学科研究特性不相符，这一传统的同行评议方式已经不再适应于对跨学科背景中的教师进行评价。由于跨学科研究既表现为多学科的交叉渗透融合，又是前沿研究，因此，同行评议的方法难以有效判定具有科学创新意义的内容。[1] 对于这样的具有跨学科和交叉学

---

[1] 魏巍：“‘跨学科研究’评价方法与资助对策”，中国科学技术大学 2011 年博士学位论文，第 45 页。

科特点的研究成果，很难找到真正意义上的同行专家。即使从跨学科研究涉及的多个学科中寻找专家，他们也可能由于知识的局限不能作出公正合理的判断。美国研究型大学的一些跨学科研究中心在对教师进行绩效评价时，一般会考虑以下一些因素：(1) 在跨学科研究中心工作的教师是否在从事高质量的跨学科研究工作；(2) 教师所从事的研究议题是否是在其母学科中所不能解决的问题；(3) 教师是否拓展了其研究领域和寻找到了新的研究方向；(4) 教师在各自的研究工作中能否涵纳来自其他学科的学生和学者；(5) 是否参与了新的研究领域的建设；(6) 是否让跨学科研究中心的学生融合了不同学科的知识；(7) 是否参与了多学科咨询和评审委员会；(8) 是否接受其所在系、学院的多学科评审委员会的评审；(9) 跨学科研究中心的教师的工作是否得到认可；(10) 是否受到其学科领域以外的邀请，讲解其跨学科研究成果。❶ 如果在教师绩效评价过程中，不充分考虑从事跨学科研究教师的工作特点以及跨学科研究本身的特点，势必会引发各种问题。需要综合考虑跨学科研究教师的工作特点，创新评价理念及方法。

2. 重视数量的科研评价方式与跨学科研究教师绩效评价

在传统教师绩效评价中，在对教师科研工作的评价中，一般都重视数量的评价，采用量化方法对教师科研水平进行评价。但在跨学科研究中，由于学科之间的差异性，而且不同学科的建设规模和发展水平存在着极大的不均衡性。一般规模大的学科，形成一种规模效应。相比而言，那些新兴学科或者规模较小的学科，量化的评价结果无法完全衡量个体所做的工作。因此，在对教师进行科研评价时，应关注不同学科的文化差异对科研评价的影响。这些文化差异会导致从事跨学科研究的教师的研究成果在不同学科接受评定时受到不同的对待。如果评议小组知道如何解读出跨学科合作中的研究人员的不同贡献，那么分析贡献大小的困难或许会少些，但是各学科的文化差异使得这

---

❶ 耿益群："美国研究型大学跨学科研究中心与大学创新力的发展——基于制度创新视角的分析"，载《比较教育研究》2008 年第 9 期，第 24～28 页。

个问题复杂化了。例如，跨学科研究中不同学科的重要成果形式表现不一，有以学术发表为重，有以会议为重；有的独著论文是常例，有的却是合著才是通常的惯例；某些领域论文的作者排序是严格按照字母顺序进行的，而在其他领域，作者顺序则表明贡献的大小。在合作成果中，难以准确区分每一位研究者的具体贡献，这些科研评价的文化差异使得对进行跨学科研究人员的绩效评价变得困难重重。[1]

3. 人员、科研成果的归属和划分与跨学科教师绩效评价

一般的跨学科研究都会围绕某一跨学科问题组建跨学科研究中心或者跨学科平台，而这些中心或者平台的专职科研岗位聘任通常较少或没有，一般来说教师既隶属于跨学科研究中心或者跨学科研究平台，同时也隶属于自己本学科的学院或者系，因此教师的双重身份导致其归属不明确。其中多数的研究人员隶属于传统的院系，教师的职称晋升仍由系或者学院掌握，在聘任和职称评定中，跨学科成果并没有受到充分重视或者不作为主要评价依据，无法弥补教师在本学科领域内学术产出低的状况；跨学科研究产出的一些成果如国家政策咨询、公共政策倡议、大众媒体传播、长期的产品开发等在评价中难以得到同等量化，也难以获得正确的评价和奖励；科研成果难以区分“个人贡献”与“团队成就”，易造成知识产权等纠纷或产生学术评价方面的“搭便车”现象。[2] 这些都在某种程度上造成了跨学科教师绩效评价的困境。

二、跨学科研究与教师绩效评价的原则

基于跨学科研究中教师绩效评价所存在的上述问题，在对教师进行评价时应打破旧有的思维模式，创新评价理念，通过制度创新，实现对从事跨学科研究工作的教师科学合理的评价，对教师的跨学科研究工作和研究成果给予充分的认可，使教师的创造力得以发挥。在评

---

[1] 魏巍：“‘跨学科研究’评价方法与资助对策”，中国科学技术大学2011年博士学位论文，第57~58页。

[2] 张伟、赵玉麟：“大学跨学科研究系统建构及其对我国大学的启示”，载《浙江大学学报》2011年第6期，第50~54页。

价过程中应遵循以下原则：

（一）充分考虑跨学科研究的特点

跨学科研究最重要的特点就是其跨学科性，因此在对教师进行绩效评价时应首先关注教师是否开展了高质量的跨学科研究以及是否取得了高质量的跨学科研究成果。跨学科研究的另一特点是在研究过程中应综合来自不同学科的理论并实现不同学科研究方法的整合，这要求在评价中应关注教师的跨学科理论综合和整合跨学科研究方法方面的能力和成果。总之，从跨学科研究的特点出发，考察教师在跨学科研究工作中是否能够很好地“平衡”相关学科的观点，是否能够吸纳多学科观点。对跨学科研究工作评价的一个重要方面是检验该成果为科学知识的发展所做出的贡献，如在多大程度上激发了现有学科领域的新见解或者新学科的形成，跨学科研究成果要有预见力和经得起实践检验。

（二）协调长期目标与短期效应之间的关系

跨学科研究一般具有明确的问题导向，具有清晰的目标，旨在攻克社会或者技术难题，属于重大攻关类项目。这就决定了跨学科研究要求的一些阶段性成果或者实现最终研究目的需要漫长的过程。由于跨学科项目本身的不确定性，也造成研究过程中的多种可能和各种变化，会使得研究项目变得更为复杂，必要时需要对研究目标进行不断细化和调整。这就势必造成注重短期效应的传统教师绩效评价方式与跨学科研究教师绩效评价之间的矛盾。因此，需要根据实际的跨学科研究进展情况，对教师进行科学合理的评价，可根据项目的特点，采用相对较长的评价周期，对教师进行评价，而不是采用传统的年度评价的方式进行评价。

（三）采用灵活多样的方式对跨学科研究教师进行绩效评价

针对教师跨学科研究成果的评价，应具有一定的灵活性。因为跨学科研究一般是具有社会导向的研究项目，因此还应关注跨学科研究成果学术性贡献和应用性贡献之间的平衡问题。既要看该项目是否能在学术上取得贡献，又要看其在解决实践问题上的贡献。[1] 这与传统对教师绩效评价中关注教师科研成果的学术价值有所不同，还应关注跨学科研究成果是否能够解决社会问题，是否具有应用价值。

三、跨学科教师绩效评价的具体途径和方法

由于跨学科研究中心涉及多个学科以及多学科的专家，打破了专业界限，需要对教师跨学科研究成果的评价方式和理念进行突破，形成全新的评价方式，实现对教师跨学科研究成果的科学评价。美国教育协会的相关报告指出，由于当今各种研究更多的是从多学科视角展开的，学者很难单独进行相关研究。在这种情况下，一方面，需要团队一起协同进行研究和出版研究成果。因此，在教师绩效评价中应该重视团队工作的重要性，要对个体在团队中的工作情况进行很好的评价。另一方面，由于团队研究更容易获得重大研究资助，这促使大学积极鼓励教师与来自其他学科的学者进行合作，以期获得大宗科研资助。与此同时，大学必须要寻求鼓励这些合作研究和出版的评价方式。尤其是在很难形成一个普遍的评价标准的情况下，大学更应该采用适宜的方式评价多作者合作著作。为此，美国教育协会呼吁大学的终身教授评价和晋升委员会成员应该认识到这一评价中的困境，通过寻求适宜的方式对每一个学者的工作进行公正的评价。除了以论文和专著作为衡量教师绩效的标准外，应该考虑到教师是否在研究中采用新的研究方法和手段，如是否利用软件进行科学分析，是否建立数据包等。[2] 事实上，美国的一些研究型大学已经开始积极探索如何对跨学科研究教师进行科学、合理的评价，从而形成了较为合理的教师绩效评价制度。综合美国一些研究型大学对从事跨学科研究的教师绩效评价的制度可以发现，这些研究型大学在遵循大学既有的关于教师绩

---

[1] 刘凡丰、余诗诗、罗芬：“跨学科研究评价的原则与指标构建”，载《中国高等教育》2013 年第 5 期，第 42 ~ 44 页。

[2] American Educational Research Association. *Rethinking Faculty Evaluation*. Retrieved from：http：//www. aera. net/Portals/38/docs/Education_Research_and_Research_Policy/RethinkingFacultyEval_R4. pdf，2016 - 07 - 20.

效评价的一些评价原则基础上，根据跨学科研究本身的特点，充分考虑跨学科研究项目目标的长期性和研究的不确定性等特点，采取灵活的方式，创新教师绩效评价途径和方法对教师进行评价。

（一）集群聘任计划（cluster hiring initiative）

威斯康星大学麦迪逊分校在1998年实施了具有创新性的集群聘任或跨学科聘任计划，旨在鼓励教师打破现有学术系的界限从事跨学科合作研究与教学。为此，大学建立起49个新的研究领域（areas），或者称为“集群”（clusters），有意致力于跨学科研究的传统院系教师，可以通过聘任进入一个集群。学校全额资助集群的每个岗位，目前有139名教师受聘各类跨学科的集群岗位，同时每位教师都归属于自己被指派到的某个院系。[1] 每个跨学科集群的教师人数最多不超过5名，集群本身是一个虚拟的实体，不隶属于任何组织机构，集群成员可以根据自己的意愿自由地开展活动。因此，它也被称为“自然实验”集群。[2] 由教务长（provost）任命教师咨询评审委员会（Faculty Advisory Review Committee）负责对集群教师进行评估。根据相关规定，集群中教师的学术成果应获得与其母院或者系同等评价，对这些教师在跨学科或者多学科期刊上发表的论文、参加的跨学科或者多学科会议应该一视同仁。教师可以在第三年聘期申请在其他学术领域接受评审，可以要求来自系以外的其他专家参加评审。

关于对集群中从事跨学科研究的教师绩效评价问题，一般来讲，在遵循大学总体评价原则的基础上，结合各个集群的特点，对教师进行评价。集群教师每年要进行年度考核，五年为一次总考核。教师需要根据教学、科研和社会服务的标准，向所在学术机构提交一份自我评估报告，从单学科和跨学科两个方面来分别阐述自己在教学、科研和社会服务方面的表现。集群教师所属机构会平等地考虑教师在单学科和跨学科

---

[1] University of Wisconsin - Madison. *Cluster Hiring Initiative*. Retrieved from http：//clusters. wisc. edu/index. htm，2016 - 07 - 15.

[2] 陈艾华等：“美国研究型大学跨学科研究的实践创新——以威斯康星大学麦迪逊分校 CHI 为例”，载《高等工程教育研究》2010 年第1期，第117～120页。

所取得的成就，双方评价结果整合后为该集群教师的综合绩效结果。[1] 以威斯康星大学尼尔森环境研究所为例，[2] 该研究所对跨学科研究教师进行评价的指导原则和具体做法是其他各个集群中教师评价的一个缩影。研究所关于跨学科研究学术评价的指导原则明确指出，作为大学的组成部分，在研究所对教师跨学科学术成果进行评价的过程中，要遵循大学总体原则，并在此基础上结合研究所自身的特点，在个人兴趣、研究所使命和大学的总体目标之间进行平衡，并给予教师的跨学科研究成就以高度认可。该研究所对于教师的具体评价操作，首先应遵循大学对教师进行绩效评价的基本原则和政策，从教学、科研和社会服务三个方面来对跨学科研究教师进行评价，[3] 由研究所所长主持，教师所在母院系也会提供评估辅助。教师需要根据自己在研究所和在母院系的工作情况，提交一份自我评审报告，将自己的跨学科研究、教学和服务情况以及在母学院或者系从事教学、科研和服务工作的情况进行自我评价。从跨学科工作的角度来看，研究方面主要考察教师在跨学科背景下的研究创新成果、参与建设长期的跨学科研究合作项目的努力、吸引跨学科研究活动资金情况、各类跨学科研究出版和学术贡献情况等；教学方面主要参照教师在培训和指导跨学科学生的实践、在一个或者多个跨学科课程中承担的主要责任、是否创造适合跨学科学习的整合、创新教学法；社会服务方面，要把教师在跨学科应用中的社会服务以及知识和实践的整合程度作为评估的标准。

（二）共同资助方式聘任（co－funding hiring）

宾夕法尼亚州立大学是一所美国著名的公立研究型大学。该大学

---

[1] 余诗诗：“高校跨学科平台及其教师的评价模式研究”，复旦大学2013年硕士学位论文，第46页。

[2] University of Wisconsin – Madison. *Guidelines for Merit Evaluation and Criteria for Excellence inInterdisciplinary Scholarship in the Nelson Institute for Environmental Studies*. Retrieved from: http://www.nelson.wisc.edu/docs/criteria.pdf, 2016-07-15.

[3] University of Wisconsin – Madison. *Policies and Procedures*. Retrieved from: http://acstaff.wisc.edu/resources/policies-and-procedures, 2016-07-15.

的跨学科研究机构的教师聘任采取“共同资助”的模式。[1] 共同资助聘任是指大学内的跨学科研究机构为了招聘更多从事跨学科研究的教师，为相关学院或系增设共同资助教师岗位，并提供启动资金以及教师工资的一种聘任模式。这种聘任模式可以看成是跨学科研究机构、学院或系和共同资助教师之间的“三角契约”共同资助教师岗位被设置在某个学院或系，行政归属完全属于该学院或系，共同资助岗位教师首先必须履行学院或系教师在教学、研究和社会服务等方面的基本要求。同时，因为受到跨学科研究机构的共同资助，所以，为了继续得到资助，岗位教师也必须达成跨学科研究机构在岗位设定之初的协议要求，而学院或系也会为了保留共同资助的岗位，为在岗的共同资助教师提供指导和监督，以确保岗位实现共同资助跨学科研究机构的目标，通过后继岗位评估研究机构根据设定这些岗位的初衷，定期对共同资助的岗位进行评估，以确定是否持续资助。

院长或系主任提交给跨学科平台的评估报告内容主要阐述资助教师参与跨学科平台项目的情况，具体有：共同资助教师的教学和科研活动与跨学科平台目标的相关度、院或系对共同资助教师开展跨学科平台资助项目时所提供的支持、教师在进行跨学科项目相关的教学和研究时表现出追求卓越的方面。[2] 平台负责人对这些报告进行审议，并决定下一年岗位资金资助的发放。共同资助协议周期是5年，在一个资助周期结束后，根据该教师每年的年度考核，跨学科平台会与院或系及教师协商确定是否继续资助下一个周期。如果该资助教师并未良好地履行协议内容，偏离原定目标的轨道甚至背道而驰，在与学院或系和教师商量无果的情况下，跨学科平台会停止对该教师的资助，撤出资金支持。每年的年度评估用于监督岗位，并为各方提供交流的基础，所以对教师的晋升和终身教授的评定并没有多大影响。

---

[1] Pennsylvania State University. *Policy HR23 Promotion and Tenure Procedures and Regulations*. Retrieved from https：//guru. psu. edu/policies/OHR/hr23. html，2016 -07 -15.

[2] Pennsylvania State University. *Co - Funding of Faculty*. Retrieved from：https：//cyfc . psu. edu/funding/cofunding，2016 -07 -15.

（三）联合聘任制度（joint academic appointments）

联合聘任制度是指一名教师与学校内的两个或两个以上的学术部门同时签约，接受这些部门的聘任。这种制度使教师在参与跨学科研究时，可以和所有涉及的学科单位共同签约，保证了教师跨学科活动部分的工作得到承认。美国密西根大学作为美国著名的公立研究型大学，一直鼓励教师从事跨学科研究。为促进跨学科研究活动的展开，大学专门建立了跨学科委员会（Committee on Interdisciplinarity），该委员会在《分委会关于跨学科研究发展的建议报告》中提出了建设跨学科评价体系，并提出了许多有益的建议。[1] 学校出台《密西根大学联合聘任指导原则》作为正式制度性规范，鼓励教师从事跨学科工作，实现知识创新。根据这一指导原则，当教师从事跨学科工作或者研究时，教师所在的学院有责任帮助教师实现跨学科研究工作目标，避免由于教师受聘的多个学术单位在教师聘任管理程序上的差异所造成的教师聘任过程中的各种混乱、紧张、拖延或冲突等问题，帮助学院和学术办公室（Provost's Office）制定与单个学院聘任一样清晰明确的联合聘任教师的评价和聘任程序与标准，以保证联合聘任教师学术职业生涯的健康发展。在评价和聘任联合聘任教师时，应遵循以下原则：第一，在教师联合聘任伊始，两个或者两个以上学院或系的院长们或系主任们应就与教师学术生涯发展相关的关键评价和聘任程序达成明确一致；第二，各院长办公室应就联合聘任教师的晋升和终身教授评审达成一致的联合聘任教师评审程序；第三，在所有联合聘任的学院或者系中，应该有一个学院或者系作为“聘任基地”（administrative home）；第四，每一个学院或者系都应该采取专门措施帮助联合聘任教师融入学术共同体；第五，联合聘任教师的所有跨学科工作都应得到与在单一学院或者系中受聘的教师同样的认可，也可以获得同样的资源；第六，各学院或者系应该在教师绩效评价中认可联合聘任教师的多种学术贡献，并充分考虑其跨学科工作；第七，受聘联合聘

---

[1] University of Michigan. *Report of the Subcommittee on Interdisciplinarity*. Retrieved from: http: //www. provost. umich. edu/reports/issues_intersection/interdisciplinary. html, 2016 - 07 - 15.

任的教师必须在促进各学院或者系有效合作中发挥积极作用；第八，如果联合聘任的教师在联合聘任中遇到问题，各相关学院或者系的院长或者系主任办公室应该一起协作帮助教师解决问题；第九，大学应支持联合聘任教师的零任务聘任（dry faculty appointments），进行这一聘任的学院或者系要保证受聘教师享有该聘任所赋予的权利和义务。为了支持联合聘任，学校设立专项基金用来扶持所有学院或者系进行联合，所有学科专业都有权发起跨学科研究项目。学校还专门提供一小笔资金，由学校负责支配，用来平衡各学院的差异。各相关学院都应将联合聘任教师的工作作为年度考核的一部分，鼓励各学院建立资金分配使用的调节机制，以便在联合聘任教师薪酬分配发生不平衡时调剂。

密西根大学对于跨学科教师的评价标准，包括科研、学术、创新贡献、教学能力和社会服务五个方面。通常联合聘任教师的各学院或者系会根据自己单位的教师聘任标准拟定一份对该教师评价时需要考虑的准则和标准，然后协商进行共同评价还是各自独立评审。对教师的评价程序和标准一般会遵循各学院和系教师的评价程序和标准，所有参与联合聘任的学院、系等学术单位都应当确定自己的评价标准对教师的学术水平或创造性活动以及教学进行评价，但要充分考虑从事跨学科工作教师的特殊性，这些标准要考虑到跨学科合作的独特性，考虑到不同学术单位之间的差异性。[1] 总之，要通过对从事跨学科研究和工作的教师的绩效评价，认可教师的跨学科成果和业绩，鼓励教师从事跨学科研究和工作。

南加州大学、斯坦福大学、杜克大学等也有类似的政策。南加州大学的教师手册规定，各个学术部门在开展学术聘任和晋升的评审工作时，如果申请教师有从事跨学科学术活动的，那么该部门的负责人必须邀请其他院或系的专家参加评审委员会。同时，考虑到跨学科研究比起单学科研究需要更长的“创业时间”，该校还允许从事跨学科

[1] University of Michigan. *Joint Academic Appointments*. Retrieved from: http://www.provost.umich.edu/faculty/joint_appointments. 2016-07-20.

研究的教师申请延长获得终身教职之前的试用期。[1] 斯坦福大学的跨学科研究可以由系和享受指定政策的跨学科研究机构共同承担，或两个不同的系共同承担，当一个教师在两个及以上的系、学院或者研究机构都做出了实质性的贡献或者因为项目的需要，可以进行联合聘任；实施联合聘任的单位要共同支付该教师的薪酬或其他福利，并共同履行终身制的承诺；教师在不同单位所承担的工作应由双方共同协商认定。[2] 在杜克大学，改革教师绩效评价和聘任政策，要求在大学所有学术单位的教师绩效评价和晋升中，考虑教师的跨学科工作。[3] 通过联合聘任的方式对跨学科研究教师进行聘任和评价，已经成为美国很多大学促进跨学科研究的聘任和评价方式，这种聘任和评价方式尤其受到研究型大学的青睐。据美国跨学科委员会调查显示，接受问卷调查的教务长有超过75%的人认可本校实施联合聘任的聘用和评价方式，而从事跨学科研究和教育的教师比率最高可达到10%。[4]

四、跨学科研究教师绩效评价的特点

（一）评价制度创新，且灵活多变

美国研究型大学在跨学科研究教师绩效评价过程中，采用多种评价模式，充分考虑教师从传统院系聘任到跨学科组织或机构可能面临的各种复杂问题。各研究型大学为了促进跨学科研究以及跨学科工作的开展，从改革跨学科环境下教师绩效评价和聘任形式入手，关心教师的跨学科研究兴趣，通过设计教师绩效评价标准，合理评价教师的跨学科研究成果和相关跨学科研究工作，为教师营造一个稳定的环

---

[1] 刘凡丰、项伟央、李文静：“美国研究型大学促进跨学科研究的组织策略”，载《中国高等教育》2010年第2期，第61～62页。

[2] 陈婵：“高校跨学科研究管理体制探析”，浙江大学2015年博士学位论文，第82页。

[3] 陈兰兰：“美国研究型大学跨学科研究组织形态研究”，吉林大学2011年硕士学位论文，第28页。

[4] Committee on facilitating Interdisciplinary Research, National Accademy of Science, National Accademy of Engineering and Institute of Medicine (2004). *Facilitating Interdisciplinary Research.* Washington, D. C.: The National Accademies Press. p. 70.

境，让优秀的教师能够安心地进行跨学科研究，吸引了优秀教师在立足和服务于传统学科的同时，加入跨学科研究的组织或机构，使这些组织或机构能够吸引和留住传统学科的教师资源。总之，在跨学科研究的语境下，学术机构需要制定更加灵活的晋升和终身教职评审政策，应建立跨学科评审委员会对从事跨学科的教师进行评估，认可研究人员在本专业外的期刊和会议或跨学科期刊上发表的论文；优先考虑聘用那些重点进行跨学科研究的教师和研究人员；制定评价跨学科研究小组中每个成员的贡献机制；使跨学科研究人员的报酬与单学科研究人员的报酬相当。学术机构可以打破院系界限的预算程序，以便向院系之外的跨学科单位分配资源；利用一部分灵活资源（如种子基金、辅助人员和空间）支持跨学科研究。[1]

（二）设置专门的管理机构总体协调

由于跨学科研究本身具有多学科合作的特殊性，不可避免地牵涉到高校、院系、跨学科集群、组织、机构等多个主体，形成了多方利益群体并存的局面。为了最大程度地避免教师评价面临内部各方利益群体争夺资源相互竞争的困境，各大学都设置了专门的跨学科管理机构，对各个利益相关者进行协调，对教师的评价进行指导和管理。这些机构的设置使各主体之间更好地形成共识，提高了跨学科教师评价工作的有序性和效率，通过制定跨学科教师绩效评价的指导原则、政策，解决跨学科研究教师绩效评价中所遇到的单一的学术单位难以解决的问题。

（三）清晰明确的评价标准，以促进教师职业发展为导向

在对跨学科教师进行评价时，始终应以促进教师职业发展为导向，拥有相对统一、公平、合理的评价体系。教师在参与跨学科研究或者跨学科工作之初，都有与相关机构签订备忘录，或者指定明确的项目计划，明确为了跨学科研究或工作的内容、要求以及相应的评价

---

[1] 赵文华等："美国促进交叉学科研究与人才培养的借鉴"，载《中国高等教育》2007年第1期，第61～63页。

标准等。这样，在对跨学科教师进行绩效评价时，就可以避免因不同学科之间的差异、不同学院之间的差异，以及资源分配等方面的问题所造成的教师绩效评价中的混乱和冲突，及时平衡各方面的差异性。同时，也在很大程度上体现出教师的主体地位。大学充分考虑到跨学科教师身份及工作的特殊性，评价标准尽可能地从科研、教学能力、社会服务等多个方面进行全面的评价，给予教师更宽松的科研空间和时间。在制定相关跨学科研究教师绩效评价标准时，甚至充分考虑到跨学科研究的不确定性，考虑到跨学科研究项目进行中可能发生的变化，对于那些没有成功的跨学科项目的参与教师的工作也予以认可，认识到教师所付出的各种努力，让教师受到更为合理公正的评价，激励教师积极投身于跨学科研究和跨学科工作之中。

第八章　研究型大学教师绩效评价所面临的挑战及发展趋势

一、研究型大学教师绩效评价所面临的挑战

通过对国内外研究型大学绩效评价的历史和现状的研究，发现我国研究型大学绩效评价中所存在的一系列的问题。首先，对评价结果的反馈没有得到应有的重视。如何将评价结果与教师发展相联系，建立很好的绩效评价反馈和追踪机制，使评价结果真正服务于教师的发展，应被纳入教师绩效评价的重要环节。目前，我国大多数高校都建立了教师发展中心，教师的职业发展得到越来越多的关注。如何将教师的绩效评价制度与教师发展制度相协调，形成教师发展的制度保证，使教师发展机构真正能够发挥其应有的作用，已经成为研究型大学制度建设中的非常重要的一个议题。

其次，在教师绩效评价中，教师的跨学科研究方面的评价有待加强。要充分认可教师的跨学科工作成果，同时，合理地评价教师在本学科内的研究成果。在大学教师绩效评价过程中，应更加关注教师的团队合作能力，关注教师在团队合作中发挥的作用。福克斯等（Fox, M. F., et al.）认为，科学工作在组织实践和政策中进行，并依赖与他人的合作，需要有人力和物质资源的保证。1993～1994 年，他们向 1215 名大学教师发放调查问卷，并对 685 份有效问卷进行深入分析，发现教师与系内同事合作或者与校外同行合作会产出更多的成果。[1]越来越多的科研成果产生于不同学者的团队合作，尤其是随着跨学科

---

[1] Fox, M. F. & Mohapatra, S. (2007). *Social - organizational Characteristics of Work and Publication Productivity among Academic Scientists in Doctoral - granting Departments*. The Journal of Higher Education, Vol. 78, No. 5. pp. 542 - 571.

研究活动的展开，如何使教师绩效评价体系具有鼓励教师的团队合作的导向，是目前绩效评价制度改革的重要趋势。

再次，在教师绩效评价中，仍没有很好地体现通过绩效评价，激励和认可教师在教学、科研和服务方面的创新成果和业绩的作用，创新在教师绩效评价中的重要意义没有得到充分重视。无论是教学方面的创新，还是科研方面的创新，或是服务方面的创新，对于研究型大学的教师来说都有重要意义。因此，在教师的教学绩效评价、科研绩效评价和服务评价中，也应关注教师的创新，尤其是大学的管理人员需要以创新的思维与途径对教师的学术活动和智力工作进行全面评价。舒尔曼（Shulman，L. S.）指出，大学教师的工作至关重要，应当花时间对其工作进行分析、反思和研究。[1] 因此，教师和管理人员都应对教师工作进行深入全面的考察，并进行全面准确的描述和判断，从而使教师能够真正从绩效评价中获得对自身学术工作的认识，从而将评价作为自己学术生涯发展的重要组成部分。

最后，也是最重要的问题，就是教师绩效评价的评价理念有待创新。随着现代大学职能的不断多元化以及现代科技的不断融合发展，大学教师的教学、研究和服务等方面的工作都发生了巨大的变化，这些都要求以新的评价理论指导大学教师绩效评价。1984 年，美国教育评价专家库巴和林肯（Cuba，E. & Lincoln，Y. S.）在其合著的《第四代评价》中在对传统评价理论进行反思的基础上对教育评价理论进行重新建构，打破了以往评价中的"管理主义倾向"，提出了"共同建构"和"全面参与"的思想，将所有参与评价人员的要求作为出发点，通过协商达成共识，使评价中出现了被评价者的声音，认为只有在确认评价的价值本质的基础上，才能探讨评价的方法、过程和结果。[2] 根据这一评价思想，在确定教师绩效评价目的的前提下，应使被评价的教师参与到评价政策制定、实施与效果评估的整个过程之中，倾听教师

---

[1] Larry A. Braskamp John C. Ory. *Assessing Faculty Work: Enhancing Individual and Institutional Performance*. 1994. San Francisco: Jossey – Bass Inc. , Publishers. p. 6.

[2] 李倩："美国大学教师教学评价研究——以 MIT 为例"，大连理工大学 2008 年硕士学位论文，第 12 页。

的声音，结合多方面的评价，使评价真正成为促进教师个体发展和院校发展的动力，而不是简单地将评价视为一种管理工具。

二、研究型大学教师绩效评价发展趋势

我国自20世纪80年代中期以来，为加强高校师资队伍建设，在高校推行教师职务聘任制度，进行了以按需设岗、按岗聘任、以岗定薪、优绩优酬为主要内容的人事分配制度改革，高校教师聘任制包括岗位设置、岗位聘任、绩效评价、薪酬设计四个环节。教师绩效评价作为其中的一个重要环节，在师资队伍建设和管理中发挥重要作用。从总体上看，高校教师聘任制改革较好地配置了高校人力资源，促进了学科建设，推动了高校师资水平和高等教育整体质量的提升。进入21世纪后，教师聘任制开始由评聘制向岗位聘任制转轨，高校就教师聘任制改革进行了许多探索。随着绩效工资制度在全国高校的逐步推广，高校教师绩效评价制度成为各高等院校改革的焦点。高等教育由精英教育向大众化教育的转化，要求尽早建立与完善质量与评估机制。如何对高校教师绩效进行全面考核和综合评价以确定实施有效激励的依据，已成为当前高校治理和制度创新的焦点。高校教师绩效评价标准的确立对高校教师的考核评价关系到教师的聘用、晋升等多个方面，直接影响教师对教学和科学研究等工作的投入和价值取向，在很大程度上对教师的职业生涯成长、高校各项工作和发展战略产生重要的导向性影响。建立科学合理的绩效评价机制是实行教师聘任制的基础；同时，开展教师绩效评价也是高校深化内部管理体制改革的需要。教师绩效评价指标体系和绩效评价标准是高校师资队伍管理的客观标准和真实依据。开展教师绩效评价的过程就是对教师完成岗位工作检查与考核、规范与指导、督促与引导的过程，通过这个科学、有序规范的管理过程，全面了解掌握教师工作信息，并及时有效调控、引导教师行为，激励教师致力于科学研究和提高教学水平，进而确保高校教学科研、人才培养、社会服务等战略目标的实现。通过对国外和我国研究型大学教师绩效评价的研究，可以发现研究型大学教师绩效评价具有以下发展趋势：

（一）教学评价指标体系建设将成为研究型大学教师绩效评价的重点

要实现对研究型大学教师绩效的科学合理的评价，必须有一套灵活有效的教师绩效评价指标体系，只有这样，才能对教师的绩效进行科学的评价，才能真正发挥教师的积极性，激发教师的创造性，使绩效评价真实发挥其应有的作用。对研究型大学来说，人才培养是重要职能之一，研究型大学也越来越重视教师的教学绩效评价。但如何科学合理地评价教师的教学工作，一直是教师绩效评价中的难题。因此，如何构建一套科学、合理、有效的教师教学评价指标体系，成为研究型大学教师绩效评价中的重点。这需要根据不同学科的特点和教师的不同岗位，对教师的教学、科研和社会服务等方面的工作进行综合评价，所设计的指标体系要反映出对不同类型教师的评价特点。如针对以教学为主的教师，应强调教学方面的权重，突出教学在教师绩效评价中的地位；对于教学科研岗位教师的评价要在注重考察教学水平和效果的同时，考察教师在科学研究上的贡献；对于从事应用和工程技术研究的教师，在教学评价指标设计内容全面的前提下适当增加社会实践方面的权重，着重考察其解决关键技术问题的能力以及带领学生实习和毕业设计等方面的权重。从对艺术类教师绩效评价案例分析中可以看到，在很多研究型大学中都非常重视教师实践能力，甚至鼓励教师兼职，以提高教师的教学水平和质量。有些院校还非常重视聘用兼职教师，并采取与专职教师不同的评价方式，以促进整个教师队伍水平的提高。同时，也将业界或者艺术领域的最新发展动向和成果引入高校的教学和科研实践，这样能够有效地促进教师教学、科研和创作水平和能力的提升，培养具有实践能力和创造性的人才。艺术类教师的社会实践能力在其教学中对学生的影响是十分重要的，应该重视教师的社会实践能力的培养和提高。同时，在制定教师绩效评价指标时，应该考虑到教师个体能力的差异和不同学科之间的差异，制定切实有效的教师评价制度。

（二）研究型大学将更加关注如何科学合理地应用教师绩效评价结果

教师绩效评价结果的应用是研究型大学教师绩效评价中非常重要的一环。在评价中，应坚持发展性教师绩效评价的原则和理论，立足于教师的发展，通过科学合理地利用评价结果，引入竞争机制，促进教师的职业发展。在一些研究型大学中，绩效评价的结果只是一个分数，对教师的晋升和工资没有太大的影响，教师本身对评价结果也不太关注。随着绩效评价结果与绩效工资分配的衔接，绩效评价结果成为绩效工资分配的一个标准。那么，如何利用好这个标准，则是各个高校在具体实施中应关注的焦点。在将绩效评价结果与教师绩效工资相联系的同时，也应该注意到，如果一味地将绩效评价与奖惩和工资分配挂钩，势必会造成教师的短视和急功近利行为的滋生。因此，在教师绩效评价结果的应用方面，应该既注重引入竞争机制，同时也要以人为本，不仅仅将教师视为经济人，更应将教师视为社会人，将教师作为院校发展和提升的人力资源，注重教师发展，从教师职业发展的维度，制订相应的教师发展计划，与教师绩效评价制度相呼应，使评价真正成为教师发展的动力。为此，各高校应建立相应的教师发展机构，使大学教师发展制度化，通过制度将教师发展作为院校长远发展的基础。通过教师发展中心等教师发展机构，结合教师绩效评价的结果，开展教师培训工作，让教师真正结合自己的实际需要，选择适合自身职业发展的教师培训项目，确定自身发展目标，制订个体职业发展计划，真正实现教师绩效评价与教师发展计划相协调，促进教师自身教学和科研等水平的提高，从而提高教师总体水平，提高院校的办学质量。大学的教师绩效评价制度都经常被作为大学人事决策的基础，但应该谨记的是，任何大学教师绩效评价制度的宗旨都是要指向学术卓越的，目的都是最终要实现大学总体质量的提升。

（三）教师绩效评价目标与大学战略规划之间的切合度将不断提高

教师绩效评价制度的建立和实施，需要与院校的总体发展愿景和目标相一致。因此，应将大学战略规划的理念引入教师绩效评价体系之中，教师评价体系的设计、构建和实施，应建立在院校总体规划的基础上，使评价体系成为大学发展的真正助推器。大学战略规划是一种开放的系统论，指引院校之舟在前进的道路上顺利通过变化多端的环境；它是一种行为，对未来外部环境状况可能引起的问题预先提出解决议案；它也是一种手段，在持续的资源竞争中争取有利的地位。它的主要目的是把院校的前途和可预见的环境变化联系起来，使资源的获得快于资源的消耗，从而能够成功地完成院校的使命。战略研究是制定发展战略规划的重要基础。面对高等教育大众化、市场化、国际化的外部环境，高等院校必须深入研究如何抓住机遇进行战略转移和变革，如何在变化中把握学校的总体发展目标，如何从外在环境的高度确立内部组织结构，如何面对变化的环境制定自己的政策、机制和措施等问题。大学对教师的希望对教师的发展非常重要，会影响到教师的业绩和教师的工作价值。因此，战略规划是对院校未来发展的定位，以及院校发展所应采取的战略的概括。教师绩效评价只有在院校战略规划的视域下，才能真正与院校的发展合拍，才能真正成为院校发展和提高的动力源泉，教师才能够真正成为院校发展的中坚力量。

教师绩效评价需要制度化，要有确定的目标、具体的标准、实施程序、对评估效度的考察，以及合理应用评价结果等方面。同时，也需要具有一定的灵活性。研究型大学的不同学院和系，或者部门之间具有不同的特点，不同学科之间有具有不同的特点，以同样的一个制度对待所有学院、不同专业领域的教师显然是不公平的。比如，在研究型大学中，有些学院并不是以科学研究为主，甚至有些学院只进行本科生教育。因此，在这样的学院中，关于教学、科研和服务等不同领域的比重就要与以研究为主的博士学位授予学院的教师绩效评价标准有所不同。在这些学院中，教师本科生教学的评价就应该占有更大的比重，教师高水平的教学工作就应该得到充分的认可和应有的奖励。因此，在教师绩效评价制度的制定过程中，应由院校在总体发展目标前提下，根据各个学院、系、中心等单位的特点，根据不同单位的教师的特点，形成相应的教师绩效评价文件，以指导具体的评价工作。

（四）教师发展中心将在教师绩效评价中发挥越来越重要的作用

在研究型大学教师绩效评价中，教师发展中心将越来越发挥其重要作用。这些教师发展中心，是将教师绩效评价与教师发展相联系的纽带，并为教师的发展提供可靠支持。由于研究型大学中的教师工作时间比较长，教师要完成的任务包括教学、科研和服务等多方面，如何帮助教师提高工作效率成为研究型大学教师发展中心重点关注的问题。教师发展中心应根据教师职业发展的特点，及时为教师提供职业发展过程所需的指导，使教师的时间有效地发挥其应有的作用。如斯坦福大学的教师发展中心为初入职的教师提供入职项目，使教师认识到教学在教师职业发展中的重要性，认识到卓越的教学是教师职业生涯中最为重要的组成部分，认识到在终身教职评审时，需要有关于进行一流的教学的证明。在《斯坦福大学教师手册》中关于教学绩效评价的要求明确规定，在斯坦福大学，教学是教授聘任中的重要组成部分，整个大学关注在教学领域中的杰出成就。在教师的教学记录中要明确表明教师在其职业生涯中能够从事一流的教学活动。这里的教学包括课堂讲授、画室或影棚实践、实验课程、临床实践、指导、咨询、项目建设和课程改革等。教学业绩记录包括本科生、研究生和博士后指导等类型。[1] 斯坦福大学教师发展中心结合教师聘任和评价中的相关政策，结合教师绩效评价的结果，通过与教师的协商沟通，帮助教师制订未来的发展计划，提高教学水平。

根据马克斯·韦伯关于学术职业的观点，大学教师作为学术职业人员在物质和精神双重意义上以学术为业，具有知识传承和知识创新的职责，具有服务社会、造福人类的使命。事实上，大学教师也对自己的职业表现出高度的忠诚。据加州大学洛杉矶分校（UCLA）高等

---

[1] Stanford University. *Faculty Handbook*（2010）. February 24 2015. Retrieved from http：//facultyhandbook. stanford. edu. 2016 – 07 – 20.

教育研究中心（the Higher Education Research Center）2012 年对全美 23824 名教师的问卷调查，尽管大学教师的工作压力很大，但调查数据显示，教师普遍对其职业生涯感到满意。64.6% 的教师在被问及是否仍想成为大学教授时回答“肯定是”，24.1% 的教师回答“可能是”。在被问及如果重新选择职业，是否还会选择同一所院校时，36.7% 的教师回答“肯定会”，33.5% 的回答“可能会”。[1] 这一调查显示，教师虽然面临各种各样的压力，但对学术工作仍怀有极大热情。因此，通过良好的制度设计和制度建设，实施符合各研究型大学发展战略，并能促进教师个体发展的大学教师绩效评价制度，保证教师对学术工作的热情，激发教师的创造力，是研究型大学教师绩效评价的根本目的之所在。

[1] Scott Jaschik.（2012）. *Teaching*, *Stress*, *Adjunct*. Retrieved from http://www.insidehighered.com/news/2012/10/24/new – survey – faculty – activities – and – attitudes. 2016 – 07 – 20.

参考文献

中文文献

[1] [德] 马克斯·韦伯著. 学术与政治 [M]. 冯克利译. 北京：生活·读书·新知三联书店，2005.

[2] [美] 肯·贝恩著. 如何成为卓越的大学教师 [M]. 明廷雄，彭汉良译. 北京：北京大学出版社，2007.

[3] [美] 约翰·S. 布鲁贝克. 高等教育哲学 [M]. 王承绪，郑继伟等译. 杭州：浙江教育出版社，2001.

[4] [美] 朱丽·汤普森·克莱恩著. 跨越边界：知识、学科、学科互涉 [M]. 姜智芹译. 南京：南京大学出版社，2005.

[5] 陈学飞著. 美国高等教育发展史 [M]. 成都：四川教育出版社，1989.

[6] 陈玉琨. 教育评价学 [M]. 北京：人民教育出版社，2001.

[7] 高奇著. 中国高等教育思想史 [M]. 北京：人民教育出版社，2001.

[8] 耿益群. 美国研究型大学学术职业的制度环境研究 [M]. 北京：北京出版社，2007.

[9] 顾琴轩主编. 绩效管理 [M]. 上海：上海交通大学出版社，2006.

[10] [美] 赫尔曼·阿吉斯著. 绩效管理（Performance Management）（英文版第三版）[M]. 北京：中国人民大学出版社，2012.

[11] 胡中锋. 教育评价学 [M]. 北京：中国人民大学出版社，2008.

[12] 黄济，王策三主编. 现代教育论 [M]. 北京：人民教育出版社.

[13] 教育部高等教育教学评估中心编. 中国高等教育质量报告（2014 年度）[M]. 北京：教育科学出版社，2015.

[14] 梁吉生. 允公允能，日新月异：南开大学校长张伯苓 [M]. 山东教育出版社，2003.

[15] 林新奇著. 绩效管理（第二版）[M]. 大连：东北财经大学出版社，2013.

[16] 刘昕编著. 人力资源管理 [M]. 北京：中国人民大学出版社，2015.

[17] 刘仲林. 跨学科导论 [M]. 杭州：浙江教育出版社，1990.
[18] 吕小柏，吴友军编著. 绩效评价与管理 [M]. 北京：北京大学出版社，2013.
[19] 乔玉全编著. 21 世纪美国高等教育 [M]. 北京：高等教育出版社，2000.
[20] 芮明杰. 管理学教程 [M]. 北京：首都经济贸易大学出版社，2004.
[21] [美] 唐纳德·肯尼迪. 学术责任 [M]. 阎凤桥等译. 北京：新华出版社，2002.
[22] 王斌华. 教师评价：绩效管理与专业发展 [M]. 上海：上海教育出版社，2005.
[23] 王光彦. 大学教师绩效评价研究——基于教师自主发展的探索 [M]. 北京：教育科学出版社，2012.
[24] 王海燕，姚小远. 绩效管理 [M]. 北京：清华大学出版社，2012.
[25] 王文俊. 南开大学校史资料选 [M]. 天津：南开大学出版社，1989.
[26] 王彦光. 大学教师绩效评价研究——基于教师自主发展的探索 [M]. 北京：教育科学版社，2012.
[27] 张伯苓著，崔国良编. 张伯苓教育论著选 [M]. 天津：南开大学出版社，1984. 66. 转引自 [118] 郭凯，吴建征. 张伯苓与南开大学师资建设 [J]. 教育评论，2010 (6).
[28] 周春燕. 复杂性科学视野下的高校教师评价研究 [M]. 镇江：江苏大学出版，2008.
[29] 陈艾华等. 美国研究型大学跨学科研究的实践创新——以威斯康星大学麦迪逊分校 CHI 为例 [J]. 高等工程教育研究，2010 (1).
[30] 陈华昌. 中美大学教师绩效评价的对比研究 [J]. 中国科教创新导刊，2010 (19).
[31] 陈平.《20 世纪英国艺术》简介 [J]. 美术之友，2000 (5).
[32] 陈翁翔. 研究型大学人事管理现状及发展趋势 [J]. 中国人力资源开发，2004 (12).
[33] 陈长喜，卢秉福. 高校教师科研绩效评价机制探索 [J]. 黑龙江教育 (高教研究与评估)，2013 (1).
[34] 程芳. 基于 BSC 的高校教师绩效评价指标体系设计 [J]. 职业时空，2009 (8).
[35] 丁学良. 什么是世界一流大学 [J]. 高等教育研究，2001 (3).

［36］葛新斌，姜英敏．日本大学教师评估制度改革动向［J］．比较教育研究，2004（9）．
［37］耿益群．美国高校在线课程教师绩效评价［J］．比较教育研究，2013（11）．
［38］耿益群．美国研究型大学跨学科研究中心与大学创新力的发展——基于制度创新视角的分析［J］．比较教育研究，2008（9）．
［39］郭凯．张伯苓与南开大学师资建设［J］．教育评论，2010（6）．
［40］江红岩．从伯克利管理视角谈美国研究型大学教师绩效评估［J］．高等农业教育，2007（1）．
［41］蒋妍，林杰．日本大学教师的发展理念与实践——京都大学的个案［J］．北京大学教育评论，2011（3）．
［42］李涵颖．佐治亚大学教师晋升中的教学地位调查［J］．比较教育研究，2016（5）．
［43］李建超，尚慧君．试论重点高校师资队伍建设问题［J］．中山大学学报（社会科学版），1998（6）．
［44］李宁．论高校教师绩效评价指标体系的建构［J］．教育学术月刊，2009（3）．
［45］李薇，李永华，王亚男．教学研究型大学的教师绩效评价研究［J］．科技与管理，2009（7）．
［46］李佑颐．高等学校教师绩效评估系统设计［J］．扬州大学学报（高教研究版），2000（4）．
［47］李玉松．基于KPI的高校教师绩效评价指标体系建构研究［J］．学理论，2011（6）．
［48］李元元，王光彦，邱学青，李敏．高等学校教师绩效评价指标研究［J］．高等教育研究，2007（1）．
［49］李长华．美国高校教师绩效评价的方法综述［J］．国家教育行政学院学报，2005（1）．
［50］林杰，李玲．美国大学教师发展的三种理论模型［J］．现代大学教育，2007（1）．
［51］林杰．美国大学教师发展的历程、理论与组织［J］．比较教育研究，2006（12）．
［52］林荣日．中国研究型大学综合实力评价指标体系设计［J］．中国高等教育

评估，2002（2）.
[53] 刘柏清. 浅谈高校师资队伍建设的几个问题［J］. 黑龙江高教研究，2004（4）.
[54] 刘凡丰，项伟央，李文静. 美国研究型大学促进跨学科研究的组织策略［J］. 中国高等教育，2010（2）.
[55] 刘凡丰，余诗诗，罗芬. 跨学科研究评价的原则与指标构建［J］. 中国高等教育，2013（5）.
[56] 刘广青，李文中，刘传宇，李显扬. 研究型大学教师评价体系问题分析及分类指导的教师评价体系研究［J］. 中国高校师资研究，2010（3）.
[57] 刘萌，马慧琼. 美、加、日三国高校教师绩效评级的启示与借鉴［J］. 中华女子学院学报，2008（6）.
[58] 刘思安. 对高校教师绩效评价结果应用的若干思考［J］. 继续教育，2007（3）.
[59] 刘献君，张应强，沈红，别敦荣. 新世纪的高校发展战略规划［J］. 高等教育研究，2001（3）.
[60] 刘小戈. 师资队伍建设是高校可持续发展的基础［J］. 中国高教研究，2003（8）.
[61] 刘尧. 发展性教师评价的理论与模式［J］. 教育理论与实践. 2001（12）.
[62] 卢丽君. 提升高校教学水平和创新能力——访全国人大代表、南开大学校长龚克［J］. 中国高等教育，2016（6）.
[63] 陆慧，张瑜. 高校教师考核评价现状调查与问题分析［J］. 中国电力教育，2013（28）.
[64] 庞鹤峰. 国内外高校教师绩效评价对比研究［J］. 中国高校师资研究，2008（4）.
[65] 庞鹤峰. 我国高校教师绩效评价研究现状初探［J］. 中国高校师资研究，2006（6）.
[66] 秦艺萍，谢珂. 绩效理论综述［J］. 经营管理者，2009（24）.
[67] 饶子和. 科学定位注重质量突出南开大学精神和办学特色［J］. 国家教育行政学院学报，2009（3）.
[68] 任永维，卢逢春，陈首钢. 如何建立和完善高校教师绩效评价体系［J］. 价值工程，2010（36）.
[69] 苏君业，尹贞姬. 日本大学教师评价制度及借鉴［J］. 大连大学学报，

2010 (5).
[70] 田国双，尚航标，全良. 高等学校教师绩效评价指标体系的建构 [J]. 黑龙江高教研究，2013 (10).
[71] 涂文记. 剑桥大学教师发展政策及其对我国的启示 [J]. 集美大学学报，2012，13 (1).
[72] 王保华. 不确定时代：大学教师职业的困惑与超越 [J]. 现代传播，2010 (10).
[73] 王春玲，高益民. 美国高校教师发展的兴起及组织化 [J]. 比较教育研究，2006 (9).
[74] 王春玲. 美国高校教师发展阶段与维度 [J]. 比较教育研究，2011 (4).
[75] 王福泉. 新时期高校师德建设的现状与对策 [J]. 教育与职业，2004 (27).
[76] 王光彦，李元元，丘学青，李敏. 高校教师绩效评价指标体系的实证研究与思考 [J]. 中国高教研究，2008 (2).
[77] 王广彦，王薇，董继国. 基于贝叶斯网络的高校教师绩效评价方法 [J]. 统计与决策，2010 (18).
[78] 王宏，杜丽萍，张帅. 基于模糊综合评价法的高校教师绩效评价模型 [J]. 河北理工大学学报 (社会科学版)，2011 (1).
[79] 王凯，张文华. 英国基础教育教师评价制度改革评鉴 [J]. 外国教育研究，2006 (12).
[80] 王琳. 国外大学教师绩效评价制度及借鉴意义 [J]. 太原师范学院学报，2011 (3).
[81] 王晓阳. 科研评估——复旦大学代表性成果制度初探 [J]. 计算机教育，2013 (20).
[82] 魏红，申继亮. 背景特征对学生评价教师教学的影响 [J]. 高等教育研究，2003 (7).
[83] 夏茂林. 美英两国高校教师绩效评价制度比较与思考 [J]. 湖南师范大学教育科学学报，2011 (1).
[84] 徐鑫. 英国高校教师绩效评价制度的特点及其启示 [J]. 现代交际，2011 (5).
[85] 徐秀英，韩美贵，王雯，唐中良，张丽. 研究型大学教师绩效评价指标体系与模糊综合评价的探讨 [J]. 中国农业教育，2005 (4).

[86] 阎光才. 学术共同体内外的权利博弈与同行评议制度 [J]. 北京大学教育评论. 2009 (1).
[87] 宴令，刘凤立. 基于 DEA 的兰州大学教师绩效评价研究 [J]. 经济视角(下)，2012 (2).
[88] 杨潮，胡方茜，邢以群. 试论高校学科梯队建设的科学评估与管理 [J]. 科研管理，1998 (3).
[89] 杨海燕. 美国研究生阶段交叉学科的发展及其对我国的启示 [J]. 中国高教研究，2008 (8).
[90] 杨林，刘念才. 中国研究型大学的分类与定位研究 [J]. 高等教育研究，2008 (11).
[91] 袁永红，王金萍. 中国研究型大学建设刍议 [J]. 中国石油大学学报（社会科学版)，2013 (6).
[92] 张维和. 高校教师业绩定量考核方法的初步研究 [J]. 天津师范大学学报(自然科学版)，2001 (3).
[93] 张伟，赵玉麟. 大学跨学科研究系统建构及其对我国大学的启示 [J]. 浙江大学学报，2011，41 (6).
[94] 张彦通. 英国高校教师评估理论 [J]. 比较教育研究，1996 (5).
[95] 赵文华等. 美国促进交叉学科研究与人才培养的借鉴 [J]. 中国高等教育，2007 (1).
[96] 周密，顾星凯. 英国艺术设计与教学管理探究 [J]. 新视觉艺术，2010 (5).
[97] 朱新涛. 学科壁垒、学术堡垒与高等学校学科建设 [J]. 江苏高教，2003 (2).
[98] 朱振林，王司瑜. 探索新形势下地方院校师资队伍建设的有效途径 [J]. 黑龙江高教研究，2003 (3).
[99] 庄琛，唐宁玉，郑兴山. 研究型大学教师绩效评估探析 [J]. 教育发展研究，2013 (7).
[100] 邹范林. 远程教育试点高校网络教育学院管理运行机制对电大的启示 [J]. 河北广播电视大学学报，2008 (6).
[101] 车伟艳. 英国中小学教师绩效管理评价制度的经验与启示 [D]. 兰州：西北师范大学，2009.
[102] 陈婵. 高校跨学科研究管理体制探析 [D]. 杭州：浙江大学，2015.

［103］陈兰兰. 美国研究型大学跨学科研究组织形态研究［D］. 长春：吉林大学，2011.

［104］陈绍辉. 吉林省地方高校教师绩效评级体系研究［D］. 长春：东北师范大学，2012.

［105］房立安. 中美大学教师发展中心运行机制比较研究［D］. 济南：山东大学，2015.

［106］关云飞. 高校教师人力资源管理模式创新研究［D］. 长沙：中南大学，2009.

［107］洪志忠. 教师绩效评价研究：从宏观视角到微观行动［D］. 上海：华东师范大学，2011.

［108］姜自兴. 研究型大学教师绩效考核指标体系研究［D］. 大连：大连理工大学，2009.

［109］李俐. 英国高校教师发展研究［D］. 重庆：西南大学，2013.

［110］李倩. 美国大学教师教学评价研究——以 MIT 为例［D］. 大连：大连理工大学，2008.

［111］梁雅琪. 我国高校教师绩效考核问题研究［D］. 秦皇岛：燕山大学，2008.

［112］刘凤霞. 基于 SPA 的高新技术企业 R&D 人员绩效评价与激励研究［D］. 天津：天津大学，2005.

［113］刘仁义. 高校教师科技绩效评价问题研究［D］. 天津：天津大学管理学院，2007.

［114］刘珊珊. 学术职业视角中我国大学教师评价价值取向研究［D］. 苏州：苏州大学，2010.

［115］刘洋. 高校教师绩效评价指标体系的研究与实践［D］. 哈尔滨：哈尔滨工程大学，2008.

［116］宁艳红. 英国高校教师岗位招聘制度研究——以剑桥大学为个案［D］. 长春：东北师范大学，2011.

［117］王攀. 高校教师科研评价研究［D］. 武汉：武汉理工大学. 2006.

［118］魏巍. “跨学科研究”评价方法与资助对策［D］. 合肥：中国科学技术大学，2011.

［119］姚丰桥. 高校教师绩效评价指标体系研究［D］. 天津：天津大学管理学院，2007.

[120] 赵静瑞. 我国高校教师绩效考评探究 [D]. 北京：中国地质大学，2009.

[121] 郑瑛，罗黎辉. 我国发展性教师评价体系初探 [D]. 昆明：云南师范大学，2006.

[122] 周松. 非营利组织的人力资源管理与开发研究 [D]. 南京：南京理工大学，2004.

[123] 陈鹏，耿建扩，史楠. 韩春雨：磨出基因编辑"新剪刀" [N]. 光明日报，2016 年 5 月 24 日 07 版.

[124] 程洪莉，仉天聪，张行勇. 陶文铨院士：西迁大树一片长青叶 [N]. 中国科学报，2014 年 9 月 26 日 11 版.

[125] 教育部. 教育部关于积极推进中小学评价与考试制度改革的通知（教基〔2002〕26 号）[EB/OL]. http：//www. moe. edu. cn/publicfiles/business/htmlfiles/moe/moe_32/201001/xxgk_78509. html.

[126] 李新玲，薄晓岭. 南开大学：两年不教本科不再聘为教授 [EB/OL]. http：//www. edu. cn/gao_jiao_news_367/20060323/t20060323_147182. shtml.

[127] 王树强，李新玲. 一教师可被多院系聘任南开大学推出复聘制 [OB/OL]. http：//www. edu. cn/shi_fan_news_409/20060323/t20060323_60697. shtml.

[128] 杨育才. 课上得好也能评教授 [EB/OL]. http：//news. sina. com. cn/c/2015 - 01 - 30/022931460068. shtml.

[129] 袁贵仁. 以新的发展理念为引领全面提高教育质量加快教育现代化——在 2016 年全国教育工作会议上的讲话 [EB/OL]. http：//paper. jyb. cn/zgjyb/html/2016 - 02/05/content_449171. htm? div = - 1.

[130] 翟葆奎. 教育学文集. 教育评价 [C]. 北京：人民教育出版社，1989.

[131] 周炜，郑司琪. 浙江百万"心平奖教金"重奖数学系教授苏德矿 [EB/OL].

英文文献

[1] Arreola, R. A. (2000). *Developing a Comprehensive Faculty Evaluation System* [M]. Second Edition. Bolton: Anker Publishing Company, Inc..

[2] Bergquist, W. H. & Philips, S. R. (1975). *A Handbook for Faculty Development* [M]. Washington, D. C.: Council for the Advancement of Small Colleges.

[3] Boyer, E. L. (1990). *Scholarship Reconsidered: Priorities of the Professoriate*

[M]. Princeton, N. J.: Carnegie Foundation for the Advancement of Teaching.

[4] Braskamp, L. A. & Ory, J. C. (1994). *Assessing Faculty Work: Enhancing Individual and Institutional Performance* [M]. San Francisco: Jossey – Bass Publishers.

[5] Danielson, C. & McGreal, T. L. (2000). *Teacher Evaluation to Enhance Professional Practice* [M]. Association for Supervision & Curriculum Development. Princeton: Education Testing Serviece.

[6] Fenkelstein, M., Seal, R. and Schuster, J. H. (1998). *The New Academic Generation: A Profession in Transformation* [M]. Baltimore: Johns Hopkins University Press.

[7] Finkelstein, M. J. (1984) *The American Academic Profession: A Synthesis of Social Scientific Inquiry since World War II* [M]. Columbus: Ohio State University Press.

[8] Gaff, J. G. (1975). *Toward Faculty Renewal: Advances in Faculty, Instructional, and Organizational Development* [M]. San Francisco, CA: Jossey – Bass. Jossey – Bass Series in Higher Education.

[9] Gillespie, K. J., Roberstson, D. L. and Associates (2010). Foreword by William H. Berquist. *A Guide to Faculty Development* [M]. (2nd ed.) San Francisco: Jossey – Bass.

[10] Hutcheson, P. A. (2000). *A Professional Professoriate: Unionization, Bureaucratization, and the AAUP* [M]. Nashville: Vanderbilt University Press.

[11] Lucas, C. J. (1996). *Crisis in the Academy: Rethinking Higher Education in America* [M], New York: St. Martin's Press Griffin.

[12] Miller, R. I. (1987). *Evaluating Faculty for Promotion and Tenure* [M]. San Francisco: Jossey – Bass Publishers.

[13] Miller, R. I., Finley, C. and Vancko, C. S. (2000). *Evaluation, Improving, and Judging Faculty Performance in Two – Year Colleges* [M]. Bergin & Garvey: Greenwood Publishing Group, Inc.

[14] Seldin, P. (1984) . *Changing Practices in Faculty Evaluation* [M]. San Francisco: Jossey – Bass. In *Faculty Evaluation: Its Purposes and Effectiveness.* By Neal, John E. ERIC Digest, 1988. ED308800. ERIC Clearinghouse on Higher Education Washington, D. C.

[15] Bana e Costa, C. A. & Oliveira, M. D. (2012). *A Multicriteria Decision Analysis Model for Faculty Evaluation* [J]. Omega, Vol. 40, Issue 4, August.

[16] Becher, T. (1994). *Interdisciplinarity and Community* [J]. In Ronald Barnett (1994). Eds. *Discourse or Discord*? London & Bristol: Jessica Kingsley Publishers.

[17] Beer, M. & Ruh, R. A. (1976). *Employee Growth through Performance Management* [J]. Harvard Business Review, Vol. 54, No. 4, July – August.

[18] Curry, T. H. (2006). *Faculty Performance Reviews* [J]. Effective Practices for Academic Leaders, Vol. 1, No. 2, February.

[19] Daley, B. J., Canas, A. J., Stark – Schwetzer, T. (2007). *CmapTools: Integrating Teaching, Learning, and Evaluation in Online Courses* [J]. New Directions for Adult and Continuing Education, No. 113, Spring.

[20] Fox, M. F., & Mohapatra, S. (2007). *Social – organizational Characteristics of Work and Publication Productivity among Academic Scientists in Doctoral – granting Departments* [J]. The Journal of Higher Education, Vol. 78, No. 5.

[21] Francis, J. B. (1975). *How do we get there from here? Program design for faculty development* [J]. Journal of Higher Education, Vol. 46, No. 6, Nov/Dec.

[22] Hannay, L. M. & Telford, C. (2003). *Making the Conceptual Shift: Teacher Performance Appraisal as Professional Growth* [J]. Educational Action Research, Vol. 11, No. 1.

[23] Hardré, P. & Cox, M. (2009). *Evaluating faculty work: expectations and standards of faculty performance in research universities* [J]. Research Papers in Education, Vol. 24, No. 4, December.

[24] Lalla, M. & Ferrari, D. (2011). *Web – based Versus Paper – Based Data Collection for the Evaluation of Teaching Activity: Empirical evidence from a case study* [J]. Assessment & Evaluation in Higher Education, Vol. 36, No. 3, May.

[25] Light, D. (1974). *Introduction: The Structure of the Academic Profession* [J]. Sociology of Education, Vol. 47, No. 1.

[26] Martin, L. L. and Maynard, D. (1975). *The Realities of Faculty Performance Evaluation* [J]. Improving College and Universtiy Teaching, Vol. 23, Issue 2, Spring.

[27] Mohrman, K., Ma, W. and Baker, D. (2008). *The Research University in Transition: The Emerging Global Model* [J]. Higher Education Policy, Vol. 21, Issue 1.

[28] Naftulin, D. H., Ware, Jr. J. E. and Donnelly, F. A. (1973). *The Doctor Fox Lecture: A paradigm of Educational Seduction* [J]. Journal of Medical Education, Vol. 48, No. 7.

[29] Nuemann, R. (2000). *Communicating Student Evaluation of Teaching Results: rating interpretation guides* [J]. Assessment and Evaluation in Higher Education, Vol. 25, No. 2.

[30] Oliver, M. (2000). *Evaluating Online Teaching and Learning* [J]. Information Services & Use, Vol. 20, No. 2 – 3.

[31] Oral, M., Oukil, A., Mlouin, Jean – Louis and Kettani, O. (2014). *The Appreciative Democratic Voice of DEA: A Case of Faculty Academic Performance Evaluation* [J]. Socio – Economic Planning Sciences, Vol. 48, Issue 1, March.

[32] Ory, J. & Parker, S. (1989). *A Survey of Assessment Activities at Large Research Universities* [J]. Research in Higher Education, Vol. 30, No. 3.

[33] Szeto, W. F. & Wright, P. C. (2003) *Searching for an Ideal: A Cross – Disciplinary Study of University Faculty Performance Evaluation* [J]. Equal Opportunities International, Vol. 22, No. 8.

[34] Weschke, B. & Canipe, S. (2010). *The Faculty Evaluation Process: The first step in fostering professional development in an online university* [J]. Journal of College Teaching & Learning, January, Vol. 7, No. 1.

[35] Williams, P. E. (2003). *Roles and Competencies for Distance Education Programs in Higher Education Institutions* [J]. The American Journal of Distance Education, Vol. 17, No. 1.

[36] Haddad, D. F. M. (1987). *Community College Faculty and Administrator Attitudes Regarding Faculty Performance Evaluations* [D]. Colorado State University, Fort Collins.

[37] Rector, J. L. (2009). *Faculty Perceptions of Faculty Evaluation Programs at Selected Private Colleges/Universities in the Southeast United States* [D]. University of Tennessee, Chattanooga.

[38] Allen, I. E. & Seaman, J. (2011). *Going the Distance: Online Education in the*

United States, 2011 [EB/OL]. Retrieved from: http://www.onlinelearningsurvey.com/reports/goingthedistance.pdf.

[39] Allen, I. E. & Seaman, J. (2013). *Changing Course: Ten Years of Tracking Online Education in the United States* [EB/OL]. Retrieved from: http://www.onlinelearningsurvey.com/reports/changingcourse.pdf.

[40] American Educational Research Association. *Rethinking Faculty Evaluation* [EB/OL]. Retrieved from: http://www.aera.net/Portals/38/docs/Education_Research_and_Research_Policy/RethinkingFacultyEval_R4.pdf.

[41] American Film Institute (AFI) Conservatory. *AFI Conservatory Faculty Handbook* (2012 – 2013) [EB/OL]. Retrieved from: http://www.afintranet.org/gallery/display.sd? iid = 1336

[42] Cashin, W. E. (1996). *Developing an Effective Faculty Evaluation System* [EB/OL]. http://ideaedu.org/wp – content/uploads/2014/11/Idea_Paper_33.pdf.

[43] Eaton, J. S. (2002). *Maintaining the Delicate Balance: Distance Learning, Higher Education Accreditation, and the Politics of Self – Regulation* [EB/OL]. Washington: American Council on Education. Retrieved from: http://www.acenet.edu/bookstore/pdf/distributed – learning/distributed – learning – 02.pdf.

[44] Flaherty, C. (2015). *Wisconsin Tenure Wars: Part Two* [EB/OL]. Retrieved from: https://www.insidehighered.com/news/2015/11/03/u – wisconsin – madison – approves – faculty – backed – tenure – policy.

[45] Graham, C., et al. (2001). *Seven Principles of Effective Teaching: A Practical Lens for Evaluating Online Courses* [EB/OL]. Retrieved form: http://www.technologysource.org/article/274.

[46] Hill, R. (2015). *Professors and Teaching* [EB/OL]. In Magna Publications (2015). *Administrator Leadership and Faculty Suppor.* Retrieve from: http://cdn.magnapubs.com/pdfs/magna – free – report – administrator – leadership.pdf.

[47] Jaschik, S. (2013). *The Education Faculty* [EB/OL]. Retrieved from: https://www.insidehighered.com/news/2013/11/04/education – research – association – releases – recommendations – evaluating – faculty – members.

[48] Jaschik, S. (2012). *Teaching, Stress, Adjunct* [EB/OL]. Retrieved from http://www.insidehighered.com/news/2012/10/24/new – survey – faculty – activities – and – attitudes.

[49] Maryland Institute College of Art (2010). *Faculty Handbook AY11* [EB/OL]. Retrieved from: http: //www. mica. edu/Documents/Handbookaug10 (1). pdf

[50] Miller, J. E. & Seldin, P. (2014). *Changing Practices in Faculty Evaluation: Can better evaluation make a difference?* [EB/OL]. Retrieved from: http: //www. ericdigests. org/pre – 9212/faculty. htm.

[51] National Center for Education Statistics [NCES] (1993). *Full – time instructional faculty and staff, in institutions of higher education* [EB/OL]. by instruction activities and type and control of institution: Fall 1992. Retrieved from: http: //nces. ed. gov/programs/digest/d99/d99t232. asp.

[52] National Education Association (1991). *Faculty Development in Higher Education: Enhancing a National Resource* [EB/OL]. Washington, D C.

[53] National Science Foundation [NAF] (2011). *Fostering Interdisciplinary Research on Education* [EB/OL]. April 29. Retrieved from: http: //www. nsf. gov/pubs/2011/nsf11526/nsf11526. pdf.

[54] Neal, J. E. (1988). *Faculty Evaluation: Its Purposes and Effectiveness* [EB/OL]. ERIC Digest. Retrieved from: http: //www. ericdigests. org/pre – 9212/faculty. htm.

[55] New England Resource Center for Higher Education [NERCHE] (2005). *The Deans' Role in Faculty Evaluation and Development* (June) [EB/OL]. Retrieved from: http: //www. nerche. org/briefs/briefs. htm.

[56] Oxford University. *Appraisal Scheme for Academic Staff: Notes and guidance* [EB/OL]. Retrieved from: http: //www. admin. ox. ac. uk/personnel/staffinfo/academic/appraisal/guidance/.

[57] Pennsylvania State University. *Co – Funding of Faculty* [EB/OL]. Retrieved from: https: //cyfc. psu. edu/funding/cofunding.

[58] Rice University. *Guidelines for Faculty Appointments, Promotion, Tenure and Renewal of Contracts* [EB/OL]. Retrieved from: http: //www. professor. rice. edu/professor/Guidelines_for_Faculty_appointments. asp? SnlD = 201626453.

[59] Rice University. *Rice University Policy No. 201: Faculty appointments, promotions, and tenure* [EB/OL]. Retrieved from: http: //professor. rice. edu/uploadedFiles/Professor/Independent_Pages/Policies/Policy_201. pdf.

[60] Rice University. *Rice University Policy No. 208: Sabbatical Leaves of Absence*

[EB/OL]. Retrieved from: http: //professor. rice. edu/uploadedFiles/Professor/Independent_Pages/Policies/Policy806_Travel. pdf.

[61] Rice University. *V. Faculty Appointments in Faculty Handbook* [EB/OL]. Retrieved from: http: //fachandbook. rice. edu/Faculty_Appointments/.

[62] School of the Art Institute of Chicago (2012). *Faculty Handbook*: 2012 – 2013 [EB/OL]. Retrieved from: http: //www. saic. edu/media/saic/pdfs/lifesaic/newstudentorientation/studenthandbook. pdf.

[63] Southwestern College. *Tenure Review & Faculty Evaluation Manual* [EB/OL]. Retrieved from: http: // www. swccd. edu/Pdfs/EvalProcFacOnlineHybridTRManl. pdf.

[64] Stanford University. *Faculty Handbook* (2010) [EB/OL]. Retrieved from: http: //facultyhandbook. stanford. edu.

[65] Sunal, D. W., Sunal, C. S., Odell, M. R. and Sundberg, C. A. (2003). *Research – Supported Best Practices for Developing Online Learning* [EB/OL]. The Journal of Interactive Online Learning 2. 1 Summer. Retrieved from: http: //web. ffos. hr/oziz/tam/e – learning/Sunal_2003. pdf.

[66] The Institute for Higher Education Policy (2000). *Quality on the line: Benchmarks for Success in Internet – based Distance Education* [EB/OL]. Retrieved from: http: //www. nea. org/assets/docs/HE/QualityOnTheLine. pdf.

[67] The Higher Education Academy (2011). *The UK Professional Standards Framework for Teaching and Supporting Learning in Higher Education* [EB/OL]. Retrieved from: https: //www. heacademy. ac. uk/sites/default/files/downloads/UKPSF_2011_English. pdf.

[68] Torbin, T. (2004). *Best practices for administrative evaluation of online faculty* [EB/OL]. Online Journal of Distance Learning Administration, 7 (2), State University of West Georgia Distance Education Center. Retrieved from: http: //www. westga. edu/ ~ distance/ijdla/summer72/tobin72. html.

[69] University of California (1995). *Academic Personnel Manual* [EB/OL]. Retrieved from: http: //www. ucop. edu/academic – personnel/_files/apm/apm – 210. pdf.

[70] University of California (1995). *Appointment and Advancement* [EB/OL]. Retrieved from: http: //www. ucop. edu/academic – personnel/programs – and – initiatives/faculty – resources – advancement/faculty – handbook. html.

[71] University of Cambridge. *Senior Academic Promotions Procedure and Guidance 2016* [EB/OL]. Retrieved from: http: //www. hr. admin. cam. ac. uk/files/sap_2016_procedures_and_guidance_manual_ - _final_20_aug_15_updated_5_oct15. pdf.

[72] University of Cambridge. *Staff Review and Development* (*Appraisal*) [EB/OL]. Retrieved from: http: //www. hr. admin. cam. ac. uk/policies - procedures/staff - review - and - development/staff - review - and - development - appraisal.

[73] University of Chicargo (1972). *A Report of the University of Chicago Committee on the Criteria of Academic Appointment* [EB/OL]. Retrieved from: http: //provost. uchicago. edu/pdfs/shilsrpt. pdf.

[74] University of Michigan. *Joint Academic Appointments* [EB/OL]. Retrieved from: http: //www. provost. umich. edu/faculty/joint_appointments.

[75] University of Michigan. *Report of the Subcommittee on Interdisciplinarity* [EB/OL]. Retrieved from: http: //www. provost. umich. edu/reports/issues_intersection/interdisciplinary. html.

[76] University of Minnesota (2007). *Rationale and Process for Revising the Regents Policy for Faculty Tenure* [EB/OL]. Retrieved from: http: //www. academic. umn. edu/provost/faculty/pdf/tenure2007. pdf.

[77] University of Minnesota (2011). *Faculty Tenure* [EB/OL]. Retrieved from: http: //regents. umn. edu/sites/regents. umn. edu/files/policies/FacultyTenure1_0. pdf.

[78] University of Oxford. *Appraisal Scheme for Academic Staff*: *Notes and Guidance* [EB/OL]. Retrieved from: http/ /www. admin. ox. ac. uk/ ps/ staff/academic/appraisal/ index. shtml.

[79] University of Oxford. *Gazette*, No. 5080, Vol. 145 [EB/OL]. Retrieved from: http: //www. ox. ac. uk/gazette/2014 - 2015/4december2014 - no5080/.

[80] University of Wisconsin - Madison. *Cluster Hiring Initiative* [EB/OL]. Retrieved from: http: //clusters. wisc. edu/index. htm.

[81] Walden University. *History* [EB/OL]. Retrieved from: http: //www. waldenu. edu/about/who - we - are/history.

[82] Centra, J. A. (1977). *How Universities Evaluate Faculty Performance*: *A Survey of Department Heads* [R]. GRE Board Research Report N. 75 - 5bR, July. Retrieved from: http: //www. ets. org/Media/Research/pdf/GREB - 75 - 05BR. pdf.

[83] Committee on Facilitating Interdisciplinary Research, National Academy of Science, National Academy of Engineering and Institute of Medicine (2004). *Facilitating Interdisciplinary Research* [R]. Washington, D. C.: The National Academies Press.

[84] Licata, C. M. (1986). *Post – tenure Faculty Evaluation: Threat or Opportunity?* [R]. ASHE – ERIC Higher Education Report No. 1. ERIC Digest, 1987. ED 270009. Washington, D. C.: Association for the Study of Higher Education.

[85] International Alliance of Research Universities [IARU]. *The Knowledge Ecosystem: Measuring the Value of Research Intensive Universities* [EB/OL]. IARU Position Paper. Retrieved from: http://www.iaruni.org/images/stories/downloads/VRIU/IARU%20Position%20Paper.pdf.

[86] Palloff, R. M. & Pratt, K. (2008). *Effective Course, Faculty, and Program Evaluation* [C]. 24th Annual Conference on Distance Teaching & Learning.